國際漢語教育文獻叢刊

官話指南（三種）

〔日〕吴啓太　〔日〕鄭永邦　等編著

張西平　李　真　編

创于1897
The Commercial Press
商務印書館

圖書在版編目(CIP)數據

官話指南：三種 /(日) 吴啓太等編著；張西平，李真編. —北京：商務印書館，2024
(國際漢語教育文獻叢刊)
ISBN 978－7－100－23530－3

Ⅰ. ①官… Ⅱ. ①吴… ②張… ③李… Ⅲ. ①北京話—研究 Ⅳ. ① H172.1

中國國家版本館 CIP 數據核字(2024)第 057350 號

國際漢語教育文獻叢刊
官話指南(三種)
〔日〕吴啓太 〔日〕鄭永邦 等編著
張西平 李 真 編

商 務 印 書 館 出 版
(北京王府井大街 36 號 郵政編碼 100710)
商 務 印 書 館 發 行
北京盛通印刷股份有限公司印刷
ISBN 978－7－100－23530－3

2024 年 5 月第 1 版　　開本 880×1240 1/32
2024 年 5 月北京第 1 次印刷　　印張 21 3/8

定價：138.00 元

目録

以史料爲基礎的世界漢語教育史研究

張西平

漢語作爲第二語言教學有着上千年的歷史。中國是個多民族國家，各民族之間的語言交流自古就有。漢族在和各民族的交流中，漢語作爲『通用語』被各民族所學習，積纍下大量的文獻。像《番漢合時掌中珠》《雞林類事》《華夷譯語》等就是其中的代表。佛教傳入中國後，西域來的僧人爲翻譯佛經也要學習漢語，如唐代玄應的《一切經音義》、宋代鄭樵提及的《釋梵語》等。這些雖然包含着漢族對各民族語言的學習，但同時也是各民族學習漢語的基本材料。中國歷史上留下了一批漢語與各民族語言對照的雙語詞典，這些文獻是漢語作爲第二語言學習歷史的珍貴資料。[一]

[一] 參閱劉迎勝《宋元至清初我國外語教學史研究》《中古亞洲大陸民族雙語字典編纂傳統：從〈雙語辭典學導論〉談起》《中古時代後期東、西亞民族交往的三座語言橋梁：〈華夷譯語〉（轉下頁）

漢語作爲外語被日本和朝鮮學習有上千年的歷史。學者們已經開始整理這些文獻，如汪維輝主編的《朝鮮時代漢語教科書叢刊》（中華書局，2005年）、李無未等著的《日本漢語教科書匯刊（江户明治編）總目提要》（中華書局，2015年）。

漢語作爲歐美人的外語學習則是從晚明開始的，羅明堅和利瑪竇開啓了這個歷史。姚小平主編的『海外漢語研究叢書』（外語教學與研究出版社），包括《華語官話語法》（2003年）、《漢文經緯》（2015年）、《漢語官話口語語法》（2015年）、《上海方言口語語法》（2011年），張美蘭的《〈官話指南〉匯校與語言研究》（上海教育出版社，2017年），等等，學者們對這些文獻的翻譯和整理也有二十餘年。儘管在文獻整理方面學術界取得了一些進步，但是這對於卷帙浩繁的漢語教學歷史文獻而言只是剛剛開始。

漢語教育史屬於語言史研究領域。在史學研究領域，傅斯年所説的『史學就是

（接上頁）與〈國王字典〉的會聚點》，載劉迎勝《華言與蕃音：中古時代後期東西交流的語言橋梁》，上海古籍出版社，2013年；蕭啓慶《元代的通事和譯史：多元民族國家中的溝通人物》，載蕭啓慶《内北國而外中國：蒙元史研究》，中華書局，2007年。對於這一領域，從事漢語習得史研究的學者至今尚未做過系統整理和研究，目前的研究主要是由從事元史研究的學者開展的。

史料學』是恒久之真理，儘管説得有些過頭。2003 年我在《西方人早期漢語學習史調查》一書中，就與李真一起將考狄《西人論中國書目》（*Bibliotheca Sinica*）中所有關於中國語言的目録挑出來，編成了《西方早期漢語研究文獻目録》。整理這個書目的目的就是希望按照這個書目提供的信息，將西人漢語學習研究的重要歷史文獻收集起來，加以整理出版。雖然目前出版了意大利耶穌會士衛匡國（Martino Martini）的《中國文法》（*Grammatica Sinica*）的中譯本，但這個工作一直没停。

這次在商務印書館出版的『國際漢語教育史文獻叢刊』就是基於這個想法所邁出的又一個重要步伐。這次共出版三部重要歷史文獻：第一部是馬若瑟的 1831 年拉丁文版《漢語札記》（*Notitia Linguae Sinicae*）。《漢語札記》這部漢語文法書在世界範圍内第一次使用多達上萬個中文例句，全面討論漢語白話和文言語法，因其博通經籍、内容豐富而成爲西方近代漢語研究的扛鼎之作。《漢語札記》1728 年成書於廣州，以拉丁文寫成，例句用漢字表述。這是繼衛匡國後來華耶穌會士在漢語語法研究上的最高成就。第二部是西方第一位專業漢學家雷慕沙的《漢文啓蒙》（*Élémens de la Grammaire Chinoise*），此書 1822 年在巴黎出版。在西人漢語語法研究領域，這本書具有重要的學術地位，是專業漢學開啓的標志性作品，從書中可以看到傳教士漢學與專業漢學之間的連接。第三部是日本人編寫的第一本北京官話會話課本《官話指南》，上海美華書館於1882年出版初版，本書除收録此版外，還收録了郎秀川重訂《改良民國官話指南》和1893年九江印書館的版本。以上這些文獻無論是從藏在歐洲圖書館還是從藏在日本圖書館或日本漢學家私人藏書得來，都是根據原始底本複製的。

我們爲何下這樣大的氣力來複製這些文獻呢？首先，這是世界漢語教育史研究的基礎性工作。從歷史研究的角度來説史料是第一位的。没有史料的積纍，就没有學術的進步。像世界漢語教育史這樣新的領域，其史料的積纍需要很長時間，要幾代人努力方能完成。只有將基礎性史料整理好後，才能寫出真正有學術價值的《世界漢語教育史》[一]。我們以此爲開端，在今後幾年將陸續再整理出版一批珍貴文獻。

其次，我們不僅僅希望這些文獻引起做世界漢語教育史研究的學者重視，也希望引起做漢語第二語言習得研究的學者關注。漢語作爲第二語言教學史的理論性研究有待深入。『從對外漢語教學的歷史情況，我們可以清楚地看到，我們的漢語教學

[一] 張西平主編《世界漢語教育史》，商務印書館，2009年。該書作爲對外漢語專業本科教材使用。雖然此書有開啓世界漢語教育史的通史寫作之功，但畢竟是破荒之作，多有不足。希望經過若干年，寫出更好的《世界漢語教育史》。

有着悠久的歷史，漢語在中外文化交流中發揮了很大的作用，特別在亞洲産生了很大的影響。同時我們還可以看到語言教學的發展與國家的政治、經濟有着密切的關係。國運昌，漢語興。另外，我們也感到，漢語教學在歷史上出現過兩次大分工。在古代，漢語言學習和漢文化學習是不分的，後來出現了漢語言學習與其他專業學習的分工和漢語與漢學的分工，這是由於社會的進步，出現在近代的事了。再一點，從歷史上漢語教學的情況，我們可以看到，漢語教學走的路子與西方古代拉丁文、希臘文教學走的路子有很大的不同。我們的教學思想和方法是值得探討的，這對我們認識語言的習得過程，認識漢語的特點以及探討科學的漢語教學方法都是很有作用的。』〔二〕我們應該從歷史中進行經驗總結，豐富對外漢語教學的理論，爲漢語國際傳播和推廣打下堅實的理論基礎。目前的二語習得理論主要是在英語作爲第二語言教學的基礎上總結出來的。相比之下，漢語作爲第二語言教學的歷史要長得多，如何從漢語教學的漫長歷史中汲取智慧和經驗，豐富乃至改寫目前的第二語言習得的基本理論，這是對外漢語教學理論研究需要認真思考的問題。就此而論，這些文獻和史料對於創建有中國特色的二語習得理論具有重要的學術價值，需要引起足够的

〔二〕 張亞軍《歷史上的對外漢語教學》，《語言教學與研究》1989 年第 3 期。

重視。

最後，我們也希望這批文獻引起做漢語本體研究的學者關注。漢語作爲第二語言教育史的多維性還表現在漢語本體的發展變化往往是在漢語作爲第二語言學習的歷史過程中發生的。從佛教傳入後，在梵漢對照之中，古人認識到漢語是一種有聲調的語言，平上去入四聲在漢語中存在。由此，漢語的反切系統被創造出來，各種韻書紛紛出現，漢語得到一個大的發展。到明代入華西人創製的漢語注音羅馬化系統對漢語音韻學的影響更是明顯。《西儒耳目資》成爲漢語音韻史的重要著作。羅常培先生的系列研究至今仍是必讀之作。王力先生在他的中國語言學史研究中，認爲漢語的演化受外部影響最大的兩次，一次是佛教的傳入，一次是基督教的傳入。而這兩次影響均是由從西域來的僧人和從歐洲來的傳教士學習漢語引起的。因此，世界漢語教育史的研究不僅是對外漢語教學學科的歷史支撐，同時也是中國語言學史研究中不可忽略的一個部分。遺憾的是，無論是中國語言學史領域還是對外漢語教學學術界目前都還未對此進行深入研究，其原因之一，就是我們能提供的史料和文獻有限。

文獻和史料的整理是費氣力、耗時間的，爲收集材料四處奔走，爲整理史料而青燈黄卷、夜以繼日。這些東西均不屬於我們個人的什麽成就，只是爲學術事業盡綿薄之力而已。在這裏我對參與這項工作的内田慶市、李真、李慧、岳嵐、楊少芳諸位的努力表示感謝，特別是李真做了大量的工作。同時，也對日本内田慶市先生慷慨提供多個私人收藏的珍貴文獻表示衷心的感謝。商務印書館對這批文獻的影印出版給予了很大的支持，在此致以深深謝意。

學術的進步也就是這麼幾個素心之人，結伴而行，一步步向前推進，一代又一代薪火相傳，獻身於學術事業。只有在文獻的整理與出版中，方能體會到學術乃天下公器的道理。

《官話指南》（三種）解題

内田慶市　氷野善寬

《官話指南》是日本人編的第一本北京官話會話課本，兩位編者吴啓太和鄭永邦都是日本江户時代唐通事的後裔。吴啓太於1878年在北京領事館擔任過翻譯實習生，鄭永邦於1880年4月開始當翻譯實習生。後來，他們把自己在華時期所學習的内容進行整理，編寫了這部《官話指南》。

《官話指南》初版是1882年由上海美華書館出版的，四卷一册，包括序言、凡例、目録、卷之一『應對須知』、卷之二『官商吐屬』、卷之三『使令通話』、卷之四『官話問答』。序文登載了清朝領事館的田邊太一以及黄裕壽和金國璞作的序言。凡例中記載了吴啓太與鄭永邦編纂此書的過程，同時記載了學習漢語時需要注意的地方。1903年，金國璞對《官話指南》進行了改訂，以《改訂官話指南》爲名，由文求堂出版發行。這一版中，卷之一的『應對須知』被删掉，代之以『酬應瑣談』。『應對須知』的一部分對話引自清代南方地區的正音書院用的正音課本《正音撮要》，因爲吴啓太等重視北京官話教育，所以利用這樣的課本。但是裏面有比較陳舊的表達，因此删掉這個部分。這個版本只在日本國内流通。這本改訂版一段時期作爲日本的漢語檢定考試的參考書。1903年《官話指南總譯》也出版過，編者吴泰壽是吴啓太的堂兄弟。

《官話指南》初版的藏本情况，除了有本次影印的内田慶市藏本外，日本國會圖書館藏本（編號爲5—191）、日本國立公文書館藏本（編號爲278—0140），應該也是1882年的版本。内田慶市藏本中寫有很多英文的筆記。日本國會圖書館藏本和日本國立公文書館藏本，版權頁記載着『明治15年11月6日出版御届仝年仝月出版』，作者的姓名下則用不同的字體追加了住址。由此可以推斷，内田慶市藏本應當是在上海出版的，日本國會圖書館和日本國立公文書館藏本是在上海出版後流通於日本的。上海修文活版館1886年出版了再版本，上海美華書院Kelly & Walsh分别於1900年、1906年出版過重印版。

西洋人把《官話指南》作爲一部重要的漢語學習課本翻譯成英文、法文等語言出版過，比如法文版有*Koan-Hoa Tche-Nan Boussole du Language Mandarin* (Henri Boucher, Impromerie de la Mission Catholique)，1887年出版，1893年出版了第二版，1900年出版第三版，1906年出版第四版。法語版的特點是有《詞彙》《中國的時間》

以及《六十甲子》這樣的附録。英文版有兩種，分別是：*The guide to Kuan hua: a translation of the『Kuan hua chih nan』: with an essay on tone and accent in Pekinese and a glossary of phrases* (L. C. Hopkins, Kelly & Walsh, LTD, Shanghai, 1895), *The Guide to Kuan Hua, with English Translations.* (The Commercial Press, 1902)。英文版没有正文，只有翻譯，這是因爲版權的關係。另外英文版增加了 tone and accent in Pekinese（北京話中的聲調和口音）和 a glossary of phrases（短語彙編）。

《官話指南》在中國也很受歡迎，作爲學習官話的課本得到普及，大部分都以《訂正官話指南》或《改良官話指南》爲書名，在上海、福建、廣東等地出版，具體情況如下：

《教科適應訂正官話指南》（吴啓太、鄭永邦，1918 年，廣州科學書局，四卷一册）

《教科適應訂正官話指南》（1918 年，廣州書局）

《教科書適應官話指南》（1918 年，廣州福芸樓書局）

《訂正官話指南》（郎秀川，四卷一册）

《改良民國官話指南》（郎秀川，上海開明書局，四卷兩册）

《訂正再版民國適用官話指南》（郎秀川重訂，四卷兩册）

《官話指南》（1916 年，厦門萃經堂印務公司，四卷兩册）

《官話指南》（1917年，再版，厦門倍文齋印書館）

這次影印中還包括郎秀川修訂的《改良民國官話指南》，這一版本的卷末附録了由曹生氏編纂的『改良民國官話指南釋義』，其中收録了700個左右的語彙解釋，主要説明南北官話的區别，比如對北京官話的詞彙用南方話（包括南京官話）的詞彙説明，舉例如下：

『您納』＝『尊稱』

『今兒早起』＝『今日早上』

『臉』＝『面』（北人謂面曰臉）

『大夫』＝『醫生』（江南稱郎中）

『閒空兒』＝『閒工夫』

『偺們』＝『親暱之詞』

『嗓子』＝『喉嚨』

『耳朵』＝『耳』（北人稱耳爲耳朵）

『老子娘』＝『老子父，娘母』

『耗子』＝『鼠』

『他納』＝『他音攤，背後稱長輩詞』
『多咱』＝『何時也，與多嗒之意相同』

文中有關漢語發音的記述也很有意思，舉例如下：

了／凡了字皆官話虛字不讀蓼悉讀拉
兒／凡兒女之兒宜單讀餘皆官話腔調尾音宜與上一字連合其音兩字合一字音讀
還／凡往還與還債之還讀還此則官話虛字作仍字解音孩
大夫／大音帶醫生也
他們三人／三音薩不讀參

這次影印收録的另一個九江印書局版的《官話指南》對於官話研究或者漢語史研究也很重要。因爲這個版本有左右雙行的注釋，一般認爲右邊是北京官話，左邊是南京官話，提供了很多珍貴的語料供學術界探討。

對於作爲官話研究資料的《官話指南》來説，關西大學泊園文庫藏本也有很大的價值。泊園文庫藏本《官話指南》是福州美華書院1900年出版的重印本，這一藏本的重要性在於該書的使用者藤澤黄鵠（泊園文庫的收藏者）的筆記。我們揣測他的老師可能是南京人，所以讓藤澤把《官話指南》裏的北京官話改爲南京官話。

另外，在中國也出版過《官話指南》的方言版。比如上海話版有《滬語指南》（上海美華書館，1897年，只有漢字，現在只能看到上海圖書館收藏的1908年版）、《土話指南 *T'ou-Wo Tse-Ne Boussole Du Language Mandarin Traduite et Romanaisee en Dialecte du Chang-Hai*》（土山灣慈母堂，1908年，有漢字、標音和法語的注釋）；廣東話版有《粤音指南》（H. R. Wells，聚珍書樓，1903年）、《訂正粤音指南》（H. R. Wells, Wing Fat & Company, 1930年）。這些方言版本都是由西洋傳教士編譯的。由此可以看出，雖然《官話指南》是由日本人編寫的關於北京官話的教材，但無論是中國人自己還是西洋傳教士對該書都非常重視，因此在某種程度上這個文本形成了中、日、西三個地域的語言接觸與交流，起到了會通的橋梁作用。

總而言之，我們認爲這次三種《官話指南》的影印出版很有價值，將對漢語史和世界漢語教育史研究作出巨大的貢獻。

（内田慶市，日本關西大學東亞文化研究科教授；
氷野善寛，日本目白大學外國語學部教師）

《官話指南》（1882）

内田慶市 藏

上海美華書館印

官話指南

明治壬午歲夏月鐫

官話指南

鶴江延陵氏藏板

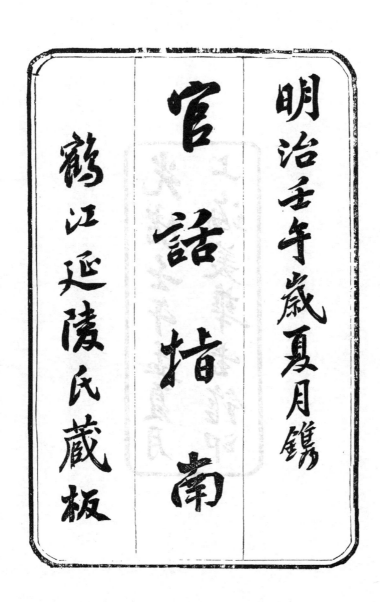

光緒壬午年孟夏月
上海美華書館印

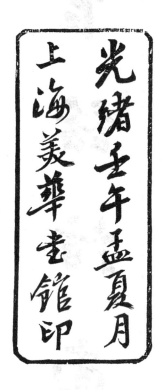

序

吳生駐燕京三年學其語言頃者輯切日用者編成一書名曰官話指南蓋皆出於其自課自得之餘宜乎親切明著不負其名也有功斯學可謂偉矣抑予有恐焉前之脩斯學者苦無成書耳聽而手抄日累而月積漸乃有得其入之難也如是而得之却深焉今也既有成書它人數年之工可一朝了之入之太易恐得之不深讀斯書者莫狎於其入之易而思更致其力指南而到南以期有成是予之所望於學者而亦吳生之志也

明治十四年十二月田邊太一敘於燕京公署

序

語言之學、雖文人之緒餘、原無關乎經濟才能之大、然無成書以爲嫻習之助、但偶聽人之談論、依稀彷彿而傚顰之、不惟隨學隨忘、諸多罣漏、滋管窺蠡測之虞、卽輕重緩急之間、剛柔高下之際、亦必不能一一酷肖、茲有吳啟太鄭永邦者、皆東洋長崎人也、因隨公使駐北京、公餘之暇、卽潛心於語言之學、天資既敏、人力亦勤、積數年之攻苦而憑空結篆、設爲問答之詞、藏諸囊篋、久已累牘連篇、僕等偶然過訪、適其稿置案頭、急索而觀之、見其口吻之合、神氣之眞、與其發揮議論之詳切、實爲動中肯綮、因慫恿之俾刷印成書、以公諸世、誠善本也、苟殫心於此者、按其程式、奉爲楷模、循序漸進而學之、如行路者之有嚮導、絕不致爲迷途所惑、較之偶聽人談論、依稀彷彿而傚顰者、其相去不已天淵乎、僕等觀是書而佩服深之、爰爲之校對一番、幷爲之序、以述其顛末云、

光緒七年辛巳小陽月下浣燕京　黃裕壽　金國璞　拜序

凡例

一余駐北京學語言三年於今時延請師儒賴其口講指畫、漸有所領悟、然不過滄海之一粟耳、是編係平日課本其中遺漏指不勝屈、今刷印成書只爲初學計、遺笑大方自知不免、

一京話有二、一爲俗話、一爲官話、其詞氣之不容相混、猶涇渭之不容並流、是編分門別類、令學者視之井井有條、釐然不紊、庶因人因地而施之、可以知所適從、

一初學華語者、須知有四聲、有輕重音、輕音。即窄音。重音。即寬音。有輕重念、出入氣等項、是不誒論、此外尚有張口音閉口音、又有

嘬口音、如巴、寒、張、大、等音、皆是張口音也、如木、父、不、屋、等音、皆是閉口音也、如火、去、出、姑、等音、皆是嘬口音也、另有由タチツテト母音所出之音、如倒、將、跳、知、早、斗、頭、凳、地、釘、天、秋、等音、必須舌端用力、達至上牙床、方爲盡善、不然則往往致有謬誤、此雖屬末節、而讀者、不可不知也、

一初學四聲之法、最難解說、今舉梗概、如上平、其發聲時、係自上落下而止、聲音較短、如下平、其發聲時、係向右傍一擲而止、聲音較短、如上聲、其發聲時、係半含其音、漸漸而上、聲音較長、如去聲、其發聲時、係半含其音、向左傍漸漸垂下、聲音較長、又如上平、其發聲時、係如人點首之狀、如

下平、其發聲時、係如人將首向右傍稍轉之狀、如上聲、係如人仰首之狀、如去聲、係如人將首向左下垂之狀、

一凡言語內、如値有兩上聲字相連者、其上一字、應讀下平、其下一字、應讀上聲、所謂逢上必倒是也、言兩上聲字相値。則必倒一字之聲也。

一凡輕音字、則不多用喉力、如係重音字、則多用喉力、如金字本屬牙音、係輕音、則讀時、宜多用牙力、少用喉力、如輕字、亦屬牙音、係重音、則讀時、宜多用喉力、少用牙力、又如身字本屬齒音、係輕音、則讀時、宜多用齒力、少用喉力、如生字、亦屬齒音、係重音、則讀時、宜多用喉力、少用齒力、又

如敦字、屬舌音、而係輕音、東字、亦屬舌音、而係重音、如搬字、屬唇音、而係輕音、邦字、亦屬唇音、而係重音、皆可類推、至屬喉音之字、其間亦有輕音重音之別、譬如一字、本屬喉音、係輕音者、則宜用喉上之力而發、係重音者、則宜用喉下之力而發、如寒字、係輕音、杭字、係重音、又如安字、係輕音、昂字、係重音、此類皆是也、蓋漢字音末有ン ム音、而日本原音、亦有ン ム音者、均屬輕音、如心、金、等字是也、音末無ン ム音者、概係重音、如星字、經字、等是也、

一凡由齒內所出之音、多有誤由牙內而發者、致聽者渺茫誤會、茲畧舉數音、欲學者留神、譬如知音、本係由齒內所

發出者若誤由牙內而發、則成機音也、石音、亦係齒音、若誤爲牙音、則成席音也、是音、亦係齒音、若誤爲牙音、則成細音也、章音、亦係齒音、若誤爲牙音、則成江音也、水音、亦係齒音、若誤爲牙音、則成許音也、余歷年留意考察、始得其錯誤之由、乃表而出之如此、

一凡說清話字句之間、有宜重念者、最爲緊要、蓋重念之字、實與語言之意、大有關切、譬如　我可以給你錢、　唯一句言語、而有四種念法、如左、

我可以給你錢、我字重念。其意我獨能與汝錢。而他人不能與汝錢也。

我可以給你錢、可字重念。其意我實能與汝錢。非不能與也。

我可以給你錢、你字重念。其意我止能與汝錢。而不能與他人錢也。

我可以給你錢、錢字重念。其意我止能與汝錢。而不能與汝他物也。

舉此一端、他可推知、

一凡出氣之音、讀時應用力、將其音向外放出字音、由タチツテト・カキクケコ・パピプペポ各等音而出者、皆有出入氣之別、餘者無此分別也、

一標記之式、原可以獨出心裁、各人用各人之記、殊不必舍己從人、但恐學初漫無定式、無所適從、因僭擬一法、分別詳列於左、

凡字之四聲、上平、則在字之右肩如一圈、如聲字是也、其

下平、在字之右脚加一圈、如讀字是也、其上聲、在字之左肩加一圈、如請字是也、其去聲、在字之左脚加一圈、如四字是也、

凡字之應出氣者、在字之左肩加一豎、如茶字是也、

凡字之應重念者、在字之右邊畫一横、如船字是也、

凡字之重音、在字之左邊加一横、如京字是也、

明治十四年十二月　吳啟太　鄭永邦　自識

官話指南

目錄

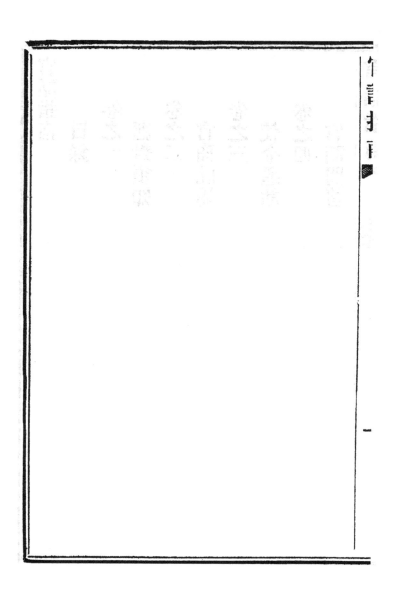

官話指南第一卷

應對須知

您納貴姓、賤姓吳、請教台甫、草字資靜、貴昆仲幾位、我們弟兄三個、貴處是那一省、敝處河南省城、府上在城裏住麼、是在城裏住、久仰得很、沒會過、失敬得很、

先生今年高壽、我虛度六十歲了、好福氣、很康健、鬚髮並不很白、托福、我鬚髮已經也半白了、我今年纔五十歲、鬚已經白了多一半兒了、

尊姓大名、 我賤姓張、官名叫守先、 尊行排幾、 我居長、貴甲子、 我還小哪、今年二十四歲、 恭喜在那兒、 我在通州做買賣、我和你令叔相好、故此特來請安、 不敢當、請問寶號、 小號信昌、

久違久違、實在渴想得很、今兒早起聽見老兄到了、特過來拜訪、 不敢當、勞您駕、我本要到府上請安去、就因爲昨天晚上纔到的、行李各件還沒拾掇好了、箱子也還沒打開了、身上的衣服都沒換哪、恕兄弟明天再過去謝步、

不敢當、

少見少見、我這幾天沒見着你、很想你、莫不是又病了麼、

可不是麼、　我那天看你病纔好、臉上氣色還沒復元兒哪、怕是你出到外邊兒去又重落了、　我這回是着點兒涼、覺着頭疼、渾身酸痛、　那總得請大夫好好兒治一治就得了、

這個人實在靠不住、說話竟是雲山霧照的、　您想和他要準兒、那算是白用心了、您還不知道他那脾氣嗎、一味的

愛說大話、胡吹混嗙、您要是信他的話、那就難免要上檔了、

您這一向貴恙都好了麼、　托福都好了、可是咳嗽纔輕省一點兒、　這回您病的日子久了、雖然都好了、還得請大夫吃幾劑補藥、安心調養纔好哪、　是、承您關照謝謝、

你在這兒可以隨便、不要拘禮、　我蒙您的抬愛、已經不拘禮了、　照這麼樣就好、我以後有事纔可以敢勞動你、　您肯叫我做事、那就是賞我臉了、

昨天蒙你賞我的那茶葉、味道很好、謝謝謝謝、 好說、我這回到崇安去、就到了武彝山逛了兩天、不過買了一點兒茶葉、送了去的不多、不成敬意的很、 好說、朋友交情要緊是在情意、不在東西、

你上那兒去、 我想上張老師那兒拜客去、 那麼我求你替我問張兄好、說我很想他、有閒空兒請他來坐坐、 前幾天我去的時候、他也托我問您好來着、因爲他夫人有一點兒欠安、所以他總沒能出門、

凡人說話總要實誠、 那是一定的理、若是有撒謊騙人的事、叫人看破了、自己也丟臉、 你所論的正合我的心了、

這件東西你看是眞的是假的、 我看是假的、 我也看是這麼着、就因爲分辨不出來不敢說、 是、你沒細看這刻的也粗、顏色也不光潤、

我們倆如今都閒着、可作甚麼好呢、 你看有甚麼可做的、我看實在難的很、若說做生意、你我又沒有本錢、若說做

夥計又沒手藝、照你這麼說、偺們倆豈不餓死了麼、究竟上天不生無祿的人、等慢慢再打算就是了、

我想到那兒逛逛、就是我一個人又懶怠去、我也想去逛逛、因爲沒有伴兒不高興、旣是這麼着、偺們倆一同去好不好、您納可以一塊兒搭伴兒去、與我也很方便了、

您納說話聲音太小、人好些個聽不淸楚、我的聲音生來不能大、對人說話又不敢大聲嚷、所以顯着聲兒小、凡人說話嗓子要緊、若嗓子好、自然響亮、字音淸楚、自然沒

含糊、

我剛纔隔着槅扇和他說話、你聽見了麼、　我沒聽見、近來我的耳朶有點兒聾、　不管怎麼樣、我求你千萬別把這個事給洩漏了、這是一件機密的事情、　既是這麼着、我不說總不至於壞事了罷、

你懂得中國話麼、　略會一點兒、那厦門的話別處不甚懂、　中國話本難懂、各處有各處的鄉談、就是官話通行、　我聽見人說、官話還分南北音哪、　官話南北腔調兒不

同、字音也差不多、

老沒見了、您納還認得我麼、瞧着好面善、不記得在那兒會過、失敬得很、不敢冒昧稱呼、　偺們倆前年在張二家一個桌子上喝酒、您怎麼忘了麼、　提起來我認得了、您是何二爺麼、

您納這一向好、我有件事託你辦辦、　甚麼事請說罷、　我記得前天新聞紙上記載、有一位會寫字畫的姓祝、實在羨慕得很、聽說你認得他、所以懇求閣下代爲介紹、　那

容易、我總要給您効勞的、您放心罷、交給我了、

所有偺們逛過的這些個名勝地方、就是我們今兒晌午到的那座山上景致好的很、　是、我最喜歡那半山亭外兩三里的竹徑、　頂好是打那竹徑、轉過灣兒去、在那塊大石頭上坐着、聽那水聲兒眞叫人萬慮皆空、

你昨兒去遊湖回來早啊是晚哪、　回來有四更天了、　想昨兒晚上月亮很好、湖上風景一定是更好看了、　夜景比白天還好、足有加倍的好看、

這個廟很大、　大的很在這兒算是第一個大廟、後頭還有一座寶塔高的很、好上去麽、　有一層的塔梯如今拿開了、不好上去了、　那梯子爲甚麽拿開了、　因爲人多上去竟混蹧蹋、

昨兒前半夜月亮很好、我躺在炕上看窻戶上的月光、捨不得睡了、　可是赶到了夜深了、忽然颳起一陣風來、黑雲彩在滿天上直飛、打的霹雷很利害、　那巧了是在我睡着了之後罷、我可知道昨兒晚上下雨來着、

這時正晌午太陽很毒、暑氣很利害、怎麼好出門呢、 但是我有要緊的事、沒法子得出門、 就是有要緊的事也要待一會兒、等太陽斜過去涼快些兒、再出門去罷、 也好

早起天纔亮我起來出去走動、看見瓦上的霜厚的很、 原來昨兒夜裏有大霜、怪不得我睡到五更天醒了覺着冷的很、可就嫌棉被窩太薄了、

夜深了、想這時候有三點鐘了、 我剛纔聽見自鳴鐘噹噹

的打了兩下兒似的、　那架鐘怕不準罷、看看我那個表、
這個表走到三點鐘了、　到底鐘還是慢點兒、
你看四季的時候、那一季兒好、　四季兒各有好處、　你喜
歡那季兒、　這個不用問、誰不是頂喜歡的春暖花香、誰
不怕夏熱秋凉、最怕的是冬天太冷、　我喜歡春秋兩季、
聽說你上學房在那兒啊、　學房就在這拐彎兒、那門口有
報子、　師傅是那一位、　師傅是姓金的、　同窓朋友有
多少、　不多、

你看過史記麼、沒看過、讀書人不可不看史記、看過史記、纔知道歷代的興敗人物的好歹哪、學的是甚麼字、學的是王右軍的字帖、那好極了、

你的師傅教法好不好、很好、講書極細心、寫字的筆畫很講究、改詩文很用心、不埋沒我們的一點兒好處、品行端正、規矩嚴緊、這樣的好師傅、你肯用心、還怕學問有不進益的麼、

和尚、阿彌陀佛、大和尚在山上了麼、大和尚昨兒下山去了、請問你的法名、僧人名字叫了空、俗家怎麼稱呼、俗家姓顧、你這一塊地很大、並沒人作田園豈不可惜麼、這一塊地不中用了、土是鹹的、種甚麼都不長、

令兒個是令尊大人的千秋、我特意來拜壽、預備一點兒薄禮、請您賞收、千萬別推辭、還請您帶我去見一見令尊大人致賀、不敢當、實在勞駕費心了、

嗐、這孩子實在沒出息、整天家遊手好閒、不做點兒正經事、他老子娘也不管他麽、　這麽由着他的性兒鬧、多偺是個了手啊、　依我說、不知把他活口兒的埋了就完了、

無論作甚麽事情、都要努力向前、不可自己哄自己、纔能勾往上巴結哪、　雖是那麽說、我的差使不悞就是了、我不能像人家竟會耍馬前刀兒溜溝子捧臭脚、幹那些下賤營生、我是來不及的、

作好官的皇上一定喜歡、不會作官的、皇上必要有氣的、好

歹總在乎各人、這還用說麽、人操守好、再明白公事、那一定保得住、若是才幹平常的、又愛要錢、那就快回家抱孩子去了、

如今的京官大人們都好、也都有本事、認眞辦事、所以這些外官也都學得好了、甚麽事都得有個榜樣兒、上行下効、在上的不要錢、在下的還敢貪贓嗎、

他來過幾回、我總沒大理他、他還涎皮賴臉的儘自來、實在是不知好歹的一塊死肉、他是個欺軟怕硬的草雞毛、

那兒算是人呢、你老別理他、他自然的就不來了、

那個姑娘剛纔起這兒過、也不知是誰家的、長得很標緻、又穩重、明兒給我們舍親作個媒、這個姑娘眞不錯、　我認得是那邊兒張老二跟前的、若給你們令親說、倒也配得過、

這個孩子有出息兒、又能熬夜、又能作活、有耐心煩兒、靠得住、怎麼不叫人疼呢、　你是那麼說、我瞧他很懶、一黑就睡、俗語兒說的、馬尾兒穿豆腐、提不起來了、實在叫人生

氣、

素日受您的栽培、我本就感激不盡、現在為這件事、又承您抬愛、像這麼疼我、我怎麼補報您的情呢、　那兒的話呢、我這不過効點兒勞、你倒不必這麼多心

牙沒了、甚麼都嚼不動了、燉的爛爛兒的纔好哪、別弄的那麼挺梆硬的不能吃、　我的牙比你的強、不論甚麼硬的脆的都能吃、連瓜子兒還能磕哪、

我請教你這件事應當怎麼辦、我心裡想着他若是一定不依、我就給他實端出來怎麼樣、　我告訴你、你的性子太耿直、也得隨和些兒纔好、凡事也不可太刻薄、人家既肯認不是也就罷了、何若老沒完呢、

這個猫怎麼總不管閒事、滿地的耗子他也不拿、明兒個不用餧他就好了、　這耗子眞鬧的兇、吵的睡不着覺、東西也咬了個稀爛、這可怎麼好、

有兩個狗在那兒搭配、一個姑娘握着眼睛不肯瞧、雖然是

那麼樣、可又從手縫兒裏偷着看、你說可笑不可笑、 人到了歲數兒了、春心是要動的、外面兒雖是害羞、難道他心裏就不動情嗎、這也怪不得他、

我在台階兒上站着、他抽冷子把我望後一推、幾乎沒栽了個大觔斗、 那兒有這麼促狹的呢、他再不敢和我這麼頑兒、他要招着我、我就攢足了勁兒、給他一個冷不防、叫他吃不了得兜着走、

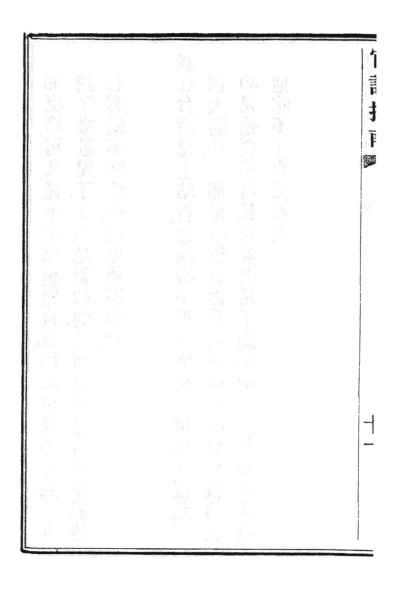

官話指南第二卷

官商吐屬第一章

您貴姓、　豈敢、賤姓王、　府上在那兒住、　舍下在東單牌樓總布胡同、　您在那衙門行走、　我是在兵部當差、　您到舍下來是有甚麼事情麼、　是、我來是和您打聽一件事情、是我聽見說您這西院裡那處房要出租是眞的麼、　不錯是眞的、怎麼您要租麼、　是、我打算要租、　您來遲了、那個房子我已經租出去了、　您租給誰了、　我租給我們一個親戚了、　那就是了、那麼您別處還有房麼、　我別處沒房了、我有個朋友他有一處房要出租、　在甚麼地方、　在

這北邊兒安福胡同、　有多少間房子、　有三十多間房子
　三十多間房子太多、我住不了那麼些個、　您若是住不
了那麼些間、您可以都租下、除了您自己住多少間、下剩多
少間、您可以轉租給別人住、　那麼我就是包租了、　不錯
您包租、　我包租、我又怕一時租不出去、我每月得如數給
房東房錢、　我想那層倒沒甚麼可慮的、脚下房子往外租
着很容易、　那麼我租妥之後、除了我住多少間、下餘多少
間、還要求您替我招租、　那好辦、赶您租妥之後、您可以告
訴我說、您是勻出多少間來出租、我可以替您找住房的、
那麼着很好了、可是您知道一月是多少房錢麼、　我那個

朋友告訴過我、每月是七十吊錢的房錢、　七十吊錢的房錢太多、　您聽着這房錢彷彿是太多、您不知道那房子可是頂好、院子又大、地勢又好、離大街也近、買東西也很方便、　那麽我租那房子、還有茶錢麽、　那茶錢自然是有的、　怎麽我起您手裡租房、還得給茶錢呢、　雖然您是起我手裡租房、沒有別的中人、到底這茶錢您也是得給、我告訴明白您納、您給的這茶錢、並不是我落也不是我那個朋友得、是給我的那個朋友的底下人們大家分的、　那麽是幾分兒茶錢呢、　就是一茶一房、　那就是了、那麽我還得有鋪保罷、　鋪保自然是得有的、您找得出鋪保來麽、　是我找得出鋪保來、　您都是有甚麼鋪保、　要甚麼鋪保有甚麼鋪保、　那就行了、您打算多喒瞧那房子去、　我打算過一兩天我來同您看看去、　那麼偺們一兩天準見　是一兩天準見、

第二章

您貴姓、　豈敢賤姓李、未領教您納、　我賤姓趙、　貴處是甚麼地方、　敝處張家口、　到京來有甚麼貴幹、　我是賣貨來了、　您販來的是甚麼貨物、　我販來的是皮貨、　您在那兒住着了、　我在城外頭店裡住着了、　在那個店裏住着了、　在西河沿大成店裏住着了、　今年皮貨的行情

怎麼樣、今年皮貨的行情還算是平和、我聽見說、前幾年皮貨的行情很大、不錯、前幾年皮貨的行市大的很了、是怎麼個緣故呢、總是因爲貨短的緣故、您現在帶來的貨都賣完了麼、還沒都賣完了、您賣完了皮貨是帶回銀子去呀、還是販貨回去呢、是販貨回去、都是販回甚麼貨物去呢、竟是洋廣雜貨、您在張家口是有鋪子麼、是有鋪子、寶字號、小號益泰、您向來往回裏帶貨都是買誰家的貨呀、那也倒不一定、誰家的貨合式、我就買誰家的、既是這麼着、我現在有個朋友、他在哈達門外頭新開了個洋廣雜貨棧、他都是自己起廣東置來的貨價值比別的棧裏全便宜、您後來買甚麼貨、可以到他那棧裏買去、　令友那個棧房寶字號是甚麼、　字號是德發、那麼底下、我到那棧裏買貨去、我提您就得了、　是等底下我也可以同您去一遭、　那更好了、我請問您納您當初也做過買賣麼、　是做過買賣、　您都是做過甚麼買賣、我開過藥棧　是在城外頭麼、　不錯、是在城外頭、　現在那個藥棧還開着了麼、　沒有關了有七八年了、　那麼您現在有甚麼貴幹呢、　我現在是行醫、　您行醫是竟瞧門脈呀、是還出馬呢、　早起瞧門脈、晌午出馬、　您行醫總比做買賣強啊、　也倒沒甚麼別的強的、不過是不像做買賣那麼累心就是了、 您府上在那兒住、 舍下是在東四牌樓報房胡同住、 等改天我到府上望看您去、 豈敢、我過兩天還要到店裏望看您去哪、 不敢當、您沒事的時候可以到店裏去偺們談一談、 是那麼偺們改天見、

第三章

老弟是起家裏來麼、 喳、是起家裡來、 老弟還沒定規日子起身哪、 也就是這三五天就起身了、今兒個是特意來見兄台辭行、 這實在多禮了、老弟這盪是連家眷都去麼、 可不是麼、打算連家眷都去、 是和人搭幫走啊、還是自已單走呢、 是和人搭幫走、 搭幫走的那位也是作官的

麼、是作官的、他是新捐的通判、到外頭候補去、像您這到省之後就可以上任去罷、是到省之後、大概就可以上任去了、您補的這個缺、是煩缺麼、不是煩缺、是簡缺、現在署您這個缺的那位姓甚麼、是一位姓周的、是補過實缺的麼、也是新近纔補的缺、這等我到任之後他就交卸上新任去了、那麼老弟這幾天總在家罷、是這兩天總在家、我這兩天還要到府上給老弟送行去哪、不敢當、我也要回去了、您回去了、到家裏都替我請安問好罷、是回去都替您說、

第四章

回稟老爺、李老爺給您拜年來了、你去請進來、讓到書房裏坐、兄台新喜了、老弟新喜了、兄台請上我給您拜年、不敢當、一說就是了、老弟請坐喝茶、兄台請坐、老弟今兒個是頭一天出來麼、我是起昨天出來的、得拜幾天哪、也不過五六天就拜完了、打算多喒到省裏去呀、我打算初八進省、得多喒回來、得過了節回來罷、老弟起頭年封了印總沒到衙門去罷、封了印之後還去了兩盪、辦了幾件零碎的事情、趕開了印之後就該忙了罷、可不是麼、趕開了印之後就所沒甚麼閒工夫了、是老弟請再喝盃茶罷、不喝了、我該走了、忙甚麼了、

天還早哪、　是因爲該去的家數多、去晚了不像事、　那麼勞老弟的駕、到家裏先替我請安道新喜罷、　是回去都替您說、

第五章

老兄我昨兒個聽見說、您現在升任太守了、所以我今兒個特意給您道喜來了、　不敢當、實在勞駕得很了、　老兄大概得多喒上新任去呀、　還不能預定了、總得等上司派委員來接署、纔能交卸了、　您交卸之後、是就上新任去呀、是還得先進省裏去呢、　是先得到省裏去、　請問老兄貴科分、　我是辛酉科的舉人、　會試是那科呢、　會試是壬戌

科、原來老兄是連捷、實在是才高得很了、承過獎了、不過是一時的徼倖就是了、老兄太謙了、請問老兄都是榮任過甚麼地方、我是做過一任上元縣知縣、後來俸滿、蒙前任撫台保升今職、數年以來、寸功未立、實在慚愧得很了、那兒的話呢、老兄如此大才、無怪上游器重、況且又愛民如子、如今升任太守、實在是彼處百姓之福也、不敢當、不敢當、那麼等老兄行期有日、我再過來送行就是了、那實在當不起、這就勞駕得很了、等改天我再到貴衙門謝步去、豈敢、豈敢、

第六章

老弟我聽見說、前幾天晚上有幾個人、到東街上一個銀號裏搶去了、是有這麼件事麼、　不是搶銀號去了、是和銀號打架來着、　是爲甚麼打架呀、　是因爲有一個無賴子、撿了一張銀票、到銀號裏取銀子去了、銀號裏人說、這是一張失票、已經有人掛了失票了、你等一等、我們把那個丟銀票的那個人找來、你們倆人當面一說、他也不能白了你、總得謝和你幾兩銀子、那個無賴子不答應、說是這張銀票是我各人的、我就知道拿銀票來取銀子、你們說是別人丟的銀票、那都不與我相干、我通不管那些個、你們就是給我銀子沒別的話、銀號裏不肯給他銀子、這麼着、他要把那張原銀票拿回去、銀號裏把那張銀票也扣下了、不肯給他這麼着他就走了、趕到晚上那個無賴子、又約了四個無賴子、到銀號裏打架去了、趕他們到了銀號、就這麼一罵、把櫃上的一個夥計、他揪出來給打了、把攔櫃上擱着的算盤也給摔了、這個工夫兒汛官聽見說了、當是搶銀號的了、就帶兵去把他們五個人都拿了去了、送了縣了、後來查明白了、他們是打架的、就把他們五個人都枷號在東街上了、半個月之後纔能放他們了、

第七章

院子裏坐着的那個拿着包袱的人、是幹甚麼的、 他是個

賣琺藍的、你認得他麽、我不認得他、你不認得他怎麽知道他是賣琺藍的呢、我剛纔問他來着、他說他是琺藍作的人、那麽他那包袱裏包着的、就是藍貨麽、大概就是罷、那麽你出去把他叫進來、掌櫃的你進來罷、你是賣琺藍的麽、是、你這包袱裏包着的是甚麽藍貨、呀、這是一對琺藍瓶、你打開包袱我看看、您看、這對瓶好不好、這對瓶太大、有比這對小一點兒的沒有了、我們局子裏有一對比這個小的、是作樣子的、不是賣的、您要買多大尺寸的、那都可以定燒、我白問一問、像這對瓶得多少塊錢、這對瓶、得一百多塊錢、你們有甚麽小物件沒有、　您問的是甚麼小物件哪、　就像甚麼小筆桶、小印色盒子、小爉燈、這些個小物件、　您說的這幾樣兒小物件、現在做着了、還沒燒得了、　那麼得多喒就燒得了、　過個四五天就可以燒得了、　等這小物件燒得了、你可以拿幾樣兒來、再把你們局子裏那對瓶樣子、拿來我瞧瞧、若是合式、我可以照樣兒定燒一對、　是我過幾天給您拿來罷、　你們局子在甚麼地方、　我們局子在後門大街、　寶字號、　小號廣成、　你們先頭裏也來這公館裏賣過東西麼、　我們先頭裏沒來這公館裏賣過東西、　這對瓶、我嫌他太大、你可以拿回去罷、　是我失陪了您納、　你回去了、

第八章

你們老爺在家裏了麼、　是、在家裏了、　你進去告訴你們老爺、就提我在後門住姓徐、來見你們老爺有話說、　是、我們老爺請您進來、到書房裏坐、　老弟久違、　彼此、彼此、這一向倒好啊、　好啊您納、您倒好、　托福、托福、　老弟偺們這一向沒見、是上甚麼地方去了麼、　可不是麼、我是出了邊外、　上甚麼地方去了、　出口收租子去了、　是了、大哥、我今兒個特意來和您商量一件事、　是甚麼事情、我有個朋友、他在京西住家、他有幾頃地、有一處果木園子、一處菜園子、因爲他現在等錢用、託我把他這地畝、園子、給他典出去、所以我來問問您納、若是您願意典過來、我可以給您辦辦、　這個地畝、現在是他自己種着哪、還是有佃戶種着呢、　是他自己種着了、　他打算典多少銀子呢、　他打算要典一千兩銀子、　他若是打算典一千兩銀子、我怕是湊不出那麼些個來、　那麼您可以湊得出多少來呢、　若湊個六七百兩銀子還可以行、　那層您等我回去、和他商量去罷、　可是他打算典多少年呢、　這層我也問他來着、他說是不用寫典多少年、就寫錢到回贖就得了、不寫典多少年、總不大妥當、因爲這幾年我若是放下外任來、我就得用這個銀子、所以總還是說明白了典幾年纔好哪、是、那我還可以和他商量您約摸、您大概還得幾年、可以放下外任來呀、　我約摸着還得過個五六年罷、　我想和他商量寫五六年、他也沒甚麼不願意的、　還有那地契、您都看見了麼、　我都看見了、　是幾張紅契、幾張白契、　兩張紅契、兩張白契、　那麼您就回去和他商量去罷、他若是願意就這銀數兒辦、願意寫五六年、偺們就辦、　趕這事定妥的時候、您還得先照回地去哪、　那層是這麼着、您若是肯出切實的保、保這事決不錯的、那我就不必先照地去了、　這事是決不錯的、那我可以落切實的保、　既是這麼着、那我就憑您一句話了、趕偺們把事情都辦完了之後、我再

同他到地裏看一看去就得了、

第九章

回稟老爺、大恒布鋪的徐掌櫃的來了、說是要見您有話說、

你出去請進來、讓在客廳裏坐、 是、我們老爺請您到客廳裏坐哪、 徐掌櫃的、您怎麼這麼閒在呀、 我是來找您說句話、 是您請坐、 您坐下、您這幾天沒出門麼、 沒有因爲我這幾天有點兒不舒坦、所以沒出去、 現在倒大好了、 是大好了、 我來找您、是和您借一項銀子、 是用多少呢、 總得五百兩銀子、 是又買着甚麼俏貨了麼、 不是、是因爲我倒過一個鋪子來、 倒過一個甚麼鋪子來呀、

倒過一個錢鋪來、　是幾間門面、　兩間門面、　在甚麼地方兒、　在偺們這城外頭八寶街路西裡、　原先是誰的鋪子、　原先是一個南邊人的鋪子、　怎麼是關了之後纔倒的麼、　沒關、是因爲那鋪子的東家、是候選知縣、新近選上了、他得出去作官去、他又沒有弟兄本家、可以照應買賣所以得倒出去、　您是多少銀子倒過來的、　一千銀的倒價、　連傢俱都在其內麼、　是連傢俱一包在內、　倒價都給完了麼、　是都給完了、　那麼您現在就是用銀子作買賣了、　不錯、我手裏現在還有五百兩銀子、不彀週轉的、還得有五百兩銀子纔行哪、　是、我可以借給您五百兩銀子就是了、　費心費心、您可以作項怎麼個利息、　這是甚麼話呢、偺們這樣兒的交情您用這點兒銀子、還提甚麼利錢哪、您若是給利錢我就不借了、　是了、那麼我從命了、　豈敢、那個錢鋪原來是甚麼字號、　原字號是德合、　您倒過來還改字號麼、　是、改字號、　打算改甚麼字號呢、　打算改裕成字號、您想好不好、　這個字號很好、這錢行的賣買、您也通達麼、　那錢行的買賣、我不通行、我們舍姪學的是錢行、我打算把他安置在那鋪子裏了事、　這倒很妥當、打算多喒開市呀、　總得下月初間纔能開市哪、　等開市、我過去給您道喜去、　不敢當、我也要回去了、　您忙甚麼了、再坐一坐兒罷、　不咖了、我鋪子裏還有事哪、　那項銀子明天晚上我給您送到鋪子裏去罷、　就是就是、　您回去了、　您請進去罷、

第十章

回稟老爺、劉木匠來了要見您、　叫他進來、　劉師傅、我們老爺叫你進去哪、　老爺您好啊、　好啊、你好啊、　好啊您納、　怎麼這程子我總沒見你呀、　我是回了一盪家、　幹甚麼回家去了、　回家收莊稼去了、　今年你們那兒年頭兒怎麼樣、　彀八成年紀呀、　你種着有多少畝地呀、　我種着有一頃多地、　今年打了有多少石粮食啊、　今年打

了有一百石粮食、你這回來應着甚麼活了沒有、還沒應着活了、我今兒來見您是因爲有一處活我要應、就是沒有薦主、我打算求您給我舉薦舉薦、你要應那兒的活呀、西城江老爺那兒、不是要蓋房了麼、我打算要應那個活、我聽見說江老爺找了好幾個人看過了、可不知道有人應妥了沒有、不錯、我聽見說有三個人看過了、有倆要了八千兩銀子、有一個要了七千五百兩銀子、江老爺都不願意、所以都還沒定規了、那麼若是你包那個活、自然總比別人便宜點兒啊、那是自然的、我若是包那個活、不但比別人便宜幾百兩銀子、工程準還要堅固、一點兒也不能含糊、　我給你說說那倒容易、可有一層、我聽見說、江老爺的意思、打算說定規了之後、立合同的時候、先給一半兒銀子、下剩那一半兒銀子、總得等完了活纔能給呢、你可以先墊辦的起麼、　是、我也知道是先領一半兒銀子、我也打算了打算、可以墊辦的了、因爲我有個朋友、開着個甎瓦窰、用多少甎瓦、他都可以供、不用給現錢、趕完了活再給錢、很可以行、還有我的個小舅子、現在開着個木廠子、他存着的木料很多、我可以隨便用、也不用先給錢、我領這一半兒銀子、不過是預備着買石頭、買灰、開發大家的工錢、算了一算、也不差甚麼彀了、　既是這麼樣、很好了、趕明天我就見江老爺

去、給你說說、那麼費老爺的心罷、我多喒來聽老爺的信哪、你後兒來聽信罷、是了、那麼我回去了、你回去了、

第十一章

老弟是甚麼時候來的、我先來過一盪了、聽說是您沒在家、這麼着我又上別處去了、這剛纔我回來、聽他們說您還沒回來了、所以我在這兒竟等着您回來哪、那麼叫老弟受等、好說您納、您是上那兒去了一盪、我是出城去、到莊稼地裏看了看、現在的莊稼所都長起來了罷、是都長起來了、那麼今年秋收有望了、按着脚下看、今年準可以豐收的、您到莊稼地裏、看見他們種地的做活了麼、

是、我去的時候、他們正在地裏鋤地了、趕晌午的時候、他們就都回去吃晌飯去了、這麼着我就找了一棵大樹、在樹底下凉快了半天、瞧了會子放牛放羊的、趕凉快彀了、我這纔趨達着回來了、　您倒眞是會高樂的、　甚麼會高樂呀、不過是在家裏坐着也是悶得慌、睡晌覺起來也是不舒服莫若出去趨達趨達倒好、　您這倒也是養身之法、　那兒是話呢、老弟今兒到舍下來、是有甚麼話說麼、　大哥、我來是有件爲難的事、要求您替我辦辦、　是甚麼事情、　是因爲我兄弟現在忽然要分家、　你們弟兄們、素日不是很和睦麼、怎麼他忽然想起要分家來呢、　我也不知道是甚麼緣故、我想他大概是受了人的挑唆了、所以纔要和我分家、　莫非偺們這些親友裏頭、誰還能離間你們弟兄麼、　偺們這些親友裏頭、自然誰也不能挑唆他分家呀、我知道他近來交了幾個新朋友、都不是很好的人、我想必是他們挑唆的、　那麼您來找我、打算是怎麼個辦法呢、　我來是因爲我兄弟、素日和您對勁、我打算求您這幾天、把他找到您家裏來、勸勸他、總是能叫他不分家纔好哪、　我把他找來勸勸他、那倒沒甚麼不行的、可有一層、我們倆平常雖然對勁、無奈令弟的那個左皮氣、我也不敢保他準聽我的話、儻或他不聽勸、又該當怎麼辦呢、　他若實在不聽勸、那沒法子、只可由着他分家就是了、　若是他一定要分家、您打算是怎麼個分法呢、　我們的房產是兩處住房、兩處鋪面房、西城那處住房和城外頭那處鋪面房、那兩處的房契全都在外頭押着了、現在就是我們住着的這處房和我們鋪子那個房子、這兩處的房契沒押、我可以分給他這兩處房產就是了、其餘我們家裏的傢俱東西、他愛甚麼、都可以拿了去、我決沒甚麼不願意的、　您這麼辦是公道極了、親友們決不能有甚麼議論您的了、

第十二章

老兄、怎麼這程子、我總沒見您哪、　我回家收莊稼去了、

今年收成的怎麼樣啊、　今年收成的還算好啊、　您種着有多少地呀、　我的地不多、纔一頃多地、　今年您打了有多少石糧食啊、　打了有一百多石糧食、　那麼今年您打的糧食比去年多、　是去年纔打了六十石糧食、今年比去年多打着有四十多石糧食了、　您去了日子不少了罷、　可不是麼、我去了有倆多月了、　怎麼您這盪回家去了這麼些日子呢、　我是和人打了一場官司、又賣了一回地、　您是和誰打官司來着、　是和我們一個地隣打官司來着、　是爲甚麼事情、　是因爲我有十幾畝窪地、每年夏天一下大雨就淹了、所以這幾年我也沒種、竟荒着了、我那個地、緊挨着一個姓于的地畝、這幾年我不是沒種那個地麼、可就叫那個姓于的、零碎佔了有幾畝地去、我常在外頭、所以也不知道這個事、趕我這盪回去、聽見我們長工說、我就親自到地裏去一查、可不是叫他佔了我的地去了麼、這麼着我就找那個姓于的去、問他這件事、他一定不認、我可就到衙門去、把他告下來了、趕知縣查明白了、就叫他把佔去我的地、都給我退出來了、這麼着我就都把他賣出去了、　是了、像您每年打的這個糧食、都是留着自己吃啊、還是賣呢、　不是都留着自己吃、我們家裏也就是留個三四十石糧食、下賸的都就賣了、　您的糧食、都是賣在甚麼地方啊、離我們住的那個地方有幾里地、有個大鎮店、每五天一集、我們都是拿牲口駝上糧食、到那個鎮店上賣去、　到了鎮店上、是賣給糧食店哪、還是賣給客人呢、　都是賣給客人的時候多、　是您自己賣給客人麽、　不是、都是經紀給賣、那經紀都是奉官的麽、　是奉官的、他們都得有官給的牙帖、纔能當經紀了、　賣糧食用的斛斗、那也都是官定的麽、　是、那都是官定的、　那麽那經紀掙的、都是甚麽錢呢、

那經紀就是得用錢、　那糧食的行情、是經紀定麽、　不是經紀定、　是誰定呢、　沒人定、大槪是這麽着、若是這天糧食來的多、自然行市往下落、若是這天糧食來的少、自然

行市往上長、這是一定的理、並不是有人先定出一個行市來、　是了、您這麼說、我就明白了、

第十三章

老弟、得來是問你一件事情、　您是問甚麼事情、　你西山裏、不是有一處果木園子麼、　不錯、是有一處果木園子、　是多少畝地的園子啊、　五十多畝地的園子、　每年你那園子是自己收果子賣呀、還是把樹包給別人呢、　前些年、我都是自己收果子賣、這幾年、我可是把樹包給別人、　你都是包給誰呢、　我都是包給海淀順義雜貨鋪、　我今兒個來見你、是因爲我有個相好的、他現時在西城開了一個

乾果子鋪、他再三的求我、給他辦這包果子的事情、我知道
你有果木園子、所以我來問問你、若是你願意過年把樹包
給他、我可以給你們拉這縴、他若是願意包、那也沒甚麽
不行的、他還呌我問問這包果子、都是怎麽個規矩、那
麽您這個相好的、他是外行麽、可不是麽、他本是外行、他
這是頭一回作這果行的買賣、那包果子、也沒有多規矩、
就是結果子的時候、我同他到園子裏看一看、然後就商量
包價是多少、趕說妥了、把銀子給了、這一年的果子、就是他
的了、趕包妥之後、還得有個看果子的了罷、那是自然
的、總得找一個人、黑下白日在園子裏看着纔行哪、這個

看園子的、是偺們給他找啊、還是他各人找呢、　那是隨他、若是他託偺們給他找、偺們就給他找、若是他願意他自己找也使得、　那看園子的人、不至于偷果子賣呀、　那是這麼着、若我給他找的人、那自然我得下保、若是有偷果子賣的事情、有我一面承管了、　那看園子的、每月就是給他工錢、沒別的麼、　是就是給他工錢、不過還有那搭窩棚用的席木板繩子、杆子、這些個東西、都是包果子的給他買、趕後來拆窩棚的時候、可也是那包果子的、把這些個東西拿回去、　那麼若是樹上掉下果子來、該當怎麼樣呢、　若是平常掉下來的果子不多、那就在地下擱着、等包果子的多噌去了、告訴他就是了若是偶然遭大風、或是遭雹子、掉下來的果子太多了、那個看園子的、應當趕緊的去告訴那個包果子的、叫他好去收那掉下來的果子、 是了、我回去就照着你所說的這話、告訴我那相好的、等他有甚麼話、我再來見你罷、 就這麼樣罷、

第十四章

劉才、 喳、 書房裏那架坐鐘不走了、你回頭到祥盛鐘表鋪、把許掌櫃的請來、給收拾收拾、 是了、 辛苦衆位、 您來了、您請坐、 我們老爺打發我來請許掌櫃的到宅裏、有一架坐鐘、給收拾收拾、 您在那宅裏、 我在富宅裏、 是

棉花胡同富宅麼、　不錯、是棉花胡同富宅、　您貴姓、　我賤姓劉、未領教您納、　我賤姓許、　啊、您就是許掌櫃的、您照應點兒罷、　彼此彼此、　您那宅裏還是那位姓朱的管事麼、　不是、換了人了、　換了那位了、　換了一位姓范的、

怎樣那位姓朱的擱下了麼、　可不是麼、散了、　是爲甚麼散的、　是因爲病散的、　是得了甚麼病了、　他本來是個弱身子、又吃烟、今年他忽然一忌烟、烟也沒斷成、可就得了病了、一天比一天重、後來簡直的成了癆病了、甚麼都不能幹了、這麼着他就把事情辭了、回家養病去了、　是了、可是您知道、是竟收拾鐘啊、是還收拾表呢、　我們老爺就說

是收拾鐘，可沒提還收拾表，到底據我想您把收拾表的傢伙帶上，萬一收拾表了也不定。那麼偺們這就走罷。掌櫃的您先請在書房裏坐一坐，我進裏頭告訴我們老爺去，是了。許掌櫃的這一向好啊。好啊，富老爺倒好。好啊您納，買賣好啊。托您福，倒還好，現在打夜作了麼，是，打夜作了，現在鋪子裏幾位夥計，脚下是四個夥計，幾個徒弟，倆徒弟，都可以上案子做活了麼。有一個可以上案子做活了，那個是新來的，還不行哪。您見天也在鋪子裏做活麼。我是不能整工夫在鋪子裏做活，總是在外頭辦事的時候多，脚下您那鋪子裏，每月做多少錢的手工啊、現在每月、也就是做個四百來吊錢的手工、四百多吊錢的手工、也就算不少了、不過算可以的就是了、到底比上從先、可差多了、先頭裏、每月可以做多少錢的手工呢、早先每月總做七百吊錢的手工、敢情先頭裏、每月做這麼些個手工哪、是那個時候、每月總有這麼些個、今兒個我請您來給瞧瞧這架坐鐘、是怎麼個緣故不走了、我瞧瞧、這個鐘是鑔子折了、那麼得換一根新鑔子了罷、不用換新的了、我把這根鑔子拿到鋪子去釘上、再拿回來安上就得了、那麼更好了、您請喝茶罷、您喝罷、我請問您納、像您這貴行、都是學幾年哪、我們𣪠行、都是學六年、是還得寫個字據麼、是、得寫一張字據、這張字據、是徒弟剛一上鋪子就寫麼、不是、先得瞧一年、若是徒弟好、纔寫字據哪、那麼赶他學滿了之後、是還在本鋪子裏耍手藝啊、是就上別處耍手藝去呢、那都是隨他的便、若是他還願意在本鋪子裏耍手藝、也是給他開出工錢來、按着夥計一個樣、若是他不願意在本鋪子裏要手藝、願意上別處當夥計去、也使得、那就是了、還有上回我託您給買一個醒鐘、您給買了沒有、是、我在這城裏頭各鋪子裏、都給您找了、沒有、新近有我們一個同行的人、下天津買貨去、我已經託他到洋行裏給您找一找、若是有、他回來的時候、就給您帶來了、　那實在費心的很了、　那兒的話呢、我也該回去了、偺們改天見罷、　您回去了、累肯您納、　好說好說、

第十五章

老弟是解家裏來麼、　喳、是解家裏來、　怎麼這幾天我沒見你呀、是幹甚麼來着、　我是出外打圍去了、　是同誰去的、　是同着我們一個街坊去的、　是上那兒打圍去了、上東山打圍去了、　多喒回來的、　昨兒晚上回來的、　打了些個甚麼野牲口來、　打了些個野雞野猫、還打了個野猪、　那麼你們這盪圍、打的不錯呀、　不錯可是不錯、到底

受的累也不輕、受了甚麼累了、我們倆人是一個人騎着一匹馬去的、趕到了離東山還有幾里地、有個鎮店、我們可就在那個鎮店上、找了個店住下了、趕第二天、我們就在店裏吃完了飯、把那兩匹馬、寄放在店裏了、我們倆、就摃着搶遛達着上山去了、趕到了山上、我們先是竟打了些個野雞野猫、趕天有平西的時候、忽然跑來了個野豬、我們倆就拿槍一打、可就打死了、那個地方、又雇不出人來抬那個野猪、這麼着我們倆人、就把那個野猪、拉回店裏去了、趕回來的時候、我們就用一匹馬馱着野猪、我們倆人、換替着騎那一匹馬、趕到了家、就累的動不得了、您說受的這個累還輕麼、 你們雖然受了些個累、到底還打着野牲口了、我們有個親戚、前幾天打圍去了、不但沒打着甚麼、倒把他的一匹馬丢了、 怎麼打圍去、會把馬丢了呢、 他告訴我說、他騎着一匹馬、上北山打圍去了、他把他的那匹馬、就拴在山底下一棵樹上了、他就揹着槍、上山找野牲口去了、他找了半天、連一個野牲口也沒找着、這麼着他就下山來了、趕到了山底下一瞧、他的那匹馬沒了、這個工夫兒天忽然下起雪來了、他就頂着雪、各處找了會子、所沒有、這個時候、天也就黑上來了、他就找了一個破廟、將就着住了一夜、趕到第二天早起、他就覺着身上很不舒服、他沒法子、就扎掙着到衙門裏去報了官、那個官把他丟馬的緣故、都問明白了、可就和他說、我這就派差到各處給你找馬去、若是這本地人偷了你的馬去、終久總找的着、若是過路的人、把你的馬偷了去了、那可就難找了、你先回家去就是了、這麼着他就雇了一匹驢回來了、到了家病更利害了、到如今還沒好了、你瞧他這運氣有多麼背呀、

第十六章

兄台您沒聽見說、偺們那個朋友馮子園死了麼、　我沒聽見說呀、他是多喒死的、　今兒早起有人說、他是昨兒晚上死的、　你知道他是甚麼病死的麼、　我聽見說、他不是好

死的、　是怎麽死的、　說是呑烟死的、　他爲甚麽呑烟死了呢、　我聽見說是這麽件事、他有一個朋友是外鄉人去年到京裏來、有幾千兩銀子、交給他收着、那個人可就回家去了、趕到今年、那個人又上京來了、可就和他要那幾千兩銀子、子園就不認了、這麽着那個人到衙門去、就把他告下來了、趕官把子園傳到衙門去一問、子園說、並沒這麽件事、又說、若是我存着他的銀子、必有個憑據、如今他一點兒憑據沒有、這是他訛我了、這麽着官就問那個人、有甚麽憑據沒有、那個人說、因爲相好、當初並沒立憑據、官說你旣沒有憑據、竟憑口說、我不能給你辦這個事、這麽着就散了、那個人起那麼一氣、可就回家去了、到了家不多幾天、就弔死了、趕知縣去驗屍的時候、起死鬼套褲裏頭、翻出一張陰狀來、上頭寫的都是告子園的話、這麼着他聽見這個風聲不好、他一害怕、就吞烟死了、你提這件事情、我想起來了、今年春天、我恍惚聽見人說、他和人打官司來着、巧了就是爲這件事、光景就是這件事罷、還有一件事、你管保不知道、在偺們沒認得他之先、他已經就作過一件屈心的事了、作過一件甚麼屈心的事、他先頭裏不是開過一個錢鋪麼、不錯、他是開過一個錢鋪、他開錢鋪的時候、有一個外省的人、和他相好、就在他那鋪子裏借住、後來那個人得了重病了、臨死的時候、可就和他說、我那箱子裏有一千多兩銀子、偺們倆相好一塲、我死之後、所有我那銀子和東西、都求你給我寄回家裏去、他當時就都答應了、趕那個人死之後、他就變了心了、他竟把東西給那個人寄回家去了、可就把那一千多兩銀子、昧起來了、後來那個人家裏給他來信問他死鬼留下銀子沒有、他就寫了一封回信、告訴人家說沒留下銀子、趕後來他忽然得了一塲病、他在家裏養病的時候、他舖子裏有一個夥計、就偷了他幾百兩銀子跑了、趕他病好了、就把買賣也收了、

您這都是聽誰說的、

我這都是聽有在他舖子裏學過買賣的、一個徒弟說的、

像

他先頭裏、既然做過一件屈心的事了、就該當悔改纔是的、怎麼後來又做這麼件屈心的事呢、到如今還是各人把各人的命要了、你不知道、凡這宗沒良心的人、大概都是這麼着、若是一見錢、立刻就把天理報應全都忘在九霄雲外去了、他現在吞烟死了、這簡直的就是遭了報了、

第十七章

老兄、剛纔那個姓馬的進來、找您是說甚麼話來着、他說他現在要贖當、托我給他借幾十吊錢、另外還託我給他找個跟官的事情、他託您這兩件事您都應了麼、是我都應了、我這麼告訴他的、我說現在我手底下沒錢、等我上別

處給你借去、若是借着了、你就使喚、若是借不着、你再另打主意就是了、至於說找事這層、等底下有跟官的事、我必給你舉薦、　依我勸您、他託的這兩件事、您都別給他管、　怎麽、　您若是給他借錢、他一定不還您、　你怎麽知道他一定不還我呢、　他向來借人家的錢、都沒還過、所以我知道他如今借您的錢、將來也是一定不還您、　我想這幾十吊錢、他不至於不還我、　別說幾十吊錢、就是幾吊錢、他也是不還、況且他借這個錢、也不是眞拿去贖當、　他不是拿去贖當、是拿去幹甚麽呢、　他是拿去耍去、　怎麽、他還耍錢麽、　他最愛耍錢、他整天家竟在寶局上、　他家裏都是有

甚麼人哪、　他母親早死了、現在就是他父親還活着了、

他沒有弟兄姐妹麼、　他沒有哥哥、也沒有兄弟、就有一個姐姐、早就出了門子了、　他還沒成家了麼、　他沒成家了、

他父親有多大年紀了、　他父親今年總有七十多了、

是個做甚麼的、　是木作的手藝、先頭裏開過一個小木廠子、後來也關了、如今是竟仗着給人家做活、掙錢來過日子、

他這個人、會幹甚麼呀、　他任甚麼都不會幹、就會花錢、

他沒學過買賣麼、　他學過一回買賣、　他學過甚麼買賣、　他在一個藥鋪裏學過買賣、去了有一個月、掌櫃的就不要他了、　是爲甚麼不要他了、　是因爲他又饞又懶、不

守舖規、所以就不要他了、　那麼他後來、沒作別的事麽、
他後來又跟過一回官、　跟過甚麽官、　那一年、有一個外
任的官、進京引見來了、住在城外頭會館裏了、有人把他舉
薦了去當跟班的、那個官、見天叫他出去給買古玩玉器各
樣兒的東西、他就撒開了一賺錢、倆月的工夫、他就賺了有
好幾百兩銀子、後來那個官知道他這個毛病了、可就把他
辭了、現在那幾百兩銀子、巧了是都花完了、所以纔來找您
給借錢、依我勸您、也別給他借錢、也別給他找事、您若是給
他借錢、他必不還您、若是給他找事、他必不能給您作臉、索
性不管他的事倒好、　那麽據你這麽說、將來他父親死了、

他可就要遭了、我早給他斷就了、他父親死之後、他一定抱沙鍋、那麼他託我的那兩件事、我怎麼回復他呢、您就告訴他、錢是借不出來、找事是沒有、就得了嗎、這麼着、我就照您這話告訴他、免得他望了、

第十八章

李起、喳、你把這套書、給琉璃廠寶文堂書鋪裏送了去、告訴兪掌櫃的說、叫他給配一個書套、還有這個單子、也交給他、叫他按着這個單子上所開的書、每一部先拿一套交給你帶回來我看看、是老爺若沒甚麼別的事、我現在就去罷、我沒別的事、你這就去罷、辛苦衆位、兪掌櫃的在

鋪子裏了麼、　是在裏頭了、您請進來坐罷、　辛苦俞掌櫃
的、　李爺、您起宅裏來麼、　是、起宅裏來、　您來是有甚麼
事麼、　可不是麼、我們老爺打發我拿這套書來、叫您給配
個套、這兒還有一個單子您瞧瞧、我們老爺說、叫您按着這
個單子上所開的書、每一部交給我拿回一套去先看看、
這個書套、我們給配一個就是了、這個單子上所開的書、我
們這鋪子裏就有兩部、下餘的那幾部、我還得上別處找去、
那麼您就先把鋪子所有的這兩部、交給我帶回去、下餘
的那幾部、您上別處給找找去、過幾天我再上您這兒取來
罷、　我想您不用上這兒取來了、趕過幾天、若是我找着了、

我就親自給送到宅裏去罷、　那更好了、　這兩套書、給您包好了、　那麼我失陪了、　您回去了、　回老爺知道、那套書、我交給俞掌櫃的了、告訴他給配個套了、您要的那幾部書、他們那鋪子裏就有兩部、叫我先把那兩部拿了兩套來、給您看看、下餘的那幾部、俞掌櫃的得上別處找找去、趕過幾天、他若是找着了、他親身給您送來、　是了、你先把這兩套書、擱在書槅子上去罷、　辛苦李爺、　俞掌櫃的、您纔進城麼、　可不是麼、纔進城、　您這拿來的、都是甚麼書啊、　這就是上回老爺叫找的那幾部書、我都找着了、拿來了、　我們老爺下天津去了、　多喒走的、　昨兒早起起的身、是有官差去的麽、不是官差、是辦自己私事去了、得去多少日子、連來帶去、總得十天罷、那麽我拿來的這書、怎麽樣呢、我們老爺留下話了、說是若是您拿了書來、就先留下罷、那麽您瞧、這是六套書、那個原單子上開的是八部、上回您拿了兩套來、我今兒個每一部、又拿了一套來、前後共總拿了八套書來、還有這個單子、也託您交給老爺、所有這幾部書的價值、都在這個單子上寫着了、是了、還有配套的那套書、您給配得了沒有、配得了、我今兒個忘了帶來了、等底下我再來的時候、給帶來罷、那就是了、您想我可以多喒來好呢、我算計着、我們老爺總得月底纔能回來了、這麼着罷、趕我們老爺回來的時候、我出城請您去罷、那倒不用勞動您納、我月底月初還有別的事進城來了、我可以順便到這兒來打聽打聽就得了、那麼也好、那麼我失陪了、您回去了、偺們過幾天見、

第十九章

老兄、怎麼我來找您好幾盪、您都沒在家、您是忙甚麼了、我是給人說合事情了、您是給人說合甚麼事情來着、告訴得我、告訴不得、沒甚麼告訴不得的、是我們舍親認得的一個朋友、和人打了官司了、我們親戚託我出去、給他們說合說合、是爲銀錢帳目的事情麼、不是銀錢帳目、是

爲買貨的事、　爲買貨、怎麼會打了官司了呢、　是這麼件事、我們這個親戚、認得的這個朋友姓沈、他是在保定府開着個大洋貨鋪、字號是信義、他今年夏天到這兒來的、就住在這東關外頭福盛店裏了、在偺們這大東街、泰和洋貨棧裏批了六十包洋布、批單上寫明白的、是倆月交貨、趕到上月就到了日子了、沈掌櫃的就到泰和棧去、問貨到了沒有、他們說、還沒到了、這麼着沈掌櫃的又等了些日子、又去打聽貨還沒來了、趕到前幾天、沈掌櫃的到西街棧房裏、有別的事情去了、聽見說新近有一個客人、買妥了泰和棧裏的六十包洋布、是起一個姓王的經紀手裏買的、聽那個客人買的那個價値、比沈掌櫃的原定的價値貴、銀子可還沒兌了、貨也還沒起哪、沈掌櫃的一想、這一定是他定的那六十包洋布、泰和棧如今是貪多賺錢、又轉賣給別人了、心裏可就氣的了不得、這麼着他這天晚上、就到泰和棧裏問這件事情去了、泰和棧不認、說是沒這麼件事、後來沈掌櫃的指出那個王經紀來了、泰和棧沒法子、可就認了、就是下月還有六十包洋布來哪、叫沈掌櫃的等那六十包洋布來、沈掌櫃的不等、說是就要這現在有的那六十包洋布、泰和棧不肯給、說是若實在不能等那六十包洋布、只可把原給的定銀退回去、把批單一燒、就算沒這麼件事了、沈掌櫃的不答應、說是竟退定銀不行、還得包賠賺利纔行哪、泰和棧一定不肯認包賠賺利、這麼着沈掌櫃的就寫了一張呈詞、粘連那張批單、在縣裏就把泰和棧告下來了、前兒個知縣過堂、把他們兩造大概問了一問、就吩咐叫他們下去、找人先說合若是說合不了、再補一張呈詞再問就是了、這麼着我們親戚找我幫着他出去、給他們說合、昨天晚上、算是纔給他們都說合完了、　您怎麼給他們說合完了的呢、　我們給他們這麼說合的、還是叫泰和棧、先把這現在有的那六十包洋布、給沈掌櫃的、叫他們和那個客人說、等下月那六十包洋布到了、再給那個客人就是了、這麼着大家都答應了、

昨兒個晚上把貨也起了去了銀子也兌了就等明兒個沈掌櫃的在縣裏遞一張和息呈詞就結了、

第二十章

兄台您這是解舖子來麼、不是我是到天盛當舖封貨去了纔回來、您用過飯了麼、我吃過了、您若是沒吃飯、我可以叫廚子給您快預備飯、我眞吃了、我是同着一位相好的在外頭吃的、那就是了、今兒個天盛當舖貨多不多、古玩玉器少衣服銅錫器多、您都是封了些個甚麼貨、我就封了倆表沒封別的、我看封貨得便宜的少總是上檔的多、那也是碰運氣若是走紅運的人他去封貨、就許遇見俏貨、趕他封了、當鋪就賣漏給他了、他就可以賺了好錢了、若是走背運的人、他一封貨就打眼、當鋪本就當打了眼了、他又封打了眼了、不但不能賺錢、倒還得賠出好些個錢去、　您說的這話實在不錯、我們這鋪子、前幾年封了好幾回貨、沒一回不賠錢的、所以現在不論那個當鋪請、我們決不去封貨了、　我告訴你、去年有一個封貨得了便宜的、這個人是我們一個遠親、去年十月裏、西城恒順當鋪請他去封貨、他封了一個銅表、四兩銀子、當鋪就賣給他了、趕他拿回家去一細瞧、敢情是個金表、後來他拾掇好了、賣了四十多兩、賺了有十倍利、這就是遇見俏貨得了便宜了、

第二十一章

大哥、剛纔我到棧裏找您去了、夥計們說、您上西街去了、所以我迎著頭找您來了、可巧就遇見了、您作甚麼這麼早上西街去了、　今兒早起火輪船到了、我們棧裏給一個客人雇小車子運行李來着、推小車子的、給客人運錯了兩隻箱子、客人不答應了、夥計們沒了主意了、打發人到家裏找我去了、我纔起來、聽見這個事情我就趕緊的洗了臉、到棧裏見了客人一問、那個客人說、他姓陳、是福建人、在江蘇作官如今是要上京去、今兒早起火輪船到了、他就下船住在我們棧裏了、他就叫我們夥計給他雇了倆小車子、叫他一個跟人帶着到船上去、把行李起下來、趕把行李運到棧裏來了、他一瞧、他短了兩隻紅皮箱、這裏頭又有兩隻白皮箱不是他的、那白皮箱上寫着徐子芹三個字、他就問他那倆底下人、怎麼會運錯了兩隻箱子呢、那倆跟人說、不是他們的錯、他們倆人在船上歸着零碎東西來着、是那倆推小車子的、自己上船、把箱子搬下來的、所以纔搬錯了、這麼着那個客人就告訴我們棧裏的夥計、叫那倆推小車子的、快去把他那倆紅皮箱給找回來、那倆推小車子的去找了半天、也沒找着、客人是所不答應、要定了箱子了、夥計們也都着了忙了、就趕緊的打發人找我去了、　您給那個客人、我回那兩隻箱子來了麼、是、我已經找着那位姓徐的客人了、姓陳的那兩隻紅皮箱、是在他那兒了、我現在回棧裏去先雇一個小車子、把姓徐的那倆白皮箱、給他推了去、把那倆紅皮箱就換回來了、您怎麼找着那位姓徐的客人了、我先在偺們那條街上、各棧裏都問了、並沒有姓徐的客人、這麼着我就到了西街、挨着各棧一問、趕問到永利棧了、他們說是有一位姓徐的客人、是剛纔到的、這麼着我就進那個客人的屋裏去了、一問他的號、他說是叫子芹、我就把運錯了箱子的事情、告訴他說了、他說我的行李是纔運來的、還沒查點了、等我現在一查點就知道了、趕他一查點、可就說是錯了兩隻箱子、我這兒短了兩隻白皮箱、多出兩隻紅皮箱來、我一聽這話對了、這麼着我就和他說、回頭我就打發小車子、把您那兩隻箱子送來、您把這兩隻紅箱子、就交給他們帶回去就得了、這麼着我就回來了、你這麼早忙着找我、是有甚麼要緊的事情麼、　因爲我們今兒個有點兒緊用項、找您摘給我們幾百塊錢用、　有、你跟我到棧裏取去罷、

第二十二章

老弟、我聽見說、你們那位令親王子泉被叅了、是眞的麼、不錯、是眞的、　你知道是爲甚麼事被的叅、　我起去年就

聽見說他要被衆、我還不很信、如今果然眞被衆了、前幾天我見了子泉他哥哥、據他說是因爲兩案事壞的官、一案是前年秋天、縣城裏頭有一個錢鋪被刼搶了有幾百兩銀子贓去、他連一個賊也沒拿着、那個時候撫台就出了衆了、把他的頂戴摘了、給他幾個月的限、還留在任上、叫他趕緊的拿賊、趕到滿了限了、還是一個賊也沒拿着、這麼着他又展了好幾回限、直展到去年冬天、那一夥子賊、始終也沒拿着、偏巧今年春天、縣城裏頭有一個人、半夜裏進了一個人家兒裏去、殺死了倆人兒、手逃跑了、又添上了這麼一件棄兒逃走的案、這麼着撫台就把他衆革了、那麼他現在已經離了任了麼、　是、已經離了任了、在省裏住着了、　他宦囊怎麼樣、　他有甚麼宦囊啊、他現在是兩袖清風、　他既是宦囊羞澁、何必還在省裏住着呢、　他倒願意回來哪、就是一時回不來、　怎麼回不來呢、是沒有盤費麼、　倒不是沒有盤費、是因爲他革職之後、撫台派委員到他衙門盤查倉庫去了、查出他虧短有四千多兩銀子的錢糧、委員問他怎麼會虧短了這麼些個錢糧呢、他認了是他挪用了、這麼着那個委員就稟報撫台了、撫台就派員把他寓所裏的東西都封了、把王子泉調到省裏去、給他倆月的限、叫他把虧短國家的這個錢糧、都交還上、若是過了限期不交還、就要請旨、抄他京裏的家了、這麼着他急了、就寫了一封信、打發了他一個家人、到京裏來見他哥哥、叫他哥哥不論怎麼想法子、趕緊的給他湊五千兩銀子、交給這個家人給他帶回去、他哥哥見着這封信、着急的了不得、找我去了、託我把他城外頭那處鋪面房給他賣了、這麼着我就趕緊的一給他賣、還算好、賣了五千兩銀子、前兒個他哥哥交給來的那個家人給他帶了去了、　那麼他若是把虧短的錢糧、如數都交還上、他寓所裏封着的那個東西、怎麼樣呢、　趕他把這銀子交還之後、上司自然派官、到他寓所裏去啟封、就把東西照舊還給他了、那他也就可以回來了、

第二十三章

大哥、我問您一件事、令友錢輔臣那個當鋪、現在止當候贖了、是爲甚麼呀、　那個買賣不行了、快收了、　怎麼聽說那個買賣不是很好麼、怎麼會不行了呢、　你止知其外不知其內、當初他開那個當鋪、並不是都是他自己的銀子、他有一個親戚、是個作官的、有一萬多兩銀子、白借給他使喚、不要利錢、他自己不過有幾千兩銀子、就這麼把那個當鋪開了、這幾年買賣倒很好、賺的錢也不少、趕到前年、他那個親戚放下知府來了、可就把那一萬多兩銀子、要回去了、雖然撤出那一萬多兩銀子去、他那個買賣還可以支持得住、忽然他無故的想做洋藥的買賣、起初還不過買個一兩箱子洋藥賣、偏巧賺了錢了、膽子可就壯了、這麼着又買了七八箱子洋藥賣了、又賺了錢了、所以膽子更大了、趕到了去年快封河的時候、有一個廣棧裏來了一百箱子烟土、他聽見說、沒有別的火輪船來了、他一想、他若是把那一百箱子烟土買下、留着冬天賣、必賺好錢、這麼着他就到了那個廣棧裏、和那個廣棧的掌櫃的一商量、願意把那一百箱子烟土都留下、倆月之後付銀子、那個廣東人也答應了、趕他買妥了、過了有兩三天、忽然又來了一隻火輪船、裝了有五六百箱子烟土來、這個行市就直往下這麼一掉、他沒法子了、就趕緊的都賣出去了、賠了有好幾千兩銀子、可就把那個當鋪也拉躺下了、這都是他放着穩當買賣不做、妄想發財、所以纔壞了事了、 大哥您看、獨做那洋藥買賣的、總沒有長久富貴的、就是有起這上頭發了財的、也不過是眼前歡、不多幾年、自然的就敗了、 那是一定的理、那本是損人利己的買賣、怎麼能長享富貴呢、 我們本鄉有一個恒原土局子、買賣很大、四遠馳名、那個東家姓郝、都是自己下天津、起洋行裏買貨、一回總買幾百箱子的貨、鋪子裏總有幾十個夥計、這些年所發了財了、家裏蓋的房子很多、上下有百數多號人、騾馬成羣、這麼樣兒的財主、趕到去年、會一敗塗地了、我先還不知道是怎麼敗的這麼快、趕後來我細一打聽纔知道敢情是這幾年買賣發了財了、東家所不上鋪子了、竟在家裏納福、也老沒算大帳、鋪子裏那些個夥計們、見天黑下往外偷烟土、東家是一概不知道、趕到去年、還是姓郝的有倆朋友、知道他鋪子裏有了毛病了、可就叫他上鋪子算帳盤貨去、這麼着他纔到了鋪子裏一算帳、虧空有好幾萬兩銀子、又一盤貨、剩了不過有幾箱子土了、他就問夥計們帳怎麼虧空的、貨怎麼短的、那些個夥計們都說不知道、這麼着他沒法子了、就把房子牲口都賣了、算是把該洋行的銀子都歸上了、然後把鋪子也關了、他起那麼一口氣、得了一場病就死了、家裏底下人們也都散了、就剩了他們本家的人了、脚下是吃一頓挨一頓、這麼樣兒的苦法、您瞧、這都是賣洋藥的收場、

第二十四章

老弟、你是多咱回來的、 我是新近回來的、 你這是解江西回來麼、 不是、我是起江蘇回來、 你當初不是上江西、去了麼、怎麼如今是解江蘇回來呢、 我是原本上江西去了、後來又到蘇州去了、 你這幾年在外頭、事情怎麼樣、在江西那幾年、事情倒很好、就起到了蘇州之後、事情就所不順了、 你既在江西很好、作甚麼又到蘇州去呢、 因爲

我們那位舊居停、去年調任雲南了、打算要邀我一同去、我是嫌路太遠、不願意去、打算要回京來、他勸我不叫我回來、他說他有一位同年的、在蘇州是候補道姓和、他要把我舉薦到那兒去辦書啓、我也願意去、這麼着他就寫了一封薦信、打發我到蘇州去了、趕我到了蘇州、纔知道和公那兒還有兩位師爺了、那倆人都是浙江人、見我去了、都很欺生、我是諸事掣肘、他們倆人若是打起鄉談來、我是連一句也不懂得、若是偶然我問他們一件事、他們都和我粧不知道、不肯告訴我、我就連出去走走逛逛、他們倆都掰着我、我看他們那光景、是過於咬羣、我一想、我們若是再往下混、可就要生分了、這麼着我就辭了館回來了、　那位和公待你怎麼樣、那位和公待我、倒還罷了、得就是這回我辭館的時候、他還問我、是爲甚麼緣故辭館、我也不便提我和同人不合、我就說、我京裏有件要緊的事、得回去一盪、他還說、若是我到京辦完了事、還請我回去哪、　那麼你這盪回來、還打算出外去不出外去呢、　我這盪回來、原打算是要考供事、着比若是考上了、我就要在京裏當差、不出外去了、趕我到京裏、一打聽、已經考過去了、現在我的意思是這麼着、若是有合宜的事、我就可以出去、若沒有相當的事、我就先在京裏就是了、　現在可有個出外的事、不知道你願意就、不願意就、是怎麼個事情呢、 我有個至好的朋友、他新近放下山西太原府遺缺知府來了、前兩天他託我給請一位書啟師爺、我現在意中也是沒人可薦、如今你回來了、若是願意就、我可以給你舉薦舉薦、 此公怎麼稱呼、 他姓常、號叫春圃、 是在旗麼、 不錯、是旗人、 他那個人怎麼樣、 是個極忠厚、極和平的人、 既是這麼着、您就給我說說罷、 束脩這層、你打算怎麼樣、 那層倒好說、您給作項就是了、只要人對勁、錢多多少少的、甚麼要緊、 他那個人、我管保你們倆人準可以對勁、那麼明兒個我就見他給你說去、 費心費心、 好說好說、 可是您現在沒當甚麼差使麼、 沒有、我就起那年告病回來、到如今舊病還是時常的犯、怎麼能當差呢、　那麼您見天在家裏作甚麼呢、　好天的時候、可以找朋友去談一談、颳風下雨的時候、就是在家裏看書、　那麼您倒是很清閑哪、　甚麼清閑哪、不過是虛度歲月就是了、

第二十五章

老弟、我告訴你一件可笑的事、　甚麼可笑的事、　月裏頭有一天夜裏頭、有三更多天、我剛睡着、就聽見我們後頭院子裏、咕咚的一聲、跳進一個人來、把我嚇醒了、我當是有了賊裏、就趕緊的呌底下人們起來、快打着燈籠照照去、這麼

着那幾個底下人們、聽見說有了人了、就都趕緊的起來、點上了燈籠、拿上了棍子、就往後頭院裏去了、這個工夫兒、我也起來了、開開了屋門、就往後頭院裏瞧去了、趕我到了後頭院裏就聽見底下人們說、拿住了一個人、身上可穿的很體面、又不像個作賊的、又聽見那個人說、你們別拉我、我的脚踒了很疼、我不是作賊的、我是避難的、我聽見他說他是避難的、我可就往前去一看、長得很體面的個年輕的人、我又一細瞧、認得他、是個念書的人、他姓蔣、在城外頭住、我們倆在城外頭一個古玩舖裏、遇見過兩回、彼此倒還很相得、這麼着我就叫倆底下人攙着他、趨了半天、可就好了、然後我就把他讓到書房裏去了、趕到了書房、他一瞧是我、臉上很不得勁、我就問他、是遇見甚麼事了、他說他是在我們房後頭、寶局裏耍錢來着、忽然有一個官、帶着兵去抓局去了、他先跑出來了、因爲沒地方藏、所以他就爬到墻上去、跳到這院裏來了、這麼着我勸了他半天、呌他後來改了、別耍錢了、留他住了一夜、趕到天亮回去的、昨天他給我道謝來了、他告訴我說、他現在已經起下誓了、從此決不耍錢了、　像這個人能彀聽您一勸、他立刻就改過了、這就是個有志氣的、我先頭裏有一個相好的、他吃大烟、因爲我勸他忌烟、他倒惱了我了、不和我來往了、　你們這個相好的、也眞別致、怎麼你勸他忌烟、他倒惱了你了、　他那個人、實在的是糊塗、他原先本不吃烟、後來是因爲他挨着一個吃烟的朋友、慢慢兒的可就吃上癮了、先吃的還不多、後來是一天比一天吃的多、到了去年、他臉上所帶了烟氣了、精神也不佳了、我看他那光景很不好、我就和他說、依我勸你、把烟忌了罷、再要往下吃、可就怕不好了、我可以起上海、給你買忌烟藥來、見天你就挨着那個方子吃藥、慢慢兒的、自然就把烟斷了、他聽我這話、就答應了一聲、這麼着我就托朋友、起上海買了好幾塊錢的忌烟藥來、給他送了去了、趕又過了些日子、我遇見他的底下人了、我就打聽他忌了烟了沒有、他的跟人說、他並沒吃那忌烟藥、現在他吃的、比先頭裏更多了、這還不要緊、後來我聽見他在一個朋友家裏、說我多事、無故的勸他忌烟、他很不喜歡、我給他送去的那忌烟藥、他也不敢吃、說是怕是裏頭有毒藥害他、這麼着那個朋友聽不過他這話了、就說他你說的這話不對、人家勸你忌烟、不是好意麼、人家和你又沒仇、作甚麼拿毒藥害你呢、你說這話、實在是不說理、趕那麼他連那個朋友也惱了、趕到今年年下、他也沒給我拜年來、我知道他是和我絕了交了、您說像這樣兒的人性、天下還有麼、

第二十六章

老兄、我告訴您一件可氣的事、甚麼可氣的事、我認得那個相好的姓江的、他前幾天、和別人夥同一氣、哄騙、我好幾千吊錢去、他怎麼會哄騙你這麼些個錢去呢、那天他到我家去了、他說他認得一個人、脚下在家裏弄局、約我去耍去、我就跟他去了、趕到了那家兒一瞧、有七八個人都坐在那兒耍哪、我連他們一個人也不認得、他這麼一給我引薦、他告訴我說、都不是外人、都是他認得的、這麼着我就坐下一耍、可贏了幾十吊錢、然後就散了、趕下回、我本打算不去耍去了、他一定約我去、我沒法子又去了一盪、可就輸了好幾百吊、他就和我說、不要緊、再去幾回、就可以贏他們幾千吊錢、我就信了他的話了、又跟他去了五六盪、又輸了四千多吊錢、他們把局也收了、見天總有兩三個人到我家裏去要賭帳、我找姓江的去、他藏起來不見我了、這麼着我當了兩箱子衣服、纔把賭帳還了、到了昨天、有一個朋友告訴我說、是那個姓江的、和那幾個人商量好了的哄騙我、您說可氣不可氣、　那個姓江的、自然是可惡、到底也怨你自己不好、你若不跟他要錢去、他也不能哄騙你、　這話也不錯、到底他既和我相好、又幫着別人賺我、他也太不是人行了、　你提起這設局誆騙來、我告訴你一件事、我們那本鄉地方、有一年有幾個本地的無賴子、開了一個賭局、竟打算哄騙人上了他們檔的人、可也不少了、並且都兇橫的了不得、誰若是輸給他們錢、還不起他們、就得把房產地產折給他們、就這麼樣兒的不說理、我們本地有一個財主、人很聰明、待本地的人也很好、他聽見說了很有氣、這麼着這天晚上、他就坐着自己的車、到那個賭局去了、趕他進了那個賭局、見了那幾個無賴子、就提他是誰、特意到這兒要錢來了、大家聽說、都知道他是本地財主、可就喜歡的了不得、他們那幾個無賴子、就背地裏一商量、說他這乍來、偺們先叫他贏幾回錢去、後來他就肯來了、等着抽冷子一天、叫他輸個一萬八千去、偺們可就發了財了、趕都商量好了、就坐下了一要、果然那個財主贏了、他們當時就把錢給了、後來那個財主又去了兩盪、又贏了、又給的是現錢、趕到這天晚上、那個財主又去了、就起定更天要起、直要到天快亮了、那個財主輸了有一萬多吊錢、趕到大天大亮了、那個財主就和他們說、我先回家去、把錢給你們預備出來、趕到晌午、你們到我家裏取去就是了、他們都答應了、那個財主就回去了、趕到晌午、他們就去了倆人、到那個財主家取錢去了、底下人回進去了、那個財主就把他們叫到書房裏去、就問他們倆、你們是幹甚麼的、到我這兒來作甚麼、那倆人說、您怎麼不認得我們了、我們是在某處開賭局的、您忘了、您昨兒夜裏、不是在我們那塊兒要錢、輸了一萬多吊錢、叫我們現在取錢來麼、那個財主聽這話、立刻就生了氣了、說、你們倆別胡說、我一個財主、和你們無賴子要錢、你們眞是發昏了、你們打算訛我來、你們可是瞎了眼了、你們倆快走、是你們的便宜、不然我把你們倆送衙門、辦你們訛詐、那倆人聽這話、嚇的也不敢言語了、就趕緊的跑回去了、

第二十七章

老弟、你是怎麼了、臉上這麼刷白的、　我是不舒坦了幾天、　是怎麼不舒坦了、　我是給人管了件閒事、受了點兒氣把肝氣的病、勾起來了、　給誰管閒事來着、受了甚麼氣了、

上月偺們那個相好的溫子山、託我給他買地、我認得有一個京東的人姓孫、他有一頃多畝地要賣、這麼着我就把那個姓孫的、帶了去見了溫子山、然後他們倆、到了京東、把地都瞧了、回來就請我作中人給他們說合價値、說妥了的、是一千兩銀子、兩下裏都答應了、就定規是大前兒個立字據、過錢了、趕大前天我一早、和那個姓孫的、到溫子山家裏去了、趕到了他家裏他還沒起來了、我們倆就在他書房裏、等了他半天、他這纔起來、趕他見了我們、他說那個地、他不能買了、我們就問他、是怎麼不能買了、他說他湊了會子、不彀一千兩銀子、我們問他、湊了有多少銀子呢、他說他湊了有九百五十兩銀子那個姓孫的、聽這話就說那麼九百五十兩銀子、就九百五十兩就是了、這麼着就立了字據、過了錢了、鬧得我好對對不過那個姓孫的、他若是果然眞湊不出那五十兩銀子來、那還倒情有可原、他那麼財主、別說是五十兩、就是五萬兩、也現成、我可恨他、他安心佔人家的便宜、叫我對不住人、趕我那天回到家裏去、越想越可氣、就因爲這個、勾起我的舊病來了、就不舒坦了、 你不知道溫子山他那個兄弟、比他還可惡了、先頭裏他常和我夥辦買賣、凡經他手賣的貨、到了分賺帳的時候、他總短分給我這麼三千兩吊、他知道我也不好意思和他要、他嘴裏可老說、我這回短您是兩吊是三吊、過兩天我給您找補、起那麼可就永遠不提了、趕擱得日子多了、我也忘了、這件事就算化了他就這麼小取、那幾年我吃了總有幾百吊錢的虧、再若是論外頭交朋友走親戚的道理、他是一概不懂、他就是上炕認得女人、下炕認得錢、就這麼道人、去年他家裏辦白事、再三的求我給約兩位朋友、在他家裏幫着他熬熬夜、我就請了兩位至好的朋友去、幫着他熬了五六夜、人家還是眞盡心竭力的給他照應、趕辦完了事之後、他並沒到人家裏給人道乏去、後來有一天在街上遇見人家、他一低頭、就過去了、簡直的沒理人家、你瞧他這宗人性、有多麼可惡、近起來、我聽見說更好了、他在家裏放重利息錢了、誰借他的錢使喚、都是八分的利錢、外頭已經有了重利盤剝的名聲了、我早就看透了、他那個財主、不久就敗、古人說的、刻薄成家理無久享、這是一定的理、

第二十八章

老弟、我聽見說、你們令弟、不是回來了麼、怎麼還沒見他出來了、他回來就病了、是怎麼了、在道兒上受了熱了麼、

倒不是受了熱了、是受了點兒驚恐、受了甚麼驚恐了、

是在船上遇見賊了、你告訴我說、是怎麼遇見賊了、

他是和一個朋友、搭帮回來、倆人帶着一個底下人、雇了一

隻船、這天晚上、船灣在一個地方了、趕到夜靜的時候、忽然起岸上來了十幾個賊、都拿着火把刀槍、就上船上來了、拿刀把艙板砍開了、就進了艙裏頭去了、就拿着刀指着我們、舍弟問、都是有甚麼東西、我們舍弟說、我們的東西、都在這艙裏頭擺着了、別處沒有了、這麼着那羣賊、就把箱子和包袱現錢、都拿了去了、就是把鋪蓋給留下了、幸虧我們舍弟身上有一個銀兜子、裏頭裝着有十幾兩金子、還有幾十兩銀子沒丟、趕到天亮了、他們到了一個馬頭上、我們舍弟就和那個朋友商量、打算下船起旱路走、那個朋友也很願意、這麼着他們就把鋪蓋搬下來了、到了馬頭上雇了兩輛車、

就起早回來了、趕到了家、可就病了、請大夫來瞧、說他是驚嚇、夾着點兒時令、現在吃着藥了、還沒好了、

第二十九章

老弟、你提你們令弟走路遇見賊了、我也想起一件事來告訴你說、有一年我們先伯、同着一位朋友、上甘肅去、雇了兩輛車、帶着倆跟人、一個人坐着一輛車、就起了身了、有一天走到一個地方、那倆趕車的路都不熟、可就走岔了道了、直走到掌燈的時候、也找不着一個鎭店、大家很着急、沒法子就這麼瞎走、趕走到快定更了、就走到了一座大樹林子裏、就看見樹林子那邊兒、露出一點兒燈光來、這麼着他們這

倆車、就奔了那個燈光去了、趕臨近了一瞧、是個店、外頭掛着倆麫幌子、店門關着了、臨街是個窗戶、裏頭可點着燈了、這麼着他們就呌開店門了、把車趕進去了、趕到了裏頭一瞧、冷冷清清、連一個客人也沒有、這麼着他們就挑了三間屋子、把行李都搬進去了、然後就呌店家、打洗臉水沏茶弄飯吃、我們先伯就見那幾個店家、都那麼賊眉鼠眼的、心裏可就有點兒犯疑、趕吃完了飯了、那位朋友在炕上拾掇行李、這個工夫兒、就進來了一個店家沏茶、我們先伯就見他、不住的拿眼睛瞧炕上的行李、我們先伯看他這分光景、更疑惑了、可不敢說、恐怕那位朋友知道害怕、趕喝完了茶、我們先伯就到後頭院裏出恭去了、趕他納到了後頭院裏一瞧、有三間屋子、一間是茅房、那兩間是堆草料的屋子、趕我們先伯、進到茅房裏去正出恭了、這個工夫兒、就聽見起前頭院裏來了倆人、把堆草料的那屋裏的門推開了、進去拿草料去了、就聽見這個和那個說、剛纔掌櫃的把你叫了去、到底是怎麼商量的呢、就聽見那個說、是這麼商量的、趕到夜靜的時候、偺們倆人去殺那倆趕車的、他們三人去殺那倆客人、和那倆跟人、我已經和掌櫃的說開了、事完之後、就把那兩輛車、分給偺們倆人、一個人一輛、不論那倆客人有多少銀子、偺們倆人全不管、我的意思是這麼着、趕偺們倆人、把這兩輛車分到手、明兒個早起、偺們把買賣一辭、一個人趕着一輛車就回家去了、從今以後偺們倆人改邪歸正、再別作那害人的事情了、你想這麽辦好不好、那個人就說、不錯、這麽辦很好、說完了就聽見他們倆人上前頭去了、我們先伯心裏說、怪不得我看那幾個店家那麽賊形可疑的、敢情眞是個黑店、這麽着可就出了茅房、到了自己的屋裏、就把剛纔聽的話、都告訴那個朋友說了、那位朋友聽這話、就害怕的了不得、大家正在屋裏爲難、沒有主意了、這個工夫兒、忽然聽見來了好幾輛車、直叫店門、趕店門開開了、就見趕進六輛鏢車來、是倆客人四個保鏢的、我們先伯就說、這可不怕了、偺們回頭可以放心睡覺罷、這麽着、又打發了一個跟人、過去問了問鏢車、他們說是明兒早起五更天起身、這麽着我們先伯他們、也睡到五更天起來、叫醒車的套上了車、就跟鏢車一塊兒搭幫走了、這算是纔免了那個大難了、你說險不險、

第三十章

大哥、您聽我告訴您一件事、我們那個村莊兒裏住着有一個小財主、素日人很嗇刻、向來他不幫人、不作好事、前幾天他有一個出了門子的妹妹、頂着雨到他家來、說是他男人現在找了一個海船上管帳的事情、前兩天已經開船出海

去了、現在家裏沒有飯吃、所以頂着雨來要借一石米、和幾兩銀子、等着他男人回來、必都還的、這個人聽這話和他妹妹說、他米也沒有、錢也沒有、辦不了、叫他妹妹另上別處借去罷、他妹妹聽他不管、可就哭了、趕他見他妹妹哭了、他就賭氣子出去躲開了、他同院子住着有一個街坊、是個爽快人、聽他不管他妹妹的事很有氣、這麼着、就把他妹妹請過來、借給他一石米、還有幾兩銀子、另外又給他雇了一匹驢、可就把他送回去了、趕這個人回來了、聽見他家裏人說、是他街坊借給他妹妹錢米回去的、他也不說長也不道短、糙作不知道的樣子、可巧這天夜裏來了一個賊、起他後墻上挖了一個窟窿、進他屋裏去、偷了他幾十兩銀子和幾件衣裳去、趕到第二天早起、他知道鬧賊丟了東西了、他怕是他妹妹聽見說他丟了銀子衣服了、又必趁願、又必找他來問他、所以他也沒敢到衙門去報他家裏失盜、他還囑咐他同院子住着的這個街坊、外頭不用告訴人說他家裏鬧賊丟東西的事情、誰知道那個賊、那天夜裏偷了他的東西去、偏巧走到大街上、叫下夜的兵給拿住送了衙門了、官就問那個賊、那個銀子和衣裳是趕誰家偷出來的、那個賊就招了、說是趕某村莊兒裏某家偷出去的、這麼着官就打發衙役來、叫事主領贓去、這個人聽這話就爲了難了、不到衙門領贓去不行、到衙門領贓去、又怕他妹妹知道這件事、這麼着、他就想了個主意、託他同院子住的那個街坊頂他的名、到衙門替他領贓去、那個人就應了、替他去了、那個人因爲那天他不幫他妹妹、很瞧不起他、就有意要收拾他、趕起衙門把銀子和衣服都領出來了、那個人就都給他妹妹送了去了、趕回到家裏來、見了他、就撒了一個謊、說我剛纔解衙門出來、走到街上、正遇見令妹、他問我是上那兒去了、我說是到衙門替你領銀子衣服去了、這麼着他就叫我把那銀子和衣服給他罷、我因爲他是你的親妹妹、不好推辭不給他、這麼着、我就都給了他了、這個人聽這話、不但不敢生氣、倒

還得給那個人道謝、現在大家聽見這件事、都說那個人實在是快人作快事、

第三十一章

你提起這慳吝人遭報來了、我也告訴你一件事、那一年我在南邊一個客店裏住着的時候、同店裏住着有一個山西買賣客人、這天忽然來了一個窮人、也是山西人、身上穿的衣服很襤褸、到店裏找那個買賣客人來了、店家可就把他帶進來了、趕見了那個買賣客人就說、如今我流落這兒了、因爲沒有盤費、不能回家去、苦的了不得、昨兒個有偺們一個同鄉的朋友、告訴我說、你到這兒辦貨來了、住在這個店

裏了、我聽見說很喜歡、所以現在我來找你、求你念其偺們倆舊日的交情、借給我一百兩銀子、我作盤費回家去、等我到了家裏、再設法還你、那個客人聽這話就說、我的銀子已經都買了貨了、現在我手底下連一兩銀子也沒有、你另打主意罷、我實在不能爲力、那個窮人聽他說不能爲力、可就掉下眼淚來了、這個工夫兒那個買賣客人、就上裏間屋裏坐着去了、可巧有同店裏住着的一個四川人、到那屋裏找那個買賣客人閒談去了、見那個窮人坐在椅子上掉眼淚、可就問他、是爲甚麼事傷心、他說這個買賣客人、原先在本鄉和我是緊街坊、他當年窮的時候、我常幫他錢米、後來我又借給他銀子做買賣、如今他發了財了、我是在這本地做買賣虧空了、沒盤費回家去、找他來借給我一百兩銀子回家去、他不肯借、所以我很傷心、那個四川人聽完了這話、就進裏間屋裏去、問那個買賣客人、你們這個貴鄉親他說他當年幫你的話是真的麼、那個買賣客人說、那倒是真的、無奈我現在沒錢借給他、那個四川人就說、着比我現在借給你一百兩銀子、你給他作盤費回去、你一個月之後還我、寫給我一張借約、我也不要利錢、你願意不願意、他勉強說是願意、這麼着、那個四川人就起自己屋裏拿了一百兩銀子來借給他、叫他給了那個窮人拿了走了、那個四川人就叫他寫了一張借約收起來了、趕過了兩天、那個四川人也搬了走了、又過了些個日子、那個買賣客人打開箱子一瞧、短了一百兩銀子、他原先寫的那張借約在箱子裏擱着了、他這纔明白那個四川人是個術士、會搬運法、搬出他一百兩銀子來給了那個窮人拿了走了、後來還是那個買賣客人的一個跟人洩漏的、大家聽說都很趁願、

第三十二章

老兄、我聽見說令弟和人打官司來着、是眞的麽、　不錯、是眞的、　是和誰呀、　是和偺們這本鎭店上一個無賴子、爲甚麽事情、　是因爲那天、我們舍弟在這鎭店外頭北邊

見一座樹林子裏頭、拿槍打鴿子來着、趕他放了一槍、誰知道樹林子外頭、有一個人拉着一匹馬站着了、那匹馬冷孤丁、的聽見一聲槍響、嚇的可就驚下去了、那個人就不答應了、揪住我們舍弟、叫他賠馬、我們舍弟就和他說、你不用着急、那匹馬是往那麼跑下去了、他說是往西北跑下去了、又問他那匹馬是甚麼顏色的、他說是紅顏色的、我們舍弟就說、這事好辦、我現在同你到鎮店上、對給你一個鋪保、你就先去找馬去、若是將來馬找不着眞丢了、我賠你馬就是了、他聽這話也很願意、這麼着、我們舍弟就同他到了鎮店上、對給他全順糧食店了、他就先找馬去了、我們舍弟就回家來了、趕待了會子、那個人回來了、到了全順糧食店裏、他說他的馬丟了、沒找著、要見我們舍弟、這麼著糧食店就打發徒弟到家來、把我們舍弟找了去了、趕他見了我們舍弟就說、我去找了半天、我的馬所沒找着、我那匹馬當初是六十兩銀子買的、如今我見個情、你賠我五十兩銀子就得了、我們舍弟說、竟你那麼大概找了一找沒有、那還不算是準丟了、你等我再各處給你找一找去、若是過一兩天、那匹馬所沒下落、那便是眞丟了、到了那個時候我再賠你還不遲哪、那個人不答應、他叫立刻就賠他、我們舍弟就和他吵翻起來了、大家給勸開了、誰知道那個人就到巡檢衙門去、把舍弟告下來了、衙門裏來人、把舍弟傳了去了、他到了堂上、就把這件事、據實的說了、巡檢給了舍弟五天的限、叫他給那個人找馬去、這麼着我們舍弟、就到各村莊一打聽、後來打聽着了、偺們這鎭店西北地方有一個村莊兒、住着有一個姓趙的、前兩天買了一匹紅馬、這麼着、舍弟就找那個姓趙的去了一問、敢情那個人前些個日子、就把他那匹馬賣給那個姓趙的了、說妥了的八兩銀子、就定規是那天他給姓趙的送馬去取銀子、趕那天那匹馬、聽見槍響不是驚了麼、後來他追上了、給姓趙的送了去了、把銀子也取來了、他回來可告訴舍弟說、他的馬丢了、叫賠他五十兩銀子、這麼着、舍弟就約了那個姓趙的、拉着馬同他一塊兒到衙門作見證去了、趕那個人見有了見證了、就沒話可說了、自己認了是訛詐了、巡檢因爲他過於狡詐、就打了他四十板子、把他放了、

第三十三章

老兄、昨兒個我到榮發棧裏去了、聽見說、您那棧裏給他們發了一百包棉花去、說是短了一包棉花、是怎麼短的、 你提起這件事來、倒是個笑話兒、昨天我們給他們發棉花之先、就預備出一百根籌來、趕後來發一包棉花、我們就交給抬棉花的帶一根籌去、趕這一百包棉花都發完了、待了好

大半天、榮發棧王掌櫃的打發一個人、到我們棧裏去了、問我們爲甚麼少給他們發了一包棉花去、我們就說、我們發了去的是一百包棉花、怎麼說少發了一包去呢、那個人說、他們那棧裏是收了九十九包棉花、短一包棉花、我聽這話很詫異、這麼着、我就向着那個人、到他們棧裏去了、趕王掌櫃的見了我、有氣的樣子就說、你們那棧裏的夥計們、太不留心、怎麼會給我們少發了一包棉花來呢、我就問他、你怎麼知道是少發了一包棉花來呢、他說我們收完了棉花、一掐籌、是九十九根籌、這不是少發了一包來麼、我就問他們、剛纔你們這棧裏是誰接的籌、就見傍邊兒站着有一個夥計、答應說是他接的籌、我就問他、你方纔接籌的時候、沒上別處去麼、他說我並沒上那兒去、就是忽然我肚子疼、到茅房去出了一回恭、這麼着、我就和他說、偺們倆先到茅房裏找一找去、再說、趕我同他到了茅房裏一瞧、地下有一根籌、我就撿起來拿着見王掌櫃的去了、我說到底是誰的夥計不留心哪、你們的夥計掉了茅房裏一根籌、你可說是我們少給你們發了一包棉花來、其實這也不要緊、不過你未免的太冒失些個、他聽這話、臉上很不得勁、一句話也還不出來了、我又說、雖然把這根籌找出來了、到底偺們再把貨盤一盤、看看短不短、彼此可就更放心了、這麼着、我就叫他們那幾個夥計、把棉花包起棧房裏又都盤到院子來、細細兒的數了一數、不錯、是一百包棉花、我說你們都看明白了不錯了、他們說、都看明白了、對了、這麼着、我就回來了、你說可笑不可笑、　我先頭裏就和您說過、那個王掌櫃的人糊塗、您還不大很信、那兒有他竟掐籌不盤貨就說您少給他們發了一包貨去的理呢、　你還不知道了、去年有這麼件事、我們買了他們棧裏一百兩銀子的貨、給了他們一百兩一張的銀票、過了兩天他把那張銀票拿回來了、說是假的、我一看銀票、並沒圈着、我就問他、既是假的、怎麼沒圈呢、他說沒到本鋪子去、所以沒圈、我又問他、既沒到本鋪子去、怎麼知道是假的呢、他說他們管帳的、瞧着像假銀票、我聽這話很荒唐、就說、偺們倆拿着這張銀票、到銀號裏取銀子去、看看是假的不是、這麽着、我們倆到了銀號、竟自不是假的、把銀子取出來了、那個時候他臉上很磨不開、就羞羞慚慚的、把銀子拿回去了、

第三十四章

掌櫃的這兒有一張退票、給您打回來了、　拿來我瞧瞧這張票子不是我們給的、　怎麽不是你們給的呢、　因爲這張票子上沒有我們的收號、　我記得、可實在是你們給的、怎麽如今你們說不是你們給的呢、　我告訴你、若是我們

給的票子、必有我們的收號、我們的戳子、如今這張票子上又沒我們的收號、又沒我們的戳子、怎麼是我們給的呢、你說沒有你們的收號、我這票子上可收的是你們了、竟你收的是我們不行啊、總得有我們收的人家纔行了、 就是有你們的收號、你們如今不認、我也沒法子呀、 沒有不認的理、若是我們給的、我們也是給人家往回裏打、我們又不賠甚麼、作甚麼不認呢、 也許這張票子、你們忘了收了、沒有的話、我們決不能忘了收、這裏頭還有個緣故、我告訴你說、這是一張母錢鋪的票子、我們這鋪子、向來不使母錢鋪的票子、所以更知道不是我們給的了、 你們若一定說不是你們給的、那沒法子、只可我認這個苦子就是了、依我說、你拿回去再想想是誰給的罷、 你把這個十吊錢的票子、給破五個一吊一個五吊、 一吊一張的、沒有我們本舖子的、給你磨別處的行不行、 磨別處的也使得、 你點點對不對、 不錯、對了、這票子上你們都收着了、 都收着了、

第三十五章

大哥、我剛纔在鎮店上看了一個熱鬧、 看了一個甚麼熱鬧、 看見一個南邊人揪着一個本地人上巡檢衙門打官司去、後頭跟着好些個人、我也不知道是爲甚麼事情、這麼

着、我就跟着他們到衙門去、瞧他們到底是爲甚麼事情、就見他們倆人、到了衙門、那個南邊人、就告訴衙役說、他們倆人要打官司、那個衙役就把他們倆人帶進去了、我也跟進去了、就見巡檢坐堂、他們倆人到了堂上、就都跪上了、巡檢就先問那個南邊人、你叫甚麼名字、是甚麼地方人、是爲甚麼事情來打官司、就見那個南邊人磕了一個頭說小的名字叫俞配、是江西臨江府的人、在這本地開着個成衣鋪、因爲小的去年、在這兒買了一個妾、就在這個鎭店上燈籠衚衕租了兩間房住家、剛纔小的在鋪子裏做活了、打發一個徒弟、到家裏取東西去了、他回來說、小的家裏坐着一個年輕的人、他不認得是誰、小的聽這話很犯疑、就趕緊的到家裏瞧去了、趕小的到了家一瞧、街門對着了、小的推開了街門、進到屋裏去一看、就見這個人在屋裏坐着喝茶了、和小的的那個妾、又說又笑的、小的就問他、你是誰、到我家來作甚麼、他回答說、他是到小的家裏打茶圍去了、小的聽這句話氣急了、就打了他一個嘴巴、他回手、就把小的的臉抓了、這麼着小的就把他揪來打官司、求老爺問他到底他到小的家裏、是幹甚麼去了、這麼着巡檢就問那個人、你叫甚麼名字、在那兒住家、你是幹甚麼的、到俞配家裏是作甚麼去了、那個人說、小的名字叫王安、在這鎮店上紅竹衚衕住家、平常是放印子爲生、俞配這個妾、當初和小的在一個院子裏住過、因爲前倆月、他的這個妾、借了小的十兩銀子的印子、每月小的到他家裏取印子去、今兒個又到了日子了、小的拿摺子、到他家裏去了、他的這個妾、讓小的進裏頭喝茶去、小的就進去了、他把印子錢給了小的了、然後又給小的沏了一壺茶、小的正坐在屋裏喝茶了、這個工夫兒、俞配家去了、見了小的、就一腦門子的氣、瞪着倆眼睛問小的、你是誰、到我家裏來作甚麼、小的見他說話太沒禮貌、可也就上了氣了、就說是到他家裏打茶圍去了、他聽這話就打了小的一個嘴巴、小的急了、就回手把他的臉抓了、這麼着他就揪着小的打官司來了、他說完了、就把取印子錢的摺子拿出來、給官看了、巡檢就說、既是俞配不願意你到他家裏去、你後來每月、就到他成衣鋪裏取印子錢去就是了、不准你再到他家裏去了、你若是再到他家裏去、俞配來告你、我可是必要治你罪的、這麼着就叫他們倆人都回去了、

第三十六章

老弟、我告訴你一件事情、　甚麼事情、　新近我起外頭回來、有一天我住在一個大鎮店上、客店裏了、聽見那個店裏的掌櫃的說、前些個日子、那個鎮店上、有一個德成錢鋪、這天去了一個人、拿着一隻鐲子、到那個錢鋪裏賣去了、那個

錢鋪的人剛拿過一個戥子來、邀那隻鐲子、這個工夫兒、又進來了一個人、就和那個賣鐲子的人說、剛纔我到您府上、給您送銀信去了、您家裏的人說、您上街來了、這麼着我就到街上找您來了、可巧瞧見您進這個鋪子來了、說話之間、就起懷裏拿出一封信、一包銀子來說、這是起浙江來的銀信、那個賣鐲子的人、把銀信就接過去了、給了那個送信的一百錢、那個送信的就走了、然後那個賣鐲子的人、就和錢鋪的人說、現在是我兄弟起浙江給我帶了銀子來了、我不賣那隻鐲子了、我可以把這銀子賣給你們罷、還有一件事、我是不識字、求你們把這封信拆開、念給我聽聽、這麼着那個錢鋪的人、把那隻鐲子又給了他了、就把那封信拆開了、念給他聽、前頭不過說是在外頭很平安、請放心、後頭說、現在先帶了十兩銀子來、請您先用着、等後來有順便人、再多帶銀子就是了、這麼着那個人就說、你們把這十兩銀子拿下去平一平、都給換了現錢罷、那個錢鋪的人、就拿下去一平、是十一兩銀子、心裏很喜歡、可就打算昧起他一兩銀子來、就按着十兩銀子合好了現錢給他了、那個人就拿了走了、趕待了不大的工夫兒、又進來了一個人、拿票子取錢、可就和錢鋪的人說、你們上了檔了、剛纔那個賣銀子的人、是個騙子手、他賣給你們的、那是假銀子、你們怎麼會叫他賺了呢、那錢鋪的人聽這話、就趕緊的拿夾剪、把銀子夾開了一瞧、可不是假的麼、這麼着錢鋪的人、就問這個人、你認得那個騙子手的家麼、這個人說、你們若是肯給我錢、我就可以帶了你們找他去、這麼着錢鋪的掌櫃的、就給了這個人一吊錢、叫他帶了他們找那個人去、這個人接過那一吊錢來、就帶着錢鋪的兩個人走了、趕他們走到了一個點心鋪的門口兒、這個人就和錢鋪的那倆人說、你們瞧那個騙子手、在點心鋪裏吃點心哪、你們各人進去找他去罷、這倆錢鋪的人、就拿着那包假銀子進去了、見了那個騙子手就說、你賣給我們的這包是假銀子、那個人說、我也不知道那銀子是假的不是、那本是我兄弟解外頭帶來的、旣是假的、我還你們錢就是了、這麽着那個人就求點心鋪裏的掌櫃的、給平平那包銀子、是十兩不是、趕那個掌櫃的、把銀子接過去、擱在天平上一平、說這是十一兩銀子、那個人聽這話、就和那倆錢鋪的人說、我纔賣給你們的、那是十兩銀子、如今這包假銀子、是十一兩、那怎麽是我的呢、你們這是拿別的假銀子來訛我來了、錢鋪的那倆人聽這麽說、也還不出話來了、這個工夫兒有幾個別的吃點心的人、聽這件事、都不平、全要打那倆錢鋪的人、那倆人沒法子、就趕緊的拿着那包假銀子、跑回去了、

第三十七章

提起這騙子手來了、我告訴你一件事、前些年我們本鄉地方、有一個出名的大夫姓方、他身上也有個功名、家裏也算是個小財主、見天早起瞧門脈的、總有幾十號、有一天早起、來了一個人、打扮的是宅門子裏跟班的樣兒、見了方大夫就說、我是在某宅裏、因爲現在我們老爺、和我們太太都病了、打算上您這兒瞧病來、請您明兒個早起在家裏等着、方大夫說是了、趕到第二天早起、就見那個底下人又來了、還同着一個人、手裏拿着一個包袱、那個底下人進來、就問方大夫說、請問您納、是老爺先瞧、是太太先瞧、方大夫說、那自然是太太先瞧這麽着這個底下人、就起那個人手裏、把那個包袱要過來、就拿着出去了、那個人就坐在一個凳子上等着、趕大家都瞧完了病走了、方大夫就問那個人、您也是瞧病的麽、那個人說、我不是瞧病的、我是估衣鋪的人、在這兒竟等着您的跟班的給我拿出衣裳來哪、方大夫聽這話很詫異、就問他、我那個跟班的呀、是拿了甚麽衣裳來了、那個人說、就是剛纔和我一塊兒進來的那個底下人、您不是告訴他說是太太先瞧麽、他就把衣裳拿到裏頭去了、方大夫又問他、那個人他怎麽告訴你們說的、他是我的底下人、到底是拿了一件甚麽衣裳來、那個估衣鋪的人說、那個人今兒早起、他到了我們鋪子裏、他說他是您的底下人、說是您要買一件女皮襖、拿來先瞧瞧合式就留下了、叫我們跟一個人來、這麼着我就跟他來了、方大夫說、我告訴你、那個人不是我的跟人、我也不認得他是誰、他昨兒個來告訴我說、他是在某宅裏因爲他們老爺和太太都病了、要上這兒瞧病來、叫我今兒早起在家裏等着、剛纔他進來問我、是老爺先瞧是太太先瞧、我當是他們老爺和太太來到了、所以我說是自然是太太先瞧、我說的是先瞧病、我並不知道甚麼衣裳的事情、你如今快找他去罷、這個估衣鋪的人聽這話、纔明白那個人是個騙子手、把他的衣裳騙了去了、

第三十八章

郭福、喳、你去請先生來、 先生來了、在外間屋裏坐着哪、 啊、先生歇過乏來了、 是、閣下也歇過乏來了、 我倒不覺很乏、我今兒個打算和先生斟酌一件事情、 甚麼事情、 就是偺們這盪出外、我作的那本日記、得把他修飾好了、找人抄出來、 那麼您把那本草稿兒拿出來、我先看看、 這裏頭我還有件事忘了、求先生替我想想、 甚麼事情 就是偺們那天、在三和鎮店裏打早尖的時候、聽見有一個客人說是有一個人、在甚麼地方的廟裏住着、自己弔死了、帶累的那廟裏的和尚、也打了官司了、我記不清是怎麼件事情了、您還記得不記得了、　啊、那件事我記得、　那麼您再說給我聽聽、　那個打尖的客人說、他們那本鄉地方、有一個水神廟裏頭住着一個客人、這天半夜裏弔死了、趕到天亮、和尚就報了官了、知縣就帶着仵作去驗了一回、那個仵作沒驗明白、說彷彿是勒死的、這麼着那個知縣、就把和尚帶到衙門去、問那個和尚、是爲甚麼把那個客人勒死了、那個和尚說、我和那個客人、往日無仇、近日無寃、我怎麼能勒死他呢、知縣不信、就動刑拷打和尚、叫他招定了、和尚白說不招、這麼着知縣就把和尚押起來了、那個和尚有個徒弟急了、就進省裏去、在院上告了、撫台就派鄰封、帶着幹練的仵作、到那個廟裏又驗了一回、那個死屍、果然是弔死的、那個鄰封知縣、就據實的稟報撫台了、現在巡撫、把那個原審的知縣叅革了、把原驗的仵作也治了罪了、把和尙也放了、就是這麼件事、　不錯、對了、是這麼件事、請先生把這件事也叙在那日記裏頭、您想好不好、　那也好、趕我修飾得了、是叫誰謄呢、　我打算雇人抄寫、　雇人謄寫、怕是給抄錯了、　那麼怎麼辦好呢、　閣下若是不忙、我得空兒謄出來罷、　若是先生肯代勞、那我就感情不盡了、　那兒的話呢、

第三十九章

偺們今兒個這麼空喝酒、也無味、莫若偺們都斟滿了、滑幾拳罷、可以、偺們倆先滑一拳、你那拳不是白給麼、你先別誇口、不定誰輸誰贏哪、來、四季發財、六六順、對手、五金奎、你瞧如何、還是你輸了、你這贏也不過是瞎貓碰死耗子罷咧、你先喝酒、回頭再批評、我已經喝了、你多咱喝了、我沒瞧見、你問大家、我喝了沒有、衆位瞧見他喝酒了麼、我們沒理會、大家都沒看見、這足見是你混酒了、快喝罷、我已經喝了、不能再喝了、你不喝、我們大家動手灌你、眞利害、這麼着罷、我的酒眞不行了、罰我說個笑話兒罷、那也可以、你若說的不好、還是要

罰的、你聽著罷、準好、快說、這個笑話兒、是刻薄御史
的、好在偺們在坐沒當都老爺的、你竟管說罷、沒人不答
應你、聽着、有一個鄉下人很窮、沒落子、心裏盤算、打算要
上京當老公去、又尊貴又弄錢、這麼着他就到了京裏、拜在
一個老太監門下當徒弟、你先等等說、你這話就不通、就
憑這麼個唼鄉下老兒、到京裏就能進宮裏去麼、好容易事
啊、你聽我說呀、他也是托人、把他引進去的、那麼你爲
甚麼、不把這層先說明白了呢、你別混挑字眼兒了、聽我
快說罷、你快說、底下怎麼樣了、他既然拜老太監爲老
師了、他就求老太監諸事指教他、照應他、老太監就派他在

大內裏管事、這一天內裏傳旨用膳這個鄉下人就說萬歲爺要吃中飯哪、老太監聽見了、可就喝呼他說、你別胡說、你說萬歲爺要用御膳哪、他聽這話記下了、有一天又傳旨大宴羣臣、這個鄉下人又說、萬歲爺要擺宴哪、老太監可就又說他、你說錯了、你該當說萬歲爺要擺御宴哪、你後來切記着、假比大內裏的花園子、叫御花園、那護衛的兵丁、叫御林軍、這個鄉下人聽這話、恍然大悟、心裏說、怪不得皇上眼頭裏的東西都添上一個御字呢、我如今可明白了、打這兒我也算是老手了、這麼着這一天、他解御花園門口兒過、忽然跴了一脚屎、他很有氣、剛要罵、他一想又怕是皇上出的恭、這麼着他就拿手指着那灘屎說、我若不看你是御史、我一定罵你一頓、 今兒個幸虧沒御史在坐、若不然、你的嘴、早叫人搾腫了、 我的嘴沒腫、你也該說一個了、 我這個笑話兒、是挖苦典史的、 這個有趣兒、我們大家要聽聽、 這叫典史十令、 甚麼叫十令、你快說一說、 聽着、一命之榮稱得、兩塊竹板拖得、三十兩俸銀領得、四鄉地保傳得、五個嘴巴打得、六路通詳出得、七品堂官靠得、八字墻開得、九品補子繺得、十分高興不得、 可笑、那九句都好、就是末尾這一句壞了、 今兒個若有典史聽見、只要饒得了你、

第四十章

你這兩天竟在家裏過年了、老沒出來麼　我見天晚上出來、那麼你怎麼不上我這兒來呢、　我這兩天、是同着幾位朋友晚上到存古齋古玩鋪門口兒、打燈虎兒去了　是誰出的、　是一個舉人出的、　作的好不好、　作的還算可以的、　你猜着了幾個沒有、　我揭了幾個、　都是甚麼、　我猜的、一個是沒點的言字、打四書四句、　打那四句、你說一說、　一句是是何言也、一句是無與點也、一句是前言戲之耳、一句是誠哉是言也、　這個好、難爲你猜、　我還猜了一個、是三句話、打一個字的、　你快說是怎麼三句話、打一個字、　你聽着、子路曰是也、顏回曰似也、孔子曰非也、直在其中矣、打一個乜字、還有一個是四句話、猜一個字的、是十字口中攙莫作田字猜、無頭又無尾、悶死一秀才、我猜的是魚字、揭了來了、　這兩個作的也很好、　我昨兒個晚上又猜了兩個、一個是累朝事蹟過龍門、打四書人名、是史魚、一個是節孝祠的祭品、打四書一句、是食之者寡、　這兩句都恰、　還有我一個朋友、打了一個、是圍棊盤內着象棊、猜四書一句、是子路不對、　這個更恰了、我告訴你、前幾年我打了一個燈虎兒、是東街淘溝、西街不乾淨、打兩句小孩兒語、是這邊兒有水、那邊兒有鬼、　這個是更妙了、據我看、像現在那位舉人作的這幾個、也就算在好的一路了、　我還告訴你一件事頭年我有個朋友、他是當缺的託我給他寫春聯、我給他寫的上聯是等因前來辭舊歲、下聯是須至咨者大有年、你有多麼可惡、怎麼說起他們的行話來呢、他大概準不肯貼這副春聯罷、那自然他不肯貼、他說的也好、這副春聯、我雖然不貼、我可要收着、因爲這是我們的本色、將來也算是一件傳家寶、你別瞎咧咧了、快穿衣裳、偺們出去趟達會子去罷、你等一等兒、我就換衣服同你走、

官話指南

使令通話第一章

誰呀、是我呀、你進來、老爺您上回叫我找的那十幾歲的小孩子、我找來了、現在您若有工夫兒、可以帶他進來、老爺先看一看他、若是您願意就留下他了、那是自然的、這就是鄭老爺、你請安罷、他是甚麼地方的人、姓甚麼、今年多大歲數兒了、他行幾、我是山東人、姓張、今年十八歲了、我排大、他在京裏有好幾年了、他說的話不像是外鄉人、他原來是我們的街坊、人很聰明、可是向來沒當過跟班的、所以得叫他慢慢兒的歷練歷練纔行哪、那好辦、可是我是新近到這兒來的、還沒使喚過人了、可不知道得要保人不要、　那是隨老爺的意思、　那麼就這麼辦罷、既然是你舉薦他來的、你就作保、可以不可以、　可以、那麼叫他解多咱來伺候您哪、　哼、今兒是二十八、離月底還有兩天、索性叫他趕下月初一那天再來倒好、　是、　還有他的鋪蓋甚麼的、也都叫他一塊兒拿來罷、　喳、還得定規他住的屋子哪、　我想這院子儘溜頭兒那白墻兒後頭、挨着洗澡房的西邊兒、向陽兒的那一間閒屋子、叫他住怎麼樣、　那敢自很好了、　這兒某老爺打發個人來、拿了這個字兒來、給您瞧瞧、　現在某老爺請我、我這就要去、那麼這件事、就

按着那麼辦就是了、來、

第二章

喳、給先生沏茶、 老爺是要沏甚麼茶、是嘎啡、是紅茶、兩樣兒都不用、沏日本茶罷、 老爺這錫鑞罐兒裏的茶葉都沒了、 那麼裏間屋裏的那櫃子上的第二層槅子上不是有個洋鐵罐子麼、就拿那個罷、往後你瞧着多咱這罐子裏頭的茶葉完上來了、就是我不告訴你說、你就續上罷、是、 你趕緊的拿茶葉去、我自各兒沏上罷、 請先生瞧那盃茶好、就喝那盃罷、可是你昨兒個迷迷糊糊的擱了有多少茶葉、那個茶沏的彀多麼釅、苦得簡直的喝不得了、你沒瞧見昨兒個吳少爺喝茶的時候、苦的直皺眉麽、　是、你往後小的沏茶的時候、留點兒神就是了、　你把那茶机兒上的茶盤兒裏擺着的那茶壺茶碗茶船兒、都拿過來、你再瞧瞧這火盆裏有火沒有了、　喳、火快滅了、　那麽你快拿開水去、就手兒帶點兒熟炭來、　老爺、甚麽叫熟炭哪、　你眞是個糊塗人、連熟炭都不知道、我告訴你、沒燒過的炭叫生炭、燒紅了的炭就叫熟炭、　喳、是老爺開水來了、您沏上罷、　哼、現在這痰盒兒裏的吐沫都滿了、你拿出去涮乾淨了再拿來、　是、

第三章

誰叫門了、 老爺天不早了、您快起來罷、 哼、你打洗臉水來罷、 臉水打來了、漱口水也倒來了、胰子盒兒在臉盆架子上擱着哪、 刷牙散在那兒了、 是在那張桌子的抽屜裏和刷牙子在一塊兒了、 把擦臉手巾拿來、 是、 你忙甚麼、你現在先不用擦地板了、等着疊好了鋪蓋再擦罷、今兒還得換換枕頭籠布和被單子哪、 喳、老爺這就要點心麼、 哼、就拿來罷、雞子兒不要像昨兒個那麼老、越嫩越好、 是、今兒個麵包是抹上黃油烤麼、 不用了、可別烤煳了 是、 這兒還短把匙子、和鹽盒兒哪、 是、給您拿來了、白糖彀不彀、 彀了、這個雞子兒煮的是筋觔兒、 我問你一件事、我聽見說、這京裏賣的牛奶、裏頭總攙多一半兒水、這話是眞的麼、 平常住家兒的買的牛奶、也許有這個事、偺們這公館裏用的、他們可不敢那麼胡攙亂對的、 這個地方買牛奶、是論斤哪、還是論瓶呢、 是論瓶論碗、大概的價錢、總在九百錢一瓶、二百錢一碗、老爺還要嘎啡不要了、得了、撤了去罷、我現在要上某老爺屋裏去、若是有人來找我、你給我送信去、 是、

第四章

老爺、您的跟班的來說飯得了、請老爺吃飯去、 知道了、就去、 來、 喳、 你請我來吃飯、怎麼還磨蹭着不擺台、是幹

甚麼來着、 因爲剛纔送煤的送煤球兒來了、我邀了邀又因爲他開來的帳錯了、小的查了一查摺子、瞧瞧他是送了多少回來、就爲這個、可就躭悞了攏台了、 那就是了、煤球兒原來是多少錢一百斤、 四吊多錢罷、 那麼現在你就開飯罷、 是、 你告訴厨子、昨兒晌午他做的那雞湯不好吃、明兒再做湯的時候、叫他留點兒神、把油撇淨了纔好、是、 盛飯來、 喳、 這不是我的飯碗、是少爺的、 啊、這是拿錯了、把您的換來罷、 不用換了、你瞧這兒還短一件要緊的東西、你想一想、 是、是、這兒刀子、鍤子、匙子、七星罐兒、碟子、盤子、筷子、都有了、我直想不出是還短甚麼東西來、求老爺提醒我罷、還短酒盃哪、啊、不錯、小的是眞忘死了、這是甚麼、這是芋頭和雞肉做的湯、這樣兒是眞合我們的口味、巧了是廚子擱了木魚了罷、大概是罷、這個牛肉很好、遞給我芥末和白鹽、是、哎喲、你瞧瞧你的袖子、把這個碗給拐躺下了、快拿搌布來擦擦罷、是、你幹事老是這麼忙忙叨叨的、你瞧把這湛新的台布、都弄成了這麼哦嗹半片的了、啊、請老爺饒恕小的罷、往後我幹事一定要留神的、拿鹹菜來、今兒沒有醃白菜、這兒拿了醬豆腐和醃黃瓜來了、黃瓜裏頭已經擱了醬油了、還招點兒醋不招了、不要醋、現在都吃完了、你都拿下去罷、

老爺、給您牙籤兒、 哼、把茶拿來、你也吃飯去罷、

第五章

今兒是初九、老爺不上隆福寺逛廟去麼、 哼、我已經約會了吳老爺一塊兒逛去、你去打聽打聽鄭少爺在屋裏沒有、 我剛纔看見他出門去了、巧了是沒在屋裏、 那麼你拿出我的衣服來罷、 是要甚麼衣裳、 要西國的衣裳、 您是穿氈子的好、是穿布的好、 今兒天氣涼一點兒、可以拿那件原青的絨褂子、和那條藍白線兒的布褲子來罷、 是老爺看一看坎肩兒、汗褟兒、是要這兩件不是、 啊、這副鈕子我很不愛、你換那副水晶的來罷、這個領子漿得這麼軟、

而且這上頭的泥也沒洗掉、又是翻過來熨的、明兒洗衣服的再來的時候、你告訴他說、得留點兒神洗、還得多用點兒粉子漿噴上水、叫他好好兒的拿熨斗熨一熨、那纔能周正了、靴子是拿那雙短鞦子的來罷、是、襪子這兒破了一點兒、叫了頭找一塊補釘給補上、是、你先別走、在這兒服侍我穿上衣裳、你現在要上那兒去、給老爺雇車去、不用雇車去、離這兒不遠、我可以走着去罷、坐車去到是體面些兒、那麼等我穿好了衣服再雇去還不晚哪、是

拿鞋拔子來、把褲脚兒給往下攏一攏、拿一塊手帕子、和那個金表來、老爺要烟荷包不要、要、你回頭把我脫下

來的東洋衣裳、給疊起來、可別拿刷子刷、是、老爺再畧等一等兒、這兒有一塊縱着了、得拉一拉、都舒展開了麽、都舒坦了、那麽我在某老爺屋裏坐着去、竟等着你雇車來罷、是、

第六章

回老爺車來了、你告訴他說、先到交民巷、起那兒再上琉璃廠、我要買點兒古玩去、是、老爺若是在那兒有躭悞兒、我想莫若就雇一趟兒倒好、還是雇來回的好、免得又累贅、你雇的這個車、乾淨不乾淨、車箱兒大小騾子好不好、都好、今兒雇的不是那站口子的車、那麽是跑海的車麽、

也不是、是宅門兒的車、　宅門兒的車、怎麼能拉買賣呢、是因爲他們老爺沒差使、怕牲口閙出毛病來、所以叫趕車的套出來拉一天買賣、老爺不信回頭瞧、不但騾子肥、車圍子、車褥子、都是應時對景的、而且還有傍帳兒、　啊、那敢情是很好的了、還有一層、那趕車的、若是個力把兒、頭趕到了前門、走到石頭道上、可就把車竟往跩窩裏頭趕、把人碰的頭暈眼花、連坐車的屁股蛋兒都可以給撴腫了、　現在這個是個好手趕車的、決不至於這麼様、　是多少錢雇的、跟他說妥了的、是六吊錢、連飯錢也在其內、趕老爺坐回來的時候、若是天太晚了、再賞給他幾個酒錢也可以的、小的不用跟老爺去麼、 哼、你可以胯在車沿兒上、跟了我去罷、是、 你先把那塊花洋氈子、拿到車裏頭去、鋪好了罷、你不是有兩頂官帽兒麼、你可以借給趕車的一頂戴罷、是、老爺上車、不要板凳兒麼、 哼、要、你拿脚把板凳兒那頭兒踹住了罷、啊、你快把棍子取來、 小的拿來了、遞給您、您就掖在氈子底下就得了、 哼、你快上車罷、 吆喝罷、

第七章

來、 喳、 今天我有一點兒不舒服、先生來了、告訴他說我今兒個不用功、因為我不舒服、也不用讓他進來坐着了、是、 你把那凳子拿過來、把烟盤兒擱在上頭、今兒早起、我

不吃點心、竟拿嘎啡來就得了、再去吩咐廚子、不必給我預備飯、就給我熬一點兒粳米粥、要爛爛兒的、可別把米粒兒弄碎了、要不稀不稠、勻溜的纔好、　是、　你給我把被窩再往上蓋一蓋、　是、老爺這陣兒好點兒了麼、剛纔您叫買的那花兒、已經買來了、插在那個汝窰花瓶裏好不好、　可以的、現在我的腦袋還是覺着沉、又有點兒惡心、你趕緊的拿我的名片、到我們公館、快請用吉大夫去、　那位用吉大夫、是出馬麼、　不出馬、這是交情的事情、而且他的醫道是最高、到這兒日子雖不多、在這京裏可是很出名的、　不錯、我也聽見中國老爺們說過、用吉大夫的醫藥靈極了、　可有一層、中國人和他有交情的、常請他出去瞧病、所以在家的時候少、就怕你這個時候去撲空、　好在老爺的病也不重、若是他不在家、就請個別的大夫來瞧瞧罷、　哼、那時候你請個中國大夫來也使得、　我們的大夫、都是行本地的醫道、不通外國的醫術、您請施醫院的德大夫來治、那不很妙麽、　哼、那麽也好、　回老爺、巧極了、用吉大夫、望看您來了、　這實在是造化了、快請進來、你可以預備酒和點心、　老爺、開甚麽酒、　開三賓酒罷、紅酒若有也拿來罷、點心和菓子、瞧有甚麽、就可以拿甚麽來、　是、老爺那把酒鑽、是老爺收着了麽、　是在那櫃子裏頭楊板兒上了、和趕錐在一塊

兒了、拿茶來、喳、斟酒、是、拿烟捲兒來、你替我送
送這位老爺罷、是大夫走了、叫我告訴您說、那麪子藥、叫
分三回吃、務必要臨睡的時候吃纔好、還說叫忌生冷、怎
麼剛纔他沒告訴我說呀、怕大夫是纔想起來罷、那麼
趕晚上你服侍我吃就是了、是、老爺喝粥不喝呢、得了
就拿來罷、把梨也拿來、老爺、大夫不是叫忌生冷了麼、
哼、那麼就不要了、是、

第八章

過兩天我要上居庸關去、回頭的時候、就順便遶到西山去、
逛一逛那一帶那有好景致的地方、然後再回來、你願意跟

我去麼、怎麼不願意去呢、就是老爺赴湯投火去、我也要
跟了去的、你從前上那兒去過沒有、是去年跟着別位
老爺去過一盪、老爺是打算坐轎子去呀、還是騎牲口去呢、
我是怎麼着都行、這盪打算要帶太太逛去、所有應用的
各樣兒的傢伙、你先都說給我聽聽、既然太太也要去、那
實在得多帶些個東西、怎麼呢、從這兒起身一住店、有一件
老爺想不到得用的東西、爲太太可是很要緊、就是太太忽
然若是走動的時候、怕是沒有個方便地方、那麼怎麼着
好呢、我們這兒的娘兒們走路的時候、都是自己帶着個
馬桶、所以這盪也得帶着那樣兒東西、若不然、就帶上一塊

很寬很長的布、再拿上四根竹杆子、趕到了店裏住下之後、可以在院子裏搭起一個帳房來當茅廁、也使得、　啊、敢情還有這麼件不方便的事情哪、　我還告訴老爺說、別說是鋪蓋傢伙得帶上、就連太太吃的東西、也得多帶些個去、倘或老爺要上湯山洗澡去、那就得多躭悞幾天工夫了、在那兒住着用的東西、自然是更得多了、　那麼明兒個你先雇停當了一頂轎子、和一頭騾子、回頭你再細細兒的想一想得帶甚麼吃的、你就都預備出來、裝在一個簍子裏、爲得是帶着方便、　是、這帶東西的那層、老爺倒不必操心、有小的了、該帶去的東西和吃食、趕都歸着好了、小的單雇一輛車、

都裝在車裏頭、小的又照看着東西、又坐車、那就都很妥當了、

第九章

啊、好容易我今兒纔租妥了一所兒房子、本來是一個小廟、那個屋子可很乾淨、房錢也不大、是在甚麼地方、有幾間屋子、在齊化門外頭、日壇西邊兒、我可不知道那個地方的地名兒叫甚麼、那房子是三間正房、有四間廂房、還有兩間倒座兒、東嘎拉兒裏有厨房、和你們住的屋子、茅房是我搬了去之後、我得找個地方蓋一間、那麼老爺打算多咱搬呢、我打算今天就趕緊的挪過去、爲得是到那兒給房

錢的時候、解月頭兒起好算、　那麼小的今天得趕緊的、把東西先歸着歸着罷、　哼、你先把這零碎東西挪到院子裏去、把地毯拿茶葉先掃一回捲起來、拿繩子綑上、後來那書槅子和櫃子、還有其餘的那些個粗重的東西、你挑那皮刺的、都裝在那個劉二雇來的大車上罷、　是、老爺外頭的那些個小物件、是我想要裝在一個大傢伙裏、叫苦力挑了去倒妥當、　很好、可是那些個磁器、可得好好兒的拿紙包上、那床若是不好搭、可以卸下來、等拿過去、到那兒再安上、然後再把帳子還照舊的搘上、　老爺從先掛那些對聯和扁幅的那個釘子、是都得拔下來麼、　哼、嘿、嘿、你留神看墻上的土掉下來、你怎麼不拿鉗子拔呢、倒拿鎚子打呢、 是、噯、你和苦力說、小心出大門的時候、磨傷了桌子、 是、那麼我也跟着東西一塊兒去、先把東西都照舊擺好了罷、 那先不必等那兒掃得了之後、鋪上地毯、那桌子、椅子、就先暫且散擱着、等我過去再調度安置、若你一個人兒弄不了、找個夥伴兒幫着也使得、務必儘這一天都挪過去纔好哪、是、

第十章

今兒天氣好、也沒風、把衣裳得曬曬、 是、老爺連那被窩一塊兒都曬麼、 哼、你先拿根繩子、起這根柱子、拴到那棵樹

上去、趕拴好了、把衣裳搭在繩子上曬一曬、　是、那麼那皮箱和箱子、都得搭出院子裏去罷、　哼、給你鑰匙、你自各兒開罷、那衣架子上掛着的那些個皮襖、皮褂子、斗蓬、是得在背陰兒地方晾晾、　是、老爺我已經把衣裳都抖摟好了、曬上了、請您去看看、　哼、那麼我去瞧瞧罷、這是怎麼了、我不是說過、那皮衣裳、是得晾麼、怎麼你和別的衣裳、都掛在一塊兒了、難道你不知道皮東西一曬、毛稍兒就焦了麼、　喳、那麼着小的找根棍兒穿上、掛在那釘子上罷、　那就對了、回頭你還得好好兒的抖晾抖晾、　是、　那些個衣服也得分出袷的和棉的來、　這是棉衣裳、　你從這一頭兒搭起、一直的搭到那一頭兒去、是、我想到了晌午、都翻一翻、把那曬過的、也倒一倒、把那背陰兒的、都叫他向陽兒、您說好不好、那都很好、你現在都把他弄完了、把那箱子磕打磕打罷、是、老爺想曬到甚麼時候、就得收起來呢、等太陽壓山兒的時候、不差甚麼就都得收起來了、可是你還得把那根繩子、拴到屋裏來、叫他們透透風是要緊的、不然那羊毛織的東西、若是把暑氣藏在裏頭、往箱子裏一擱、寶色就掉了、那可就都糟了、是、那麼着那綢子緞子的呢、那也是一樣、所以今兒晚上就這麼先擱着罷、趕到明兒早起、再照舊的擱在箱子裏、一層一層兒的都墊上紙、下上潮腦拿

包袱蓋上四周圍都掖嚴了、再蓋上蓋兒、不然潮腦就走了、

是、來把那繩子還照舊的繞起來、掛在那堆房裏樑上去、

是、老爺我忽然想不起來那東洋衣服的疊法了、

啊、你眞是個廢物、我那麼用心的教給你、怎麼又忘了、太沒記性了、你瞧、是這麼疊、你先把左底邊疊上、再把右底邊折在上頭、然後再把衣裳一攏、把領子合上、摩挱平了、倆袖子往兩邊兒外頭一折、然後再一合就得了、

承老爺的指教、

第十一章

來、

喳、

明兒個我要請客、你出城定地方去、

您打算着請多少位客、

我想有十位客罷、

這麼說、飯莊子比飯館

子好、這兩處有甚麼分別呢、 飯莊子是成桌的飯館子是成桌的也有零要也可以若是請的客多倒是飯莊子好、 成桌的是甚麼、 成桌的都是八大碗四冷葷另外愛添甚麼小吃兒那是隨便再要、 那麼零要呢、 那是人喜歡吃甚麼東西隨便叫他現做、 那麼還是成桌的爽快可是定的菜要清淡的不要油膩的、 老爺想是那幾樣兒菜合衆位的口味呢、 那些個菜名兒我可叫不上來你總要挑那不膩的斟酌着定就是了、總要一百吊一桌的纔好、酒是要黃酒不要燒酒、 打算聽戲不聽呢、 聽說中國人請客、總是要聽戲的多、我也要照那麼辦、 官座兒若是現在立刻定、還怕沒有、若是沒有的時候、定桌子行不行、　那也使得、定官座兒、可總找那不吃柱子的地方纔好、　是、那麼上場下場都不論罷、　總是下場好、上塲有那個鑼討厭、還有我這兩天聽戲瞧見對面兒官座兒裏、有一個人吃東西、那也可以麼、　怎麼不可以呢、那總是有相公陪客坐着的時候、吃東西的多、　甚麼叫相公、　您沒瞧見常在戲台上傍邊兒站着的小戲子、長得那麼很標緻的麼、　啊、我想起來了、不錯、有這麼項人、那是幹甚麼的、　他們也唱戲、也陪酒、若是老爺要看明天到飯館子裏、可以發一個條子、叫他們一兩個來陪酒、那也很助酒興了、　這也倒有趣、　老爺若是喜歡武戲、就聽梆子、喜歡文戲、就聽二黃、還是聽二黃好、那麼聽三慶啊、是聽四喜呢、聽四喜罷、那麼我這就定去罷、啊、還有那跑堂兒的酒錢和戲價明兒個就起你手裏給他們就是了、是、

第十二章

那十塊錢換來了麼、是都換來了、換了多少錢、換了一百一十四吊四百錢、合多兒錢一塊、合十一吊四百四一塊、怎麼比昨兒個倒多換了、是今兒個銀盤兒長了、怎麼又長了呢、是因爲行市下來的大、這是誰定的行市呢、老爺您不知道、這前門外頭珠寶市有一個銀

市、見天一清早、所有京裏錢鋪的人、都到市上買銀子賣銀子去、若是這天市上的銀子多、行市就落、若是銀子少、行市就長、趕他們買賣定規了、合多少錢一兩、這錢數兒、就算今兒的行市、九城的錢鋪、都按着這一個行市、每天買銀子的賣銀子的、不能一定、一天是一個行市、

那麼一塊洋錢、合多少銀子呢、

通行都是按七錢銀子一塊、合說的可是那貿易的洋錢、和鷹洋、是一個樣、那一圓的、少換一點兒、在平常用的時候、可也沒甚麼分別、那麼給您這票子、這都是和豐本出的、

這票子上的錢數兒、怎麼這麼宗寫法呢、我簡直的不認得、

是這是五拾吊一整張、這是拾吊一張的、這

是零的、五吊的、四吊的、三吊的、兩吊的、這是那、四百四十錢的零兒、　是了、我各人點點這票子、　您點了對不對、　不錯、都對了、可是這個五拾吊一張的、不好使喚、你拿去取五吊錢的現錢、下剩的破了零的來、　是還要他本鋪子的麼、若是他本鋪子沒零的、磨別處的也使得、總要那字號靠得住的要緊、　那是自然的、都磨四恒家的、可就妥當了、那麼你就辦去罷、

第十三章

你上那兒去了、　剛纔有小的一個本家的哥哥、從鄉下來、找小的、說是小的的母親病得很重、他把小的搭出去說了

會子話、所以躭悞了這麼半天、沒得稟知老爺、　你這都不像話、無論出去多大工夫兒、你都應當告訴我說、　是、小的後來再不敢這麼大意了、還有一件事、小的要告幾天假、回家瞧我母親的病去、　眞是你母親病了麼、不是告謊假呀、　小的天胆、不敢咒我母親有病、　既是眞的、你打算告幾天的假呢、　若是我母親病不礙事、小的三兩天就回來、萬一小的的母親有個好歹、那就怕是得多躭悞幾天了、　你走了有替工沒有呢、　小的有個朋友、他在法國府裏當過跟班的、小的可以把他找來替幾天、　那個人怎麼樣、　他沒別的不好、就是吃幾口烟、　哼、我不要吃烟的、這麼辦罷、你不用找替工了可以叫吳老爺的跟班的代管幾天罷、那更好了、你打算多咱走呢、若是老爺肯放小的去、我就今兒晚上趕出城去、你既打算今兒個趕出城去、現在天不早了、你就別愣着了、快歸着東西罷、還有一件事、求老爺把下月的工錢支給小的、我沒那麼些個錢、不能都支給你、先給你三塊、另外我賞給你一塊錢、謝老爺的恩典、那麼你現在把吳老爺的跟班的找過來、把這屋裏的事都交代明白他、再把昨兒個破的那個燈罩子找出來交給他、叫他明天照樣兒配一個來、是、

第十四章

明天有一位客人要來、你帶着苦力、把上屋裏拾掇出來、是、那三間有一間棚都破了、棚架子也掉下來了、墻上的紙、因爲犯潮、都搭拉下來了、　哼、不錯、不錯、那麼得叫裱糊匠來糊糊罷、　是、老爺您收着銀花紙了不是、　有好幾刀了、底半截兒牆、得糊外國紙、棚上四面兒、都拿藍條紙鑲上、喳、還得買十幾根秫稭、紮架子哪、　哼、那麼一天可以報結麼、　現在天長、一天總可以完了、　那搭交手、還得偺們給他預備杪槁麼、　那是他們各人帶來、　還有甚麼得買的、就是還得買打糨子的麵、和竹籤子、還有蔴繩兒、這三樣兒東西、　現在你先把外頭屋裏那兩間、好好兒的掃掃棚上若有蜘蛛網、可得掃乾淨了、把牆上的土、都胡拉下來、把槅扇都撣淨了、把窗戶上的玻璃也擦一擦、然後拿墩布蘸上水、擰乾了、把地板都擦了、可小心着、別拿墩布髒了牆、你就辦去罷、 是、 來、 喳、 現在來了信了、不行了、客人回頭就到了、 那麼棚還沒糊了、可怎麼好呢、 這麼着罷、你就趕緊的先拾掇出來、就讓客人先將就着住罷、 是、 你聽大門外頭車站住了、光景是客人來了、 回老爺知道、可不是客人來了麼、 我先迎出去、你就叫苦力快打掃屋子、你出去搬行李去、 行李都搬進來了、請客人點點件數對不對、 客人說都對了、 還有趕車的說、還攏他兩塊錢的車錢哪、 把這兩塊錢、給他拿出去罷、你去瞧瞧、若是屋子拾掇出來了、你把這行李、挪到那屋裏去安置好了、再來沏茶打洗臉水、 是、

第十五章

怎麼了、燈罩兒又炸了、 可不是麼、又壞了一個、 我常告訴你說、剛點上的時候、燈苗兒要小趕慢慢兒的再往大裏捻、你老聽不進去、太沒記性了罷、去年就幹過這麼一回了、老改不了、總是你沒把我的話擱在心上、這是怎麼個理呢、 也是小的一時沒留神的緣故、 你不止一時沒留神了、永遠沒小心過、就拿去年冬天說罷、爐子永遠沒乾淨過、趕

今年撤了火了、爐子裏頭的剩煤也不弄出來、爐子也不刷上黑色、就扔在那堆房裏了、趕後來日子多了、全上了鏽了、還有那個煤、就在院子裏那麼堆着、不定那一天就許着了、那是我不知道、莫非你是瞎子麽、那是苦力的事情、不是我應管的、你別滿嘴裏胡說、你不會叫苦力收起來麽、我告訴過他好幾回了、他老不聽、你別混遮掩、你向來是嘴硬、我怎麽嘴硬了、那麽我問你、昨兒個我回來、你上那兒去了、我任那兒沒去呀、那麽我這屋裏瓢朝天、碗朝地的、招了好些個蒼蠅、你也不管、那是怎麽了、是因爲我有個朋友來了、躭悮了一會兒的工夫沒能拾掇、我不管那些個、起今兒往後、我出去的時候、你總要把屋子拾掇俐儸了、把衣服給疊好了、小爐裏燒上炭拿灰培上、瞧有甚麼使不得的東西、該倒的該扔的、就都倒了扔了、那纔是有眼裏見兒哪、竟等着挨說纔幹哪、那還算人麼、還有你常愛砸東西、也不是事、近起來又添了一樣兒毛病、你有朋友來、把我的各樣兒的東西拿出去用、這還像事麼、　我多咱拿您的東西了、　你別不認帳、昨兒個你拿我的茶葉、我悄悄兒的進來瞧見了、　我沒拿、　你說你沒拿、我現在到你屋裏搜一搜去、　您竟管去搜、　你瞧瞧、這是甚麼、你還狡情麼、　那是我各人買的、　這兒有眞贜實犯、你還不肯認帳、你滾出去罷、我不要你了、　老爺別生氣、是小的拿老爺的東西了、求您寬恕罷、　你既認了、我還要你就是了、後來再若有這些毛病、一定立刻得走出去、　是給老爺請安、謝您的恩典、

第十六章

回老爺知道、馬籠頭壞了、　是那個地方壞了、　是嚼子那兒壞了、　那麼你拿到鞍韂鋪裏去收拾收拾、　是、還有近起來所有鞍子、馬鐙、肚帶、這些個傢伙、都髒的了不得、怎麼你也不拾掇啊、　沒有的話、那天都拾掇、　那麼那上頭的鐵活、怎麼會上了鏽呢、　那是沒用磚麪子擦的緣故、

我這幾天騎馬出去、馬的脚底下彷彿是發軟、老愛打前失、那是怎麽個緣故、　不錯、我也覺着是有那麽點兒毛病、我想光景是馬掌掉了、或是釘錯了、也未可定、　那麽我今兒個拉到獸醫椿子上去、再從新釘一回罷、　也好、還有一件、馬怎麽老不上膘呢、　怎麽不上膘、老爺瞧不出來就是了、　我很瞧得出來、我知道、你是夜裏不餧的緣故、若是馬再不長肉、我可就不叫你包餧了、　老爺別這麽說、所有麩子、黑荳、紅高粱、棒子、草、沒不餧足了他的、　我今兒早起瞧見馬棚外頭、地下、汪着好些個水、那是甚麽水、　那不是我弄的水、那是管洗澡房的他幹的、　那麽你把他叫來、　是、我就找他去罷、老爺現在要洗澡麼、我先問你一件事、你怎麼把澡盆的髒水都倒在馬棚外頭了呢、不是倒的、是因爲溝眼堵住了、水漾出來了、那麼你得把那溝眼通開纔好哪、是我回頭就通去、可是今兒個不是您洗澡的日子麼、你燒得了洗澡水了麼、是都倒在洗澡盆裏預備好了、那麼你拿着手巾和胰子、跟我去罷、你先前頭走一步、等我解完了手兒就去、是、你可要把澡房的地板都刷乾淨了、別弄的那麼溜滑的、是、老爺水熱不熱、熱一點兒、再對一點兒涼水、你給我搓搓澡、是、油泥多罷、不算很多、那麼你給我擦乾淨了罷、是、

第十七章

我現在要上上海去、你把東西都歸着起來、老爺打算多宗晚兒起身呢、一兩天就要動身、那麼這粗重的傢伙、也都帶了去麼、不咖、那我打算託朋友都把他拍賣了、等我今兒晚上連夜、把拍賣的和留着的分出來、再打點罷、我先把這箱子騰空了、把這零碎兒都擱在裏頭好不好、好是好、趕擱在裏頭之後、可得拿滑藉或是棉花揎磁實了、別叫他在裏頭搖晃纔行哪、那是自然的、還有那些衣服怎麼樣呢、那等着歸在那皮箱兒裏軟片一塊兒打包、那就是了、那書槅子上的書、和字帖、條幅、都拿紙裹上就

行了、　那匾額竟把字撤出來、那架子不好帶、可怎麼辦呢、
那就先擱着罷、　老爺、箱子都裝好了、那麼把蓋兒蓋上、
可以就先釘死了罷、　可以可以、你把那張紅紙遞給我寫
個籤子、貼在箱子上、　那皮箱還得上鎖、拿馬蓮包包上、然
後拿繩子綑上、可就省得車磨了、　不錯、那繩子扣兒務必
要勒死了、看上車之後、挄蕩開、你快打發苦力去買兩張油
紙來、包那綢子、　嗐、那軟帘子摘下來捲上不好麼、　也好、
還有那把旱傘、也套上罷、再把這文具都裝在白拜匣裏、
現在把您的鋪蓋、也都捲起來罷、　把夾被棉被都疊起來、
裝在褥套裏、那褥子明兒個還要鋪在車上哪、　是、明兒個

把那個馬蓮包的箱子、煞在後車尾兒上、您想怎麼樣、　使得罷、那磁器得拿紙蘸上水糊上、再裝纔妥當、　這個法子更妙了、　回老爺知道、某老爺打發人給您送了送行的禮物來了、　拿進來、給他拿出個片子去、叫他回去道謝就是了、

第十八章

你幹甚麼來着、　我在花園子澆花兒來着、　那花兒開的怎麼樣、　現在正是盛開的時候、開的好看極了、　怎麼你這手上這麼些個泥、　我是在花園子弄土來着、　你回頭吃完了飯、我要打發你送禮去、　是給那宅裏送禮去、　是

給後門徐老爺送禮去、 那麽小的這個工夫兒、先剃頭去罷、 哎、你別竟剃頭還得打辮子哪、 剃頭和打辮子、那是一回事、 你還得換上乾淨點兒的衣裳、平常在家裏做粗活、那原不講究、到別的宅裏去、總得要撒俐纔是樣子哪、靴子、帽子、小的可沒有、 你可以和夥伴兒們借一頂帽子、一雙靴子就得了麽、你就快拾掇去罷、別磨稜子了、 老爺小的都拾掇完了、有甚麽話、請老爺吩咐罷、還有那禮物、您都打點出來了麽、 你瞧、這是四匣子東西、這是我的職名、那麽小的得雇一輛車去罷、 不行、這裏頭有嬌嫩東西怕車撴、若不然、就呌苦力挑着跟了你去罷、 喳、那也好、趕你到那兒就說、這是我們老爺新近打外頭回來、帶來的土物、奉送這兒的老爺用、務必把職名給留下、然後你就回來。是、那麽小的這就去罷、啊、還有你到花園子去、掐幾朶花兒來拿着、順便到吳宅、給那位老爺送了去、老爺、小的回來了、徐老爺在家了麽、是在家了、把小的叫進去了、說是老爺起外頭大遠的帶了點兒東西來、留着自己用就結了、又何必費心惦記着我呢、實在我心裏不安得很、這麽着給了得一個回片子、給老爺道費心、是了、你手裏拿着的那紅封兒是甚麽、可是、小的還要回稟老爺哪、這是那兒的老爺給小的一個賞封兒、小的原不敢接、徐老爺說、

你只管拿着、若是不接、我就有了氣了、小的這纔勉強接過來了、好、好、你歇歇兒去罷、

第十九章

你洗完了臉了麼、　洗完了、　我要叫你買東西去、　買甚麼、東西去、　我要買口蘑大蝦米和掛麪、　是買四牌樓的麼　別買四牌樓的、那幾個鋪子的東西、連一個好的也沒有、那麼我出城買去罷、你出城要買前門大街路東那個海味店的纔好哪、不錯、那兒的東西可好、就是貴一點兒、　貴一點兒也有限的、　您是要買多少呢、　我要買一斤口蘑、斤半大蝦米、十子兒掛麪、可是那口蘑多兒錢一斤、

有六吊四的、有四吊八的、　賤的東西總次罷、　那是自然的、　那麼買那貴的罷、分兩可叫他們邀足了、　他們不敢短分兩的、　那些買賣人的習氣都愛要謊價、你也別竟聽他們要、總要還個價兒、　老爺不知道、他們那大字號都是言無二價、不敢要謊的、　那就是了、另外你打城外頭再給帶些個鮮菓子來、　老爺打算要買甚麼鮮菓子呢、　杏兒和李子還有沒有了、　那兩樣兒菓子、現在可沒了、　那麼就買梨、桃、平菓、莎菓子、檳子、脆棗兒、葡萄這幾樣兒罷、　一樣兒買多少呢、　買一斤葡萄、一斤棗兒、下剩那些個菓子、每樣兒買十個就得了、　是　你帶這四十吊錢的票子去、除了買這些個東西、剩下錢、想着再買氷糖和藕粉來、是、那麼小的現在就去麼、等一等、這兒還有十吊一張的退票、你給珠市口兒那個萬順皮貨鋪裏帶了去、告訴他們、這是一張假票子、叫他們立刻給換上、交給你帶回來、老爺怎麼知道是他們的退票呢、我收着他們了、並且這是前幾天、我到他們那兒買東西去了、他們找給我的、老爺打那麼沒別的事了麼、還有事、趕你回頭的時候、順便到那個熟裁縫鋪裏問一問我定做的那件衣服得了沒有、若是得了、你就拿包袱包上帶回來了、

第二十章

張福、　喳、　你來我有話和你說、　是、老爺有甚麼話吩咐、　現在有一位老爺陞到廣東作領事官去、要找一個跟班的、我打算把你薦給他、你願意去不願意去、　蒙老爺的抬愛、小的願意去、可不知道得去幾年、　那位老爺大概得在廣東三年、他願意你跟他在那兒三年、你的意思怎麼樣、那倒可以的、　可有一層、若是將來滿了三年、那位老爺陞到別處去、他可以給你船價、把你打發回來、若是不到三年、他不要你了、也是他給你船價、叫你回來、倘或沒滿三年、你自己不幹了、要回來、那可是你自備盤費、他是一概不管、是、小的都明白了、　還有工錢那層、那位老爺說、每月給你十塊錢的工錢、四季的衣服、都是他管、你想怎麼樣、　十塊錢的工錢、小的也倒願意、就有兩層、求老爺給說一說、　是那兩層呢、　一層是先求那位老爺、支給小的十塊錢安家、還有一層、每月小的的工錢、得起京裏兌給小的家裏五六塊錢、就省得小的打外頭往京裏帶錢囉瑣了、　那我給你說一說、也倒可以行、可是先支給你這十塊安家的錢、你想每月是怎麼個扣法呢、　那是隨那位老爺的便、每月扣一塊兩塊都使得、　那就是了、　若是那位老爺都答應這兩層了、小的願意每月起老爺手裏兌給小的家裏錢、纔妥當哪、　那都好說的、趕定規之後、我可以寫個取錢的執照給你每月初一、你們家裏可以打發人拿着那個執照、到我這兒來取就是了、　費老爺的心、還有小的走之後、老爺不得另找個跟班的麼、小的有個親戚、可以來伺候老爺好不好、　你這個親戚多大了、　他今年十八歲、　當過跟班的麼、　是、他原先在俄國公館當過跟班的、　那件事先挨一挨兒再說罷、因爲現在有一位老爺給我薦了一個人、一兩天可以來試一試、若是不行、再叫你那個親戚來罷、　是、小的竟聽老爺的信兒就是了、　你這兩天先把我的東西都歸着齊截了、好交代給新手兒、把外頭首尾的事情也都要算清了、　是、若是定妥了、小的可以多喒上工呢、　脚下離月

頭兒還有八天、那總是下月初一上工罷、　那就是了、

官話指南第四卷

官話問答第一章

這是我們新任的欽差大人特來拜會王爺中堂大人們來了、啊、久仰久仰、今日幸得相會、實在是有緣哪、我們大人問王爺中堂大人們好、啊、托福托福、請欽差大人上座、我們大人說、不敢那麼坐、還是請王爺上坐罷、那如何使得呢、大人今日是初到敝署、該當上坐的、我們大人說、既是那麼着、就從命了、理當理當、大人是幾時到的京、我們大人、是貴國本月十六到的、我們久已就聽說、這位大人處事公平、尤重和好、如今既來駐劄敝國、遇事必能持平和衷商辦、於兩國商民、均有利益、何幸如之、　我們大人說、承王爺中堂大人們過奬、實在是自愧才短、謬膺重任、諸事還要求王爺中堂大人們指教、　大人實在是太謙了、我們遇事還要請教大人哪、　我們大人說不敢當、　請問這位大人今年高壽了、　我們大人今年六十一歲了、　大人年逾六旬了、精神還是如此的強健、實在是養法好、來、　喳、　擺點心菓子、快盪酒來、　我們大人說、今日是初次到貴衙門來、那兒有就叨擾的理呢、　大人這話說遠了、我們今日和大人雖是初會、就如同故交一樣、況且這不過預備一點兒粗點心、爲得是彼此可以長談、請大人賞臉、不必推辭、我們大人說、叫王爺、中堂、大人們、如此費心、實在是於心不安、 那兒的話呢、這實在是不成敬意、請大人別見怪、 豈敢豈敢、我們大人說、這太盛設了、 這有甚麼、這實在的不成格局的很了、 我先敬大人一盃 我們大人說、那實在不敢當、 大人請坐罷、 我們大人還要回敬王爺一盃、 那我可眞當不起、 那麼我替我們大人回敬王爺、中堂、大人們一盃罷、 閣下是客、我們如何敢當、還是我們自己斟罷、 那麼我就恭敬不如從命了、 隨便隨便、請大人嚐一嚐這個點心、 我們大人說、請王爺、中堂、大人們別周旋了、還是自取倒好、 若是大人肯依實、我們也就不布了、我們大人說、決不會粧假的、　那更好極了、　請大人再用一點兒點心、　我們大人實在是彀了、　那麼請大人過那邊兒屋裏坐罷、　我們大人請問王爺中堂大人們、那國書可以幾時呈遞、　那層是等我們這一兩天之內奏明皇上、請旨定於何日、然後再照會大人就是了、　那麼竟候王爺的信就是了、　就是、　我們大人現在要告辭回去、　何妨再多談一會兒呢、　我們大人是還有些緊要公事、得趕緊回去料理、不能在此久坐了、還給王爺中堂大人們道費心、些須微意、何足掛齒、實在是簡慢得很、　那兒的話呢、等改天我們再到貴館去謝步、　不敢當不敢當、請王爺中

堂、大人們留步罷、請了請了、再會再會、

第二章

大人這一向好、托王爺的福、王爺近來倒好、托福托福、列位中堂大人們、這一向也都好、承問承問、大人那一天回來好啊、喳、承諸位掛心、今日我們到這兒來、一來是給大人賀喜、二來是謝步、不敢當、王爺和列位中堂大人們、實在是多禮了、大人恕我們來遲、豈敢、這位大人怎麽稱呼、我們還沒會過面了、可是、我們倒忘了、你們二位大人見一見、這是新任的欽差某大人、這是我們劉大人、久仰久仰、彼此彼此、日前蒙大人光顧、我正告着假了、

故此失迎、求大人原諒、 豈敢、豈敢、大人貴處是甚麼地方、
敝處是江蘇、 大人現在是那衙門行走、 我現在是吏
部侍郎、兼管總理衙門事務、 是、大人貴科分、 我是己卯
科舉人、癸未科進士、 大人都是榮任過外省甚麼地方、
我沒作過外任、自從癸未那年僥倖之後、就在翰林院供職、
後來放過一次學差、又派過一次試差、 都是放過那省的
學差、 放過一次四川的學差、後來試差派的是陝西、 大
人今年貴庚、 今年虛度四十七歲、 大人年歲未及五旬、
已經榮膺顯秩、這足見是大人才高了、 過獎過獎、我這不
過是僥倖、實在是自愧無才、濫竽充數就是了、 大人太謙

了、今兒個我預備一點兒菓酒、請王爺中堂大人們在此多談一會兒、承閣下費心、我們理當討擾的、無奈今日是有奉旨特派的事件、必須趕緊回去辦理、我們心領就是了、既是如此、我也不敢強留了、 那麼我們改天再來領教、就此告辭、 勞王爺中堂大人們的駕、 那兒的話呢、大人留步罷、 候乘候乘、 磕頭磕頭、

第三章

請大人見一見、這一位是我們新任的欽差大人、今日特來拜望大人來了、 啊、久仰久仰、 我們大人問大人好、哦、大人好、 我們大人說、托大人的福、 貴國大皇帝一向聖

體康泰、　是、我們大人說、敝國大皇帝、一向倒很康泰、請問貴國大皇帝、一向聖駕安康、　是、敝國大皇帝、一向倒很安康、請大人上坐、　我們大人讓大人上坐、　豈敢、大人到此、理當上坐的、　我們大人說、這實在是僭大了、　請坐請坐、請問大人、是幾時由貴國動的身、　我們大人、是敝國上月初十動的身、　一路倒都很平安、　是、我們大人說、托大人的福庇、沿途都很平安、　大人到上海住了幾日、　我們大人在上海、住了不過兩天、就往這麼來了、　沿路上走着、往這麼來、也很遠哪、可不知道有甚麼新聞沒有、我們要請教的、　我們大人說、沿路上的古蹟倒不少、但是關係現在國政的事情倒沒甚麼新聞、是那麼大人上京、定規是那一天、我們大人打算後日就要北上、大人行期何必如此緊急、是因爲欽限將滿、不敢久延、是由水路走、還是由旱路走呢、我們大人是因爲行李太多、打算由水路走、船隻都雇妥了麼、今日已經打發人雇去了、大約明日可就雇齊了、告訴大人說、我可以派兩個武弁、帶領二十名兵丁、護送大人到通州、我們大人說、大人如此費心、實在是感謝不盡了、豈敢大人到此、我這是該當効勞的、我們大人說、實在領情、那麼我今晚就發文書咨報總理衙門、就提欽差大人是後日由水路北上就是了、那好極了我們大人今晚也有文書到京裏敝國公館去、　那更妥當了、　我們大人現在要告辭回去、　請大人再畧坐坐兒、多盤桓一會兒、　我們大人還有點兒公事、得趕緊回去辦理、　那麼勞大人的駕、我明日再回拜大人去就是了、　我們大人說、不敢勞動大人的駕、　該當的、　大人留步罷、　候乘候乘、　磕頭磕頭、

第四章

我今日來、一來是回拜大人、二來是給大人謝步、　豈敢、大人實在是多禮、　那兒的話呢、是該當的、大人榮行準在明日麼、　是、明日一準起身的、　船隻想都齊備了、　是、俱已

齊備了、　那麼明早是在何時啓節呢、　大約就在巳初罷、
那麼我明早辰正過來送行就是了、　那實在不敢勞動
了、今日偺們一見就都有了、等後來我再來之時、或是大人
上京、偺們可以再多盤桓幾日、　既是如此我就遵命不過
來了、　豈敢、大人約摸可以幾時到京去呢　大概今年冬
子月底、可以到京去、彼時必當到貴館拜會的、　倘或大人
上京之時、請您先期賞我個信、我便當掃榻以待、　豈敢要
去之先、必然要預先奉告的、　還有一件事托咐大人、　大
人有甚麼事、只管吩咐、　豈敢、我們這個領事官人甚年輕、
況且又是初次當差、尚欠歷練、倘有不到之處、求大人擔待

些個纔好、並且還要求大人諸事指教、俾伊有所遵循、則我感同身受矣、　大人太謙了、這位領事官人雖年輕、才情敏捷、數月以來、我風聞所辦的交涉事件、均甚妥善、我心中實在佩服得很、不過是在敝國年分尚淺、於敝國制度風土人情、恐還不能周知、倘有不甚明白的事情、問及於我、我必要詳細告知的、以副雅囑、　大人實在是過加獎譽了、他這不過是學習當差而已、　我現在還有公事在身、就要告辭了、

那麼偺們就等在京裏相會了、　是、趕大人到京之後、還要求賞給一信、以慰遠念、　是、到京之後、必有信奉致大人、

那麼明早我就派武弁、帶領兵丁到此、聽候大人指使就

是了、豈敢實在承大人的盛情了、該當的大人請留步罷、請了、再會再會、

第五章

中堂大人們都好、承問承問、閣下這一向好、托列位大人的福、這一向倒很好、閣下請坐、中堂大人們請坐、這一向公事忙不忙、這一向倒不甚忙、閣下今日到此有何公事見諭、今日我是奉我們欽差大人的委派、到貴衙門來、有件面談的公事、哦、請說一說、是件甚麼事呢、因爲上月有敝國一個繙譯官、領有護照、到某處游歷去、趕他到了那個地方、就住在一個店裏頭了、誰知那兒的百姓、

少見多怪、每日三五成羣、在店門口兒擁擠觀看、其中還有口出不遜者、並且敝國繙譯官、風聞那些個百姓、有意滋事、因爲那個店、離汛官衙門不遠、於是他就到汛官衙門去、意在面見汛官、請他設法彈壓、免生事端、誰知那個汛官竟自托病不見、敝國繙譯官無法、就又到知縣衙門去拜會、趕他到了知縣衙門、把名片投進去了、等候許久、門丁出來說、知縣陪客說話哪、不能接見、這麼着敝國繙譯官、就回店裏來了、次日清早、他又到縣衙門去請見、有一個姓王的書辦出來、把他讓到科房裏去了、王書辦問他的來意、他就將百姓有意生事、打算請知縣設法保護的話、說了一遍、王書辦說、因爲知縣現有公事在身、不能接見、敝國繙譯官就說、既是知縣公事煩冗、我也不便請見、不過求閣下將此事回明知縣、就提我請他趕緊彈壓、免生意外之事、是要緊的、王書辦滿口應允、然後敝國繙譯官就告辭回店裏去了、誰知他在店裏又等了兩日、並沒音信、百姓越聚越多、信口胡言、勢必要鬧出事來、他看情形不妥、就一面發禀帖、禀報我們欽差大人、一面他就起身到府裏去、打算面求知府、轉飭知縣、妥爲保護、可不知道到府裏去辦理如何、但是我們欽差大人接到他的禀帖、十分詫異、因想各國人民到處游歷、既領有護照、地方官就應當照章保護、纔是、此事不但載在條約、而且屢次奉旨、飭令各省督撫、轉飭各地方官、恪遵條約、保護洋人、何以各省督撫倒能遵守條約、而地方州縣、仍是以保護之責、視爲無足輕重之事、令人實不可解、如今我們欽差大人、就求王爺、中堂、大人們、再咨請各省督撫大人、轉飭所屬、後來若是有外國人帶着護照、到處游歷、地方官總應當加意保護、以符條約、是要緊的、 是了、閣下回去、可以告訴欽差大人說、這件事我們明日就行文到那兒去、請該省的巡撫、要查問那個知縣、和那個汛官、究竟他們是爲甚麼不肯接見、及不設法彈壓的原故、若是查出他們有辦理不善之處、必須將他們開叅的、並且我們還可以再行咨請各省督撫嚴飭各州縣、日後若有洋人到各地方游歷去、總要按照條約、加意保護、倘或有不肯盡力保護的、一定要指名奏叅的、 是中堂大人們、如此費心、敝國的官民、實在感謝不盡了、 那兒的話呢、這是我們該當盡力的、 那麼我回去就遵照中堂大人們的話、回明我們大人就是了、 閣下回去、替我們問欽差大人好、 是回去都替說、 請了請了、再見再見、

第六章

今日我是奉了我們大人的委派、到貴衙門來和王爺中堂、大人們、說知一件公事、 啊、是甚麼公事呢、 因爲是上月、

有敝國的一隻火輪商船、船名風順、由上海往天津來、行至葛沽的上邊兒撞壞了貴國停泊的一隻商船、趕到風順輪船到天津之後、船主業將此事禀報敝國領事官了、並且禀明了、那隻中國商船停泊的地方、有礙輪船往來之路、說是既然那隻商船、不按河泊章程停泊、此次被輪船碰壞、便不應認賠的、後來敝國領事官、接到貴國道台的照會、說是據中國船戶周立成禀報、該商船正在葛沽水面上行走之間、敝國風順輪船、由後面來將該商船撞壞、船舵已經撞折了、船幫也撞壞了、彼時敝國領事官照復道台、就提風順船主、已經禀明了、說是中國那隻商船、是在河裏灣着了、因他停泊處所、有礙輪船往來之路、以致被碰、按照河泊章程、是不應賠的、但是現在兩國應當先彼此派員會同到碰船之處、查看一回、然後再議應賠不應賠的事、這麽着道台就派了一位委員、會同敝國繙譯官、到碰船的地方查看了一回、那個船戶周立成原禀的、是把他的船舵撞折了、把船幫也撞壞了、趕他們一看、不過將船舵撞折了、並沒撞壞船幫、這一節、就先與原報不符、又據船戶周立成說、那天他的船、實在是正走之間、被輪船碰的、然而據敝國船主說、那天周立成的船、並沒在河內行走、實在是在河裏停泊、阻礙輪船之路、以致被碰的、道台總以敝國船主之話不足信、以中國船戶之言爲足憑、敝國領事官和道台辯論說、若是以中國船戶之話爲可信、那麼那個船戶、原禀的是輪船將他的船舵碰折了、將船幫也撞壞了、及至一查、不過將船舵撞折了、並未碰壞船幫、只舉此一端、可見那個船戶的話、不足爲憑了、道台雖然無話可答、到底還是堅請敝國領事官、飭令輪船船主、賠償修費、敝國領事官、據輪船船主供說、那個中國船戶、既然不按照河泊章程停泊、致被碰壞、照例是不能賠償的、敝國領事官、若強令該船主賠償修費、實不足以服其心、無奈道台總不以敝國領事官之言爲然、彼此辯論不休、敝國領事官實無法可辦、所以詳報我們欽差大人、請示辦法、我們大人派我來、請問王爺、中堂大人們、此案應如何辦理、方免彼此爭論、　雖然今日王爺不在坐、依我們之見、這案兩造各執一詞、都不可憑信、總應由貴國欽差大人札飭領事官、由我們札飭道台、叫他們飭令兩造、各尋見證、然後彼此會訊、自然就有個水落石出了、閣下回去、將此節回明欽差大人、如以爲可、就請賜一信來、我們就給道台行文去就是了、　是、那麼我回去、將中堂大人們所論的辦法、回明我們大人、斟酌可否、再寫信來就是了、　是就這麼樣罷、　那麼我暫且就要告辭了、　請了請了、

第七章

大人這一向好、　托福托福、閣下一向可好、　承問承問、閣下請坐、　大人請坐、　閣下這一向公事忙不忙、　公事倒不甚多、　閣下今日光臨敝署、是有甚麼公事麼、　是今日是奉了我們領事官的委派、到貴衙門來商量一件公事、　是甚麼公事呢、　因爲有這本地一個商人名叫劉雲發由福州雇定了敝國一隻夾板船、裝載雜貨、運到此處、議定水脚是四千五百塊洋錢、在福州地方、先付過一千五百塊、說明白的、下欠那三千塊錢、是到此處付清船主當時也都答應了、這其中並沒有中人行棧經管、俱是他們彼此對講的、趕前四天船到了此處、次日一早、劉雲發用撥船將貨物起下來裝上了、運到海關門口候驗、然後他和船主說、他先到家去措辦水脚、晚上必回船上來把下欠的銀兩、都要交清的、他還開了他的住址、交給船主收着、船主看他那個人、是個正經商人、可就答應叫他去了、趕到那天晚上劉雲發並未回船、直等到昨日晚上、仍未回船、船主就遣人按他所開的住址、到那個地方去找、並未找着、心裏就未免設疑、故此禀報領事官、函致稅務司、若是劉雲發完清稅項、暫且將貨物扣留、等他交清水脚銀兩再爲放行、後來接得稅務司函復、說若是劉雲發完清稅項、海關沒有暫行扣留貨物之例、此事礙難照辦、領事官恐怕劉雲發忽然交清稅課、海關將貨船放行、這項水脚銀兩、可就無着落了、所以領事官派我來、請大人函致稅務司、如若劉雲發完清稅項、暫且把他的貨船扣留、等他還清水脚、由我們領事官知會大人、轉致稅務司放行、請大人千萬費心、給辦一辦、我們就感情了、　這件事、若以公事而論、劉雲發完清稅項、海關原無扣留貨船之例、如今領事官既然託咐我、我不過按着私交情、轉託稅務司、把劉雲發貨船、暫且扣留就是了、趕到他交清水脚銀兩、請領事官趕緊賜我回信、我好知會稅務司、把貨船放行、這不過是暫時通融辦理、後來不可以此爲例、　大人如此費心、我們實在感謝不盡了、　那兒的話呢、這回頭我就

給稅務司發信、那麼我要告辭了、請請、改日再見、

第八章

今日我是奉了我們道台的委派、到這兒來是和領事大人、說一件公事、是甚麼公事呢、因為前次大人照會我們道台、說是這本地慶長洋貨鋪東家趙錫三、批定了貴國天盛洋行哈喇六十包、立有批單、趕到上月貨到了、洋商催趙錫三起貨、趙錫三藉詞挑剔、不肯將貨物起去、大人請我們道台、飭縣把趙錫三傳案查訊、後來據知縣稟復說把趙錫三已經傳到案了、據他說去年封河之先、他在天盛洋行、批定了六十包哈喇、立了一張批單、他付過定銀一百兩、言明

今年三月初間交貨兌銀子、兩無躭悞、趕到本年三月初間貨到了、天盛洋行遣人去給他送信、他就拿着原樣去到洋行、把貨包拆開、拿原樣一比、內有十包貨樣不符、所以他不肯收貨、要把原給的定銀退回、叫洋商將貨物另行出售、洋商不肯退還定銀、這麼着倆人也沒說開就散了、不料洋商竟自將他稟控他不肯起貨、實在是因有貨樣不符的緣故、並非是藉詞推托、我們道台據知縣的稟復已經照會大人了、後來又接到大人的回文說是趙錫三在縣署所供的情形是一面之詞、不足爲憑、請飭縣仍舊叫趙錫三收貨兌銀子、我們道台說、雖然趙錫三所供的是一面之詞、無奈他既供出因貨樣不符、他不肯起貨、如今若是勒令叫他收貨付銀子、實在不足折服他的心、若是一定以趙錫三之言爲憑、洋商又未必肯服、我們道台現在想了一個善法、遣我來和大人商量、打算定規本月某日、我們道台同大人在會訊公所、把原被兩造傳來、叫洋商雇人、把那六十包哈喇抬到公所去、大人和我們道台過一回堂、公同看一回貨物、孰是孰非、自然立判、不知道大人的尊意以爲何如、　此事我原無成見、如今既然兩造各供一詞、難以定案、道台所想的辦法也很妥當、然而以我的愚見、由道台飭令趙錫三、約兩個華商、由我飭令天盛行的東家、邀兩個洋商、是日都齊集會訊公所、叫他們四個商人看明貨物、是否與原樣相符、以他們四個人爲憑據、若果他們四個人看明貨樣相符、道台便可飭令趙錫三起貨付銀子、如果貨樣不符、彼時我訊明天盛行主、再和道台商議辦法、愚見若此、閣下以爲何如、　大人所論的辦法、更盡善盡美了、我回去將此節稟明道台、再回復大人就是了、　閣下再坐一會兒罷、　今日是有公事在身、不能久陪、等底下再給大人來請安、　豈敢豈敢、　大人留步罷、　改日再見、

第九章

今日我們領事官委派我來、和大人商量一件公事、　是甚

麼事呢、就是敝國寶昌行掌櫃的朱曉山虧空銀兩的那一案、那一案前日我已經照會領事官了、不知道領事官以爲何如、我們領事官的意思、是這麼着、當初寶昌行聘請朱曉山之時、有祥立仁和福順晋昌四家具的保單、言明嗣後朱曉山如有虧空等事、除將朱曉山家私變價賠還外下欠若干兩、四家保人一律攤賠、各無異議、前日我們領事官接到大人的照會、說現在除將朱曉山家私變價一千兩賠還外、下欠四千兩、應着落保家晋昌綢緞鋪、賠出銀二千兩、其餘二千兩着落祥立仁和福順三個洋貨鋪保家一律攤賠、我們領事官看大人如此辦法、實有不解、所以打發我來、請問大人、因何不按保單上所說的、叫他們四家保人均攤、怎麼單叫晋昌號多賠、叫那三家少賠呢、　我叫晋昌號多賠、叫那三家少賠、這其中有個緣故、因爲前次我把那四家保人傳來審訊之時、據祥立、仁和、福順、三家鋪東說、當初具保單時、雖然言明、將來朱掌櫃的、如有虧空等事、除將朱曉山家私變價賠償外、下欠若干兩、四家保人一律均賠、然而這些年、晋昌號時常有借用朱曉山銀兩買貨之事、其所借用之銀兩、並無利息、所以他這些年、也頗沾朱曉山之光、我們這三家保人、這些年和朱曉山、並沒有交往錢財的事情、向來沒有沾過朱曉山之光、如今若是叫我們都一律攤賠虧空、我們三家實在寃屈、這麼着我又問晉昌東家、他們那三家所說的、是實有其事麼、據他供認、這些年實有借用朱曉山銀兩買貨之事、情實沾朱曉山之光頗多、因此我纔將朱曉山虧空的這四千兩銀子、斷令晉昌號賠出銀二千兩、那三家保人分賠那二千兩銀子、他們四個人都情願具輸服甘結、此事我也並未十分勉強、閣下看如此判斷、還有甚麼不公平之處麼、　我斗胆說一句話、求大人可別見怪、

閣下有話不妨明言、　據我看、如此斷法、似乎不甚公平、

有何不公平之處呢、　大人之意、是以爲晉昌號這些年沾過朱曉山之光、所以如今斷令他多賠、那祥立仁和福順、

三家、向來並沒沾過朱曉山之光、所以斷令他們少賠、依我的愚見、斷此案、總應當據保單上所說的話爲憑、保單上旣然言明、將來賠補朱曉山虧空、應當四家保人一律均攤、如今若單叫晉昌號多賠、不但與保單原議不符、且恐那三家有幸免之詞、似乎不公、至於說晉昌號常借用朱曉山銀兩買貨、並沒利錢、這些年沾朱曉山之光頗多、因此斷令晉昌號多賠、然而晉昌號借用朱曉山銀兩、那是他們的私交情、與此案無涉、斷無因此案、而牽涉伊等私情之理、在那三家保人、希圖少賠錢、原可以任意混供、在大人原不必據他們之言而斷、設若這四家保人內中有兩家沾過朱曉山之光、那兩家沒有沾過朱曉山之光、那麼就應當竟叫這兩家沾過光的賠銀子、那兩家沒沾過光的、就可以置身事外麼、所以大人總應當據保單斷令他們四個保人一律均賠、不可有賠多賠少之分、方爲公允、　閣下所說的是據理而論、我所說的、是隨勢酌情權變之法、　大人所說的、隨勢酌情權變之法、那是據理判斷有萬難之處、方可用權變之法、如今此案據理而斷、並無礙難之處、又何必用此權變之法呢、閣下既然看我所斷的不甚公平、請閣下回去之時、和領事官商量商量、然後偺們再從長計議、也未爲不可、　既是如此、偺們再議就是了、我現在要告辭回去、　忙甚麼、偺們再

談一會兒罷 我還有公事了、偺們改天再會罷、 請了請了、再見再見、

第十章

今日我到貴衙門來、是和大人面商一件事情、 哦、請教是甚麼事呢、 就是因爲貴國信成洋貨鋪、欠敝國恒裕洋行的貨銀那一案、因爲上回恒裕洋行、稟控信成洋貨鋪的時候、我先把信成的東家王保山傳來問了一問、據他說這本地富順雜貨棧、欠他有一萬多兩銀子的貨銀、屢次去催討、總也沒還、若是能把那項銀子追出來、除了還恒裕洋行貨銀五千兩、還富餘五千多兩銀子哪、他求我照會大人、飭縣

先把富順棧的東家傳到案、把那項銀子追出來、他就可以歸還恒裕洋行的貨銀、我是恐怕恒裕洋行貨銀無着落、所以照會大人飭縣傳訊富順棧的東家、把他該信成的貨銀追出來、爲得是好歸還恒裕洋行的欠款、昨日大人遣委員楊大老爺到敝館去、說是此案、恐怕是信成東家託出恒裕洋行東家、揑詞代爲控追富順棧的欠欵、如果照辦、怕是開洋商包攬插訟之端、請我細細的查問明白再議、這麼着我又把恒裕行的東家叫了去、細問了一問、據他說、信成洋貨鋪、實在欠他行裏的貨銀五千兩、有帳可憑、他並不知道富順棧該信成洋貨鋪銀兩的事、至於求我照會大人飭縣傳富順棧的東家、訊追欠欵、那實在是王保山的主意、並非是他們倆人商量的辦法、如今我既然查明白了、這其中並沒有毛病、那麼就還請大人飭縣照辦就是了、　大人雖然查明白了、這其中並沒有弊病、總還該當由洋商控追信成、由信成控告富順、各淸各帳、方爲正辦、若是隨便牽扯、雖然這案沒毛病、難保後來不滋生弊端、這也不可不預爲防範、大人尊意以爲何如、　我想大人所說的也很有理、不過有一層、請大人吩咐知縣、將來王保山到縣控告富順、知縣把富順棧、欠信成的銀兩追出來的時候、先別叫信成領去、由知縣把信成欠恒裕洋行那五千兩貨銀扣下、其餘的銀兩、再叫王保山領去、大人想這麼辦好不好、 這層我倒可以飭縣遵辦就是了、 既是如此、我明日行文過來就是了、暫且失陪、 那麼偺們改日再見、 請了請了、 再會再會、

第十一章

老兄大喜了、 老弟同喜、 因爲昨日我看京報、知道老兄選上了、所以今日特來給老兄賀喜、 實在勞駕得很了、老弟請坐、 老兄請坐、 老弟這一向官差忙不忙、 這一程子公事很忙、總未得暇、 何以如此之忙呢、 是因爲這一向竟辦理秋審的事情哪、 秋審也快辦結了罷、 是也就在這個月底、就可以辦結了、 是、 老兄是幾時驗放、 大

概就在本月初十驗放、　缺分怎麼樣呢、　算是個中缺罷、
老兄如此大才、不久便要調首縣的、　那如何敢指望呢、
我這初次作官、但願得一簡缺、免有竭蹶之虞、若遇一煩難
之缺、轉恐才不勝任、必致貽笑大方、　老兄太謙了、　那麼
老兄行期、大約得幾時呢、　大約也就在冬子月初間罷、
限期是多少日子呢、　限期原是三個月、若是有緊急的事、
也還可以再告一個月的假、在我的意思看、若到臨時、沒甚
麼緊要事件、也就無須告假了、　老兄此次攜眷去麼、　我
想冬天路上太冷、若是攜眷去、諸多不便、我打算今年我先
到任上去、趕明年春天、再遣家人來接家眷去、倒方便些個、

是老兄這麼辦、倒很妥當、我現在要上衙門去、改天再談罷、　老弟有官差在身、我也不敢久留、等我驗放之後、再到老弟府上請安去就是了、不敢當、老兄請留步罷、　老弟請走罷、那兒有不送之理呢、　老兄請進去罷、　候乘候乘磕頭磕頭、

第十二章

老兄久違了、　彼此彼此、老弟大喜了、　同喜同喜、　我是前日到的家、看見題名錄了、知道老弟高中了、所以今日特來賀喜、　勞老兄的駕、　那兒的話呢、　老兄請上坐、　老弟請坐、　老兄一路上倒都很好、　是托福、一路都很平安、

老弟此次中的很高、足見是學問有素了、承過奬了、這不過僥倖如此就是了、老弟太謙了、此次房師是那位、房師是張太史、都拜過了麼、是、前日座師房師、都拜過了、令弟此次抱屈的很、那兒的話呢、出了房了沒有、是薦卷了、就是因爲詩不妥批落了、這也是一時的科名蹭蹬、下次鄉試一定要取中的、借老兄的吉言罷、您此次進京來是有何公幹、我是解銅來了、都交代完了麼、昨日已經都交代清楚了、那麼您此次回省就可以補缺了罷、今年回省署事還可以、補缺大槪總得明年罷、可是、覆試是多咱哪、覆試是本月二十三、那麼等過了老弟覆試、偺們再談罷、我現在要告辭了、　老兄何妨多坐一會兒呢、　我是今兒個還要拜客去哪、　那麼等過了覆試我再到府上請安去罷、　不敢當老弟留步罷、　偺們改日再會、

第十三章

今日我到府上來、是有奉懇兄台的事情、　豈敢、老弟有何見教、　是、因爲有我們一個敝鄉親、由四川運來有十數箱川土、托我給他辦這上稅的事情、我也是一概茫然、所以特來奉懇兄台代爲辦理、　大概貨物得幾時到呢、　大約後日可以到京、　此事容易辦、　兄台可以托誰給辦呢、　你

們這位貴鄉親、現在到京了麼、　他是昨兒晚上到的京、打算把這上稅的事情安置好了、他再出城迎貨去、　是、我今兒可以出城託好了稅務司的經承、叫他派兩個人、後日一清早、到您的寓所去、跟着您那位貴鄉親、一同出城迎貨、然後叫那倆人押着貨車到務、囑咐貴鄉親、可以先期開一清單交給我、是日由我呈請查驗、趕查驗之後、就可以先打印子放行、等科房把稅銀算清、告訴我說、我再和貴鄉親要出來、給稅務司送去、不過得給底下當差的些個飯錢就是了、

我們那個敝鄉親、倒不怕多花幾個錢、只要保其平安、就是造化、如今聽您說的這個辦法、是妥當極了、　請貴鄉親

竟管放心、此事既是我承辦、我管保萬無一失、您不知道、我們那個徽鄉親、現在是驚弓之鳥、怎麼、他前年運來十箱子川土、趕到了彰儀門的時候、城關了、他就住在一個店裏頭了、趕車的趕車上把烟土卸下來了、被巡役看見了、報他私卸貨物、因此罰了若許銀兩、所以此次他是膽戰心寒、故此纔託我預先安置、您告訴他萬安、决不能有差錯、那麼實在承您費心了、我明日在寓所候您的佳音就是了、就是就是、

第十四章

前次承兄台枉顧、今日特來謝步、豈敢、老兄實在多禮、

那兒的話呢、這是該當的、　老兄這一向官差如何、　這幾日稍微的漸消停一點兒、　老兄是能者多勞、　承過獎了、不過以勤補拙就是了、　老兄太謙了、　今日兄弟來、打算初五奉請兄台、在同慶堂一聚會、求老兄千萬賞臉別推辭、　兄台何必如此費心、偺們一見如故、似無須拘此形跡、　這不過是兄弟一點兒誠心、聊盡地主之情、况且同座幾位、都是偺們道義中人、又是和兄弟至好、大家不過聚在一處談一談就是了、　既蒙老兄抬愛、我就遵命了、　豈敢、這是兄台賞臉賜光了、那麼明日我備帖過來就是了、　偺們今日既當面說明白了、老兄就不必送帖來了、不過請告訴我時辰就得了、　那麼我就就從命不送帖來了、偺們初五午初、在同慶堂會面就是了、　我屆時必要早到的、　那好極了、　還有一件事、我要奉懇老兄替我爲力、　兄台有何事吩咐、　因爲我這是初次到京、舉目無親、現在要投供、無處找互結官、老兄若有素識投供的朋友、求給我找一位互結官纔好、　此事甚巧、現在有一位朋友是舉人、他運今年會試、算是已過三科了、正打算要投供候選了、你們二位互具保結、倒是很好、偺們初五這約、就有此公在座、那個時候便可當面商議、　這實在是萬分凑巧了、此事全仗老兄爲力了、　豈敢、該當効勞的、我也要告辭回去了、偺們初五見就是

了、　老兄回去了、　再見再見、

第十五章

你們二位見一見、這是朱筱園、這是黃毅臣、　久仰久仰、
彼此彼此、　老兄請坐、　請坐請坐、　我常聽見這位李芝
軒老兄提閣下學問淵博、實在仰慕得很、今日一見眞是有
緣有緣、　豈敢、兄弟是才疎學淺、承芝軒兄台謬獎、實在是
慚愧的了不得、　老兄太謙了、請問老兄是由幾時丁的憂、
是由今年春間、　老伯大人在的時候、都是榮任過甚麼
地方、　先父是由翰林轉御史、後來陞給事中、然後京察一
等、簡放廣東督糧道、去年升任河南藩司、今年春天二月初

五、在河南藩司任內出的缺、 老伯大人今年高壽了、今年六十六歲、 實在可惜可惜、 伯母大人今年高壽了、家母今年整六十、 身體倒還康健、 是託福倒很健壯、閣下是在翰林院供職麼、 是兄弟是癸未科僥倖之後入翰林當庶常去年散館授職編修、今年春間丁憂就回籍守制來了、 貴昆仲幾位、 我還有一個兄弟、就是我們兩個、令弟原先榮任過甚麼地方、 他沒當差、他是壬午副榜、先父在的時候、他隨侍任所、現在是在家裏念書、 是兄弟這是初次到貴處、一切未諳、諸事總是求老兄指教、 豈敢、老兄從先是在何處遊幕、 前年曾就易州衙門刑席去年冬間、舊居停因衆去任、兄弟脫館、就回家去了、趕到今年夏間、我們這位朋友選授此缺、執意邀兄弟同來、誼不容辭、所以就一同來了、　我們這位老父台是由甚麼出身、　他是由舉人國史館議叙、　是我現在要告辭回去改日再來領教、　豈敢老兄回府、先替我給伯母大人請安、兄弟改日親身到府上請安去、　不敢當、兄台留步別送、　請了請了、

第十六章

前次我是聽見孔竹菴兄、提老兄大名、不敢造次晉謁、託孔兄代爲先容、今日特意到府上來請安、　豈敢、勞兄台的駕、我也是久仰大名、只因家事煩雜、還沒得過去拜訪、今日一

見、深慰下懷、我這是初到貴處、人地生疎、諸事仰仗兄台指教、豈敢、有甚麼事、兄弟是必當効勞的、請問老兄是幾時到的敝處、我到此、不過兩個月、我聽見孔兄說、老兄現在是辦理本處釐捐局的事務、是我到省裏稟見撫台之後、奉委幫辦本處釐捐事務、老兄在省裏住了有多少日子、住了不過一個月、老兄可以幾時補缺呢、補缺大概還得過三年罷、貴班次的還有幾位候補的、連我還有五個人、老兄名次在第幾呢、我的名次是在第四、是了、兄台是幾時起服呢、後年正月起服、現在老兄、是在崇正書院主講麼、是因爲是敝處紳衿公舉兄弟

在書院主講、其實自愧無才、徒負虛名而已、　那兒的話呢、
前次兄弟曾託孔兄來面求老兄一件事、今日我斗胆特
來奉懇、　不是爲令弟的那件事情啊、　不錯、就是那件事、
我是因爲才疎學淺、恐怕躭悞令弟的科名、不敢率允、
老兄太謙了、若是舍弟拜在老兄門下、得親大教、學業日新、
何幸如之、　老兄既然願意令弟問道於盲、那麼我就勉強
從命了、　兄台既然允許了、我就感激非淺了、等着擇吉、我
帶舍弟來拜師就是了、　不敢當、不敢當、　令弟是幾時進
的學、　他是前年進的學、我怕是他在家裏荒疎學業、所以
我把他帶出來、投一位名師肄業、以圖上進、如今得蒙老兄

陶鎔、將來舍弟成名、舉家感戴、沒齒不忘也、 豈敢豈敢、那麼等老兄定妥日子、我和令弟會面就是了、 等我擇定日期、先託孔兄過來、知會老兄罷、 就是就是、

第十七章

兄台這一向少見、是有甚麼貴幹去了麼、 是同着幾位朋友到西山遊玩去了、 去了有多少日子呢、 在山上住了有十天、 住了十天、可逛足了罷、 遊玩的地方倒不多、在兒竟住了好幾天、 在那兒住着、幹甚麼來着、 我們這幾個人、是在西山上一座關帝廟裏、立了一個詩會、 這雅的狠、哪都是每月逢幾開會呢、 每月初一至初五、十一至十

五、二十一至二十五、這都是作會的日子、　這麼說、一會是五天、一個月共是十五天、　不錯、每月是十五天、　這每月作會的日子狠多呀、共總有幾位朋友呢、　偺們京裏的連我是五個人、還有那本地的兩位朋友、共總七個人、　那麼你們這五位、作會的日子、得在那兒下榻罷、　是、我們每逢作會的日子、頭一天去、趕過了作會就回來、　在山裏頭、是住在那兒呢、　就住在那本廟裏、　那麼飯食是怎麼辦呢、　我們是由京裏帶一個厨子去、吃的東西也是由京裏買了帶了去、酒和肉、彼處有一個小鎮店、還可以買、　既是如此、我也願意入這個詩會、　若是得兄台去、與這個會更增光了、承過獎了、我是不長於做詩、不過去給衆位研墨就是了、兄台太謙了、還有飯食這一層、我也是一律均攤、我纔肯去哪、那一層兄台倒無須介意、都在兄弟身上就是了、若是不說明白了、那我決不敢從命的、既然如此偺們就同席吃飯、各自會錢就是了、如此我便可以去、可是誰是會首呢、我們這麼商量的、大家輪流着當會首、這麼辦倒是狠好、那麼二十一早我來約上兄台偺們一齊動身就是了、是就這麼辦罷、

第十八章

閣下是貴國那一縣、我是敝國長崎縣的人、那麼離敝

國甚近哪、 不錯、離貴國很近、 閣下到敝國來、有幾年了、我到貴國有三年了、 閣下在敝國三年、官話能說得這麼好、實在是聰明絕頂、佩服佩服、 承閣下過獎了、我這不過粗知大概、那兒就能說到會呢、 閣下的口音、與敝國人的口音、毫無差別、不是我當面奉承、像閣下這樣聰明的人、實在是罕見的、 那兒的話呢、 閣下在此、是當甚麼差呢、我現在是在此當繙譯官、 這好極了、偺們這兩下裏、時常有會辦的事件、若是有我不知道的、還要求閣下多指教、豈敢豈敢、我這是初次當差、一切未諳、諸事還要請教閣下哪、 不敢當、偺們倒是常常的互相討論、彼此都可以有進益、不錯、閣下所論甚是、請問閣下、是由甚麼出身、我是由舉人揀發到此、閣下揀發到此、有幾年了、我到此不過纔一年多、閣下貴處是甚麼地方、敝處是湖北江夏縣、寶眷也在此麼、我沒攜眷來因爲家母年邁、不耐舟車之苦、故不能往來、就是我隻身在此、是我到此聽見我們領事官說、閣下在此、與各國官員同來交際、均甚水乳、實在令人欽佩、那兒的話呢、我本不甚熟諳洋情、蒙上憲委派到此、幫辦交涉事件、不過以實心行實事、總望兩無猜疑、推誠相信、彼此自可融洽、這就是我的本意、閣下常存此意、自然辦理妥當、我今日還要到別處拜客去、等底下我再到貴寓來、面領大教、倘閣下得暇時、請到敝館談一談去、是、既蒙閣下不棄嫌、過一天、必要到貴館望看去、　豈敢、那麼我在敝館、恭候大駕就是了、　不敢當、閣下乘上走罷、閣下留步罷、磕頭磕頭、　再見再見、

第十九章

今日我到府上來、是有一件事、奉懇老弟替我爲力、　兄台是有何吩咐、　是因爲我們舍親顧子恒、去年春天、借用令友秦寶臣一項銀子、新近秦寶臣索取此欵、倆人言語不合、就吵鬧起來了、現在我聽見說、秦寶臣要和舍親搆訟、我因爲知道老弟和秦寶臣是莫逆之交、所以特來求老弟出頭、

給他們說合說合、　兄台知道、當初令親借銀子的時候、有中人沒有、　我知道、有一個中人、名字叫高五、去年冬天已經去世了、　令親借用秦寶臣、是多少兩銀子、有利錢沒有呢、　舍親借的是二百兩銀子、言明是分半利錢、立了一張借字兒、寫的是二年歸還、到現在纔一年半、前倆月秦寶臣告訴舍親說、他要置房子、等這項銀子用、他也不接利錢、要停利歸本、我們舍親說、一時不能歸本、秦寶臣叫我們舍親盡力湊辦就是了、然後也就散了、新近秦寶臣、又到舍親家裏去、要立刻歸本、舍親說、一時實難湊辦、總得再緩幾個月、纔能如數歸還啊、現在還是照舊按月給利錢就是了、秦寶臣不依、定要歸本、不要利錢、因此倆人言語不合、就吵鬧起來了、現在我聽見說、秦寶臣要打官司、在舍親因爲沒到約期、不能歸本、況且又不拖欠利錢、就是打了官司、也不算沒理的事、不過是他有官差在身、若是一打官司、便要誤差的、所以我打算奉求老弟、給他們出來說合說合、叫他們兩下裏平安沒事、那不好麼、　您打算叫我出頭、怎麼說合呢、求老弟見秦寶臣、和他說一說、過兩個月、一準給他歸本就是了、現在還是按月給他利錢、倘屆期舍親不能歸本、都有我一面承管了、　既是如此、我明日就見寶臣和他說去就是了、　勞老弟的駕、等事完之後、我再帶舍親給老弟道乏

來、豈敢豈敢、

第二十章

今日我們倆人是專誠來拜望閣下、勞二位的駕、請坐請坐、閣下請坐、你們二位怎麼稱呼、我姓島、他姓井、住是幾時到的此處、我們是昨日到的、住在那兒了、住在這東關德元店裏頭了、閣下在敝國有幾年了、我在貴國有四年了、這位在敝國有幾年了、他來了不過纔半年、通曉敝國的語言麼、他不通曉、還沒學話哪、你們二位是到此處游歷來了、還是有公事呢、沒有公事、不過到此來游歷、閣下是貴國甚麼地方的人、我是敝國大坂府的人、　此公和閣下也是同鄉麼、　他和我不是同鄉、他是橫濱人、　請問閣下、貴同鄉有一位姓福的、他原先在上海當繙譯官、閣下認識不認識、　是認識他和我們還是老世交了、　現在福公在貴國、是當甚麼差使呢、　他現時沒在敝國、他自從由貴國回去之後、就奉命到英國去了、　那就是了、　閣下和福繙譯相好麼、　是我們倆人至好、　閣下和他是在那兒認識的呢、　原先我在上海當委員的時候、我們倆認識的、結爲文字之交、最相契厚、赶後來福繙譯回國去了、他到了長崎的時候、還給我來過一封信了、後來因爲我奉委到直隸來了、從此就踪跡渺茫了、如今聽閣下說纔知道他奉命到英國去了、我這兩天修一封信交給閣下、遇便求您給他帶到英國去、　可以的、我們還得在此住幾天了、閣下可以隨便寫得了、遣人送到店裏交給我帶去就是了、　我這兩天還要到貴寓回拜你們二位去哪、　那我們實在不敢當、閣下公務甚忙、況且閣下既然是和福繙譯相好、偺們這更親近一層了、似不必拘此形跡、　那是該當的、　我們現在要告辭回去了、　勞二位的駕、　那兒的話呢、閣下留步別送、　那麼我就從命、不遠送了、　豈敢改日再會、

在清國北京
大日本國公使館
長崎縣士族
吳啟太
東京府士族
鄭永邦
仝編著
長崎縣平民
東京下谷區西黑門町貳番地
鄭永寧邸內寄留
楊龍太郎
出版

官話指南

官話指南

《改良民國官話指南》

内田慶市 藏

北京郎秀川重訂

北京郎秀川重訂

改良民國官話指南

後附釋義

李遜㘽署

改良民國官話指南

目錄

改良民國官話指南第一卷

北京郎秀川重訂

應對須知

第一節　您納貴姓。　敝姓吳。　請教台甫。　草字資靜。　貴昆仲幾位。　我們弟兄三個。　貴處是那一省。　敝處河南省城。　府上在城裏住麼。　是在城裏住。　久仰得很。沒會過。　失敬得很。

第二節　先生今年高壽。　我虛度六十歲了。　好福氣。　很康健。鬚髮並不很白。　托福我鬚髮已經也半白了。　我今年纔五十歲鬚髮已經白了多一半兒了。

第三節　尊姓大名。　我敝姓張。賤名叫守先。　尊行排幾。　我居長。　貴甲子。　我還小哪。今年二十四歲。　恭喜在哪兒。　我在通州做買賣。我和你令叔相好。故此特來請安。　不敢當。請問寶號。　小號信昌。

第四節　久違久違。實在渴想得很。今兒早起聽見老兄到了。特過來拜訪。　不敢當。勞您駕。我本要到府上請安去。就因為昨天晚上纔到的。行李各件。

還沒拾掇好。那箱子也還沒打開。　身上的衣服都沒換哪。恕兄弟明天再過去謝步。　不敢當。

第五節　少見少見。我這幾天沒見着你。很想你。莫不是又病了麼。可不是麼。我那天看你病纔好。臉上氣色還沒復元兒哪。怕是你出到外邊兒去。又重落了。　我這回是着點兒涼。覺着頭疼。渾身酸痛。那總得請大夫。好好兒治一治就得了。

第六節　這個人實在靠不住。說話竟是雲山霧照的。　您想和他要準兒。那算是白用心了。您還不知道他那脾氣嗎。一味的愛說大話。胡吹混嗙。您要是信他的話。那就難免要上檔了。

第七節　您這一向貴恙都好了麼。　托福都好了。可是咳嗽纔輕省一點兒這回您病的日子久了。雖然都好了。還得請大夫吃幾劑補藥。安心調養纔好哪。　是承您關照。謝謝。

第八節　你在這兒可以隨便。不要拘禮。　我蒙您的抬愛。已經不拘禮了。

照這麼樣就好。我以後有事纔可以敢勞動你。您肯叫我做事。那就是賞
我臉了。

第九節　昨天蒙你賞我的那茶葉。味道很好。謝謝謝謝。豈敢。我這回到崇
安去。就到了武彝山。逛了兩天。不過買了一點兒茶葉。送了去的不多。不成
敬意的很。言重言重。朋友交情。要緊是在情意。不在東西。

第十節　你上那兒去。我想上張老師那兒拜客去。那麼我求你替我問
張兄好。說我很想他。有閒空兒請他來坐坐。前幾天我去的時候他也托
我問您好來着。因為他夫人有一點兒欠安。所以他總沒能出門。

第十一節　凡人說話總要誠實。那是一定的理。若是有撒謊騙人的事。叫
人看破了。自己也丟臉。你所論的。正合我的心了。

第十二節　這件東西你看是真的是假的。我看是假的。我也看是這麼
着。就因為分辨不出來。不敢說。是你沒細看。這刻的也粗。顏色也不光潤。

第十三節　我們倆如今都閒着。可作甚麼好呢。你看有甚麼可做的。我看

實在難的很。若説做生意。你我又没有本錢。若説做夥計。又没手藝。照你這麽説。偺們倆豈不餓死了麽。究竟上天不生無祿的人。等慢慢再打算就是了。

第十四節　我想到那兒逛逛。就是我一個人。又懶怠去。　我也想去逛逛。因為没有伴兒。不高興。既是這麽着。偺們倆一同去好不好。　您肯一塊兒搭伴兒去。與我也很方便了。

第十五節　您納説話。聲音太小。人好些個聽不清楚。　我的聲音。生來不能大。對人説話又不敢大聲嚷。所以顯着聲兒小。　凡人説話。嗓子要緊。若嗓子好。自然響亮。字音清楚。自然没含糊。

第十六節　我剛纔隔着槅扇。和他説話。你聽見了麽。　我没聽見。近來我的耳朶有點兒聾。　不管怎麽樣。我求你千萬别把這個事。給洩漏了。這是一件機密的事情。　既是這麽着。我不説。總不至於壞事了罷。

第十七節　你懂得中國話麽。　略會一點兒。那厦門的話。別處不甚懂。　中國話本難懂。各處有各處的鄉談。就是官話通行。 我聽見人說官話還分南北音哪 官話南北腔調兒不同。字音也差不多。

第十八節 老沒見了。您納還認得我麼。 瞧着好面善。不記得在那兒會過。失敬得很。不敢冒昧稱呼。 偺們倆前年在張二家一個桌子上喝酒。您怎麼忘了麼。 提起來我認得了。您是何二哥麼。

第十九節 您納、這一向好。我有件事託你辦辦。 甚麼事請說罷。 我記得前天新聞紙上記載有一位會寫字畫的姓祝。實在羨慕得很。聽說你認得他。所以懇求閣下。代為介紹。 那容易。我總要給您効勞的。您放心罷。交給我了。

第二十節 所有偺們逛過的。這些個名勝地方。就是我們今兒晌午到的那座山。上景致好的很。 是我最喜歡那半山亭外兩三里的竹徑。 頂好是打那竹徑轉過灣兒去。在那塊大石頭上坐着。聽那水聲兒。真叫人萬慮皆空。

第二十一節　你昨兒去遊湖回來早啊是晚哪。　回來有四更天了。　想昨兒晚上月亮很好湖上風景一定是更好看了。　夜景比白天還好。足有加倍的好看。

第二十二節　這個廟很大　大的很在這兒算是第一個大廟。後頭還有一座寶塔。高的很　好上去麼。　有一層的塔梯如今拿開了。不好上去了。　那梯子為甚麼拿開了。　因為人多。上去竟混蹧蹋。

第二十三節　昨兒前半夜。月亮很好。我躺在炕上。看窗戶上的月光。捨不得睡了。　可是趕到了夜深了。忽然颳起一陣風來。黑雲彩在滿天上直飛。打的霹雷很利害。　那巧了是在我睡着了之後罷。我可知道昨兒晚上下雨來着。

第廿四節　這時候正晌午。太陽很毒。暑氣很利害。怎麼好出門呢。　無奈我有要緊的事。沒法子得出門。　就是有要緊的事。也要待一會兒。等太陽斜過去。涼快些。個再出門去罷　也好。

第廿五節　早起天纔亮。我起來出去走動。看見瓦上的霜。厚的很　原來昨兒夜裏有大霜怪不得我睡到五更天醒了。覺着冷的很可就嫌棉被窩太薄了。

第廿六節　夜深了。想這時侯有三點鐘了。　我剛纔聽見自鳴鐘噹噹的打了兩下兒似的。　那架鐘怕不準罷。看看我那個表。這個表走到三點鐘了。到底鐘還是慢點兒

第廿七節　你看四季的時侯。那一季兒好。　四季兒各有好處。　你喜歡那季兒這個不用問。誰不是頂喜歡的春暖花香。誰不怕夏熱秋凉。最怕的是冬天太冷。　我喜歡春秋兩季

第廿八節　聽說你上學堂念書。在那兒啊。　學堂就在這拐彎兒。那門口有牌子挂着。　校長是那一位。　校長是姓金的。　同窗朋友有多少。　不多。

第廿九節　你看過史記麼。　沒看過。　讀書人不可不看史記看過史記纔知道歷代的興敗人物的好歹哪。　學的是甚麼字。　學的是王右軍的字

帖。 那好極了。

第三十節 你的師傅教法好不好。 很好。講書極細心。寫字的筆畫很講究。改策論很用心。不埋没我們的一點兒好處。品行端正。規矩嚴緊。 這樣的好師傅你肯用心。還怕學問有不進益的麼。

第三十一節 和尚。 阿彌陀佛。 大和尚在山上了麼。 大和尚昨兒下山去了。 請問你的法名。 僧人名字叫了空。 俗家怎麼稱呼。 俗家姓顧。 你這一塊地很大。並没人作田園。豈不可惜麼。 這一塊地不中用了。土是鹻的。種甚麼都不長。

第三十二節 今兒個是令尊的千秋。我特意來拜壽。預備一點兒薄禮。請您賞收。千萬别推辭。還請您帶我去見一見令尊。當面致賀。 不敢當。實在勞駕。費心了。

第三十三節 嗐。這孩子實在没出息。整天家遊手好閒。不做點兒正經事。他老子娘也不管他麼。 這麼由着他的性兒鬧。多偺是個了手啊。 依我説。不如把他活活兒的理了。就完了。

第三十四節　無論作甚麼事情。都要努力向前。不可自己哄自己。纔能彀往上巴結哪　雖是那麼説。我的差使不悞就是了。我不能像別人有縫兒就鑽。一味的卑鄙無恥。我是來不及的。

第三十五節　作好官的。百姓一定喜歡。不會作官的。百姓必要上控的。好歹總在乎自己。　這還用説麼。人操守好。再明白公事。那一定保得住。若是才幹平常的。又愛要錢。那就快回家抱孩子去了。

第三十六節　如今作京官的老前輩們。都好也都有本事。認真辦事。所以這些外官。也都學得好了。　甚麼事都得有個榜樣兒。上行下效。在上的不要錢。在下的還敢貪贓嗎。

第三十七節　他來過幾回。我總沒大理他。他還涎皮賴臉的。儘自來。實在是不知好歹的一塊死肉。他這人本來沒眼神兒。説話又不知輕重。那兒算是人呢。你老不理他。他自然的就不來了。

第三十八節　那個姑娘。剛纔起這兒過。也不知是誰家的。長得很標緻。又穩重。明兒給我們舍親作個媒這個姑娘真不錯。　我認得是那邊兒張老二跟前的。若給你們令親。說倒也配得過。

第三十九節　這個孩子有出息兒。又能熬夜。又能作活。有耐心煩兒。靠得住。怎麼不叫人疼呢。　你是那麼說。我瞧他很懶。一黑就睡。俗語兒說的。馬尾兒穿豆腐。提不起來了。實在叫人生氣。

第四十節　素日受您的栽培。我本就感激不盡。現在為這件事。又承您抬愛。像這麼疼我。怎麼補報您的情呢。　那兒的話呢。我這不過効點兒勞。你倒不必這麼多心。

第四十一節　牙沒了。甚麼都嚼不動了。燉的爛爛兒的纔好哪。別弄的那麼挺梆硬的不能吃。　我的牙比你的強。不論甚麼硬的脆的都能吃。連瓜子兒還能嗑哪。

第四十二節　我請教你這件事。應當怎麼辦。我心裡想着。他若是一定不依。

我就給他實端出來怎麼樣　我告訴你你的性子太耿直。也得隨些兒和兒纔好。凡事也不可太刻薄。人家既肯認不是。也就罷了。何苦老沒完呢

第四十三節　這個貓怎麼總不管閒事。滿地的耗子。他也不拿。明兒個不用餧他就好了。　這耗子真鬧的兇。吵的睡不着覺。東西也咬了個稀爛。這可怎麼好。

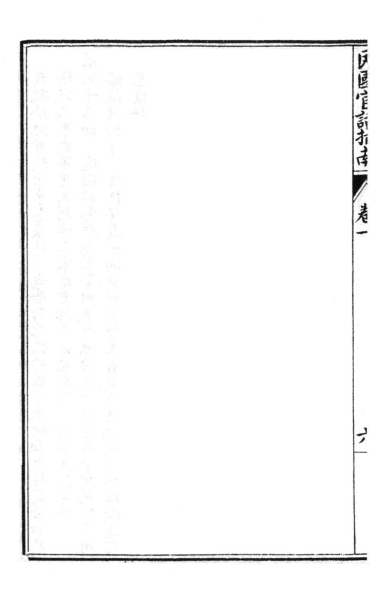

改良民國官話指南第二卷　　北京郎秀川重訂

官商吐囑第一章　租房

您貴姓。豈敢敝姓王。府上在那兒住。舍下在東單牌樓總布胡同。您在那衙門行走。我是在陸軍部供職。您到舍下來是有甚麼事情麼。是我來是和您打聽一件事情。是我聽見說您這西院裡那處房要出租是真的麼。不錯是真的。怎麼您要租麼。是我打算要租。您來遲了。那個房子我已經租出去了。您租給誰了。我租給我們一個親戚了。那就是了。那麼您別處還有房麼。我別處沒房了。我有個朋友他有一處房要出租。在甚麼地方。在這北邊兒安福胡同。有多少間房子。有三十多間房子。三十多間房子太多。我住不了那麼些個。您若是住不了那麼些間您可以都租下。除了您自己住多少間下剩多少間您可以轉租給別人住。那麼我就是包租了。不錯您包租。我包租我又怕一時租不出去。我每月得如數給房東房錢。我想那層倒沒甚麼可慮的。脚下房子往外租着很容易。那麼我租妥之後。除了我住多少間。下餘多少間。還要求您替我招租。　那好辦赶您租妥之後。您可以告訴我說。您是勻出多少間來出租。我可以替您找住房的。　那麼着很好了。可是您知道一月是多少房錢麼。　我那個朋友告訴過我。每月是七十吊錢的房錢。　七十吊錢的房錢太多。　您聽着這房錢彷彿是太多。您不知那房子可是頂好。院子又大。地勢又好。離大街也近。買東西也很方便。而且對面就是警察。絶沒有鬧賊的事。　那麼我租那房子還有茶錢麼。　那茶錢自然是有的。　怎麼我起您手裡租房還得給茶錢呢。　雖然您是起我手裡租房。沒有別的中人。到底這茶錢您也是得給。我告訴明白您納您給的這茶錢。並不是我落也不是我那個朋友得。是給我的那個朋友的使喚人們大家分的。　那麼是幾分兒茶錢呢。　就是一茶一房。　那就是了。那麼我還得有舖保罷。　舖保自然是得有的。您找得出舖保來麼。　是我找得出舖保來。　您都是有甚麼舖保。　要甚麼舖保有甚麼舖保。　那就行了。您打算多喒瞧那房子去。　我打算過一兩天我來同您看看去。　那麼偺們一兩天準見。是一兩天準見。

第二章　販貨

您貴姓。豈敢敝姓李。未領教您納。　我敝姓趙。　貴處是甚麼地方。　敝處張家口。　到京來有甚麼貴幹。　我是賣貨來了。　您販來的是甚麼貨物。　我販來的是皮貨。　您在那兒住着那。　我在城外頭店裡住着那。　在那個店裏住着那。　在西河沿大成店裏住着那。　今年皮貨的行情怎麼樣。　今年皮貨的行情。還算是平和。　我聽見說前幾年皮貨的行情很大。　不錯。前幾年皮貨的行市大的很了。　是怎麼個緣故呢。　總是因為貨短的緣故　您現在帶來的貨。都賣完了麼。　還沒都賣完了。　您賣完了皮貨。是帶回銀子去呀。還是販貨回去呢。　是販貨回去。　都是販回甚麼貨物去呢。　竟是洋廣雜貨。　您在張家口是有舖子麼。　是有舖子　寶字號　小號益泰。　您向來往回裏帶貨。都是買誰家的貨呀。　那也倒不一定。誰家的貨合式。我就買誰家的。　既是這麼着。我現在有個朋友。他在哈達門外頭。新開了個洋廣雜貨棧。他都是自己起廣東置來的貨。價值比別的棧裏全便宜。您後來買甚麼貨。可以到他那棧裏買去。 令友那個棧房寶字號是甚麼。 字號是德發。 那麼底下我到那棧裏買貨去。我提您就得了。 是等底下我也可以同您去一盪。 那更好了。我請問您納。您當初也做過買賣麼。 是做過買賣。您都是做過甚麼買賣。 我開過藥棧。 是在城外頭麼。 不錯是在城外頭。 現在那個藥棧還開着了麼。 沒有。關了有七八年了。 那麼您現在有甚麼貴幹呢。 我現在是行醫。 您行醫是竟瞧門脉呀。是還出馬呢。 早起瞧門脉。晌午出馬。 您行醫總比做買賣强啊。 也倒沒甚麼別的强的。不過是不像做買賣那麼累心就是了。 您府上在那兒住。 舍下是在東四牌樓報房胡同住。 等改天我到府上望看您去。 豈敢。我過兩天還要到店裏望看您去哪。 不敢當。您沒事的時候。可以到店裏去。偺們談一談。 是那麼偺們改天見

第三章 辭行

老弟是起家裏來麼。 嗻是起家裡來。 老弟還沒定規日子起身哪。 也就

是這三五天就起身了。今兒個是特意來見兄台辭行。　這實在多禮了。老弟這盪是連家眷都去麼。　可不是麼。打算連家眷都去。　是和人搭幫走啊還是自己單走呢。　是和人搭幫走。　搭幫走的那位。也是作官的麼。　是作官的。他是新委的縣知事。　像您這到省之後。見過巡按使。就可以上任去罷。　是到省之後。大概就可以上任去了。　您委的這個缺。是煩缺麼。　不是煩缺。是簡缺。　現在署您這個缺的。那位姓甚麼。　是一位姓周的。　是法政學堂畢業生。　也是初次纔做官。這等我到任之後。他就交卸回省。另候差委。　那麼老弟這幾天總在家罷。　是這兩天總在家。　我這兩天還要到府上給老弟送行去哪。　不敢當。我也要回去了。　您回去了。到家裏都替我請安問好罷。　是回去都替您說。

第四章　打架

老弟我聽見說。前幾天晚上。有幾個人。到東街上一個銀號裏搶去了。是有這麼件事麼。　不是搶銀號去了。是和銀號打架來着。　是為甚麼打架呀。　是因為有一個無賴子。撿了一張銀票到銀號裏取銀子去了。銀號裏人說這是一張失票。已經有人掛了失票了。你等一等我們把那個丟銀票的那個人找來。你們兩人當面一說。他也不能白了。你總得謝和你幾兩銀子。那個無賴子不答應。說是這張銀票是我自己的。我就知道拿銀票來取銀子。你們說是別人丟的銀票。那都不與我相干。我通不管那些個。你們就是給我銀子。沒別的話。銀號裏不肯給他銀子。這麼着。他要把那張原銀票拿回去。銀號裏把那張銀票也扣下了。不肯給他。這麼着他就走了。趕到晚上。那個無賴子又約了四個無賴子到銀號裏打架去了。趕他們到了銀號。就這麼一罵。把柜上的一個夥計。他揪出來給打了。把欄櫃上擱着的算盤也給摔了。這個工夫兒。警察聽見說了。當是搶了銀號的了。就帶巡士去把他們五個人都拿了去了。送了官了。後來查明白了。他們是打架的。就把他們五個人。都枷號在東街上了。半個月之後。纔能放他們了。

第五章　賣琺藍

院子裏坐着的那個拿着包袱的人。是幹甚麼的。他是個賣琺藍的。你認得他麼。我不認得他。你不認得他怎麼知道他是賣琺藍的呢。我剛纔問他來着。他說他是琺藍作的人。那麼他那包袱裏包着的就是藍貨麼。大概就是罷。那麼你出去把他叫進來。掌櫃的。你進來罷。你是賣琺藍的麼。是。你這包袱裏包着的。是甚麼藍貨呀。這是一對琺藍瓶。你打開包袱我看看。你看。這對瓶好不好。這對瓶太大。有比這對小一點兒的沒有了。我們局子裏有一對比這個小的。是作樣子的。不是賣的。你要買多大尺寸的。那都可以定燒。我白問一問。像這對瓶。得多少塊錢。這對瓶得一百多塊錢。你們有甚麼小物件沒有。你問的是甚麼小物件哪。就像甚麼小筆桶。小印色盒子。小爉燈。這些個小物樣。你說的這幾樣兒小物件。現在做着了。還沒燒得了。那麼得多喒就燒得了。過個四五天就可以燒得了。等這小物件燒得了。你可以拿幾樣兒來。再把你們局子裏那對瓶樣子拿來。我瞧瞧。若是合式。我可以照樣兒定燒一對。是。我過幾天給你拿來罷。你們局子在甚麼地方。我們局子在後門大街。寶字號。小號廣成。你們先頭裏也來這公館裏賣過東西麼。我們先頭裏沒來這公館裏賣過東西。這對瓶我嫌他太大你可以拿回去罷。是我失陪了你納。你回去了。

第六章　典田園

你們東家在家裏了麼。是在家裏了。你進去告訴你們東家就提我在後門住姓徐來見你們東家有話說。是。我們東家請你進來到書房裏坐。老弟久違。彼此彼此。這一向倒好啊。好啊你納。你倒好。托福。托福。老弟偺們這一向沒見是上甚麼地方去了。可不是麼。我是出了盪外。上甚麼地方去了。出口收租子去了。是了。大哥。我今兒個特意來和你商量一件事。是甚麼事情。我有個朋友。他在京西住家他有幾頃地。有一處果木園子。有一處菜園子。因為他現在等錢用。托我把他這地畝園子。給他典出去。所以我來問問你納。若是你願意典過來我可以給你辦辦。這個地畝現在是他自己種着哪。還是有佃戶種着呢。是他自己種着了。他打算典

多少銀子呢　他打算要典一千兩銀子。他若是打算典一千兩銀子。我怕是湊不出那麼些個來　那麼你可以湊得出多少來呢　若湊個六七百兩銀子。還可以行。　那層你等我回去。和他商量去罷。　可是他打算典多少年呢。　這層我也問他來着。他說是不用寫典多少年就寫錢到回贖就得了。　不寫典多少年總不大妥當。因為這幾年有人舉我做外任官。如不能辭我就得用這個銀子。所以總還是說明白了。典幾年纔好哪。　是那我還可以和他商量。你約摸你這外任。大概得做幾年那。　我約摸着大概得做五六年罷。　我想和他商量寫五六年他也沒甚麼不願意的。　還有那地契你都看見了麼。　我都看見了。是幾張紅契幾張白契。　兩張紅契兩張白契。　那麼你就回去。和他商量去罷。他若是願意。就這銀數兒辦願意寫五六年偺們就辦。

趕這事定妥的時候你還得先看看地去哪。　那層是這麼着。你若是肯出切寔的保。保這事決不錯的。那我就不必先看地去了。　這事是決不錯的。那我可以落切實的保。　既是這麼着。那我就憑你一句話了。趕偺們把事情都辦完了之後。我再同你到地裏看一看去就得了。

第七章　借銀

回稟你納大恒布鋪的徐掌櫃的來了。說是要見你有話說。你出去請進來。讓在客廳裏坐。　是我們東家請你到客廳裏坐哪　徐掌櫃的。你怎麼這麼閒在呀。　我是來找你說句話。　是你請坐。　你坐下。你這幾天没出門麼。没有。因為我這幾天有點兒不舒坦。所以没出去。　現在倒大好了。　是大好了。　我來找你是和你借一項銀子。　是用多少呢。　總得五百兩銀子。　是又買着甚麼俏貨了麼　不是是因為我倒過一個鋪子來。　倒過一個甚麼鋪子來呀。　倒過一個錢鋪來。　是幾間門面。　兩間門面。　在甚麼地方兒。在偺們這城外頭。八寶街路西裡。　原先是誰的鋪子　原先是一個南邊人的鋪子。　怎麼是關了之後。纔倒的麼　没關是因為那鋪子的東家。如今做了官了。他又没有弟兄本家可以照買賣。不能兼顧。所以得倒出去。　你是多少銀子倒過來的。　一千銀子倒價。　連傢俱都在其內麼。　是連傢俱一色在內。倒價都給完了麼。是都給完了。那麼你現在就是用銀子作買賣了。不錯。我手裏現在只有五百兩銀子不彀週轉的。還得有五百兩銀子纔行哪。是我可以借給你五百兩銀子就是了。費心費心。你可以作項怎麼個利息。這是甚麼話呢。偺們這樣兒的交情。你用這點兒銀子。還提甚麼利錢哪。你若是給利錢我就不借了。是了。那麼我從命了。豈敢。那個錢鋪原來是甚麼字號。原字號是德合。你倒過來還改字號麼。是改字號打算改甚麼字號呢。打算改裕成字號。你想好不好。這個字號很好。這錢行的買賣你也通達麼。那錢行的賣買我不通行。我們舍侄學的是錢行。我打算把他安置在那鋪子裏了事。這倒很妥當。打算多偺開市呀。總得下月初間纔能開市哪。等開市我過去給你道喜去。不敢當。我也要回去了。你忙甚麼了。再坐一坐兒罷。不咖了。我鋪子裏還有事哪。那項銀子。明天晚上我給你送到鋪子裏去罷。就是就是。你回去了。你請進去罷。

第八章 色工

回稟你納。劉木匠來了要見你。　叫他進來。　劉師傅。我們東家叫你進去哪。
先生你好啊。　好啊。你好啊。　好啊你納。　怎麼這程子我總沒見你呀。
我是回了一盪家。　幹甚麼回家去了。　回家收莊稼去了。　今年你們那兒
年成怎麼樣。　穀八成年哪。　你種着有多少畝地呀。　我種着有一頃多地。
今年打了有多少石糧食啊。　今年打了有一百石糧食。　你這回來應着甚麼
活了沒有。　還沒應着活了。　我今兒來見你是因為有一處活我要應。就是
沒有薦主。我打算求你給我舉薦舉薦。　你要應那兒的活呀。　西城江先生
那兒不是要蓋房子麼。我打算要應那個活。　我聽見說。江先生找了好幾個
人看過了。可不知道有人應妥了沒有。　不錯。我聽見說有三個人看過了。有
倆要了八千兩銀子。有一個要了七千五百兩銀子。江先生都不願意。所以都
還沒定規了。　那麼若是你包那個活。自然總比別人便宜點兒啊。　那是自
然的。我若是包那個活。不但比別人便宜幾百兩銀子。工程準還要堅固。一點
兒也不能含糊。　我給你說說那倒容易。可有一層。我聽見說江先生的意思。

打算說定規了之後。立合同的時候先給一半兒銀子。下剩那一半兒銀子。總得等完了活纔能給呢。你可以先墊辦的起麼。　是。我也知道是先領一半兒銀子。我也打算了。打算可以墊辦的了。因為我有個朋友開着個甎瓦窰用多少甎瓦。他都可以供。不用給現錢。赶完了活。再給錢很可以行。還有我的個小舅子。現在開着個木廠子。他存着的木料很多。我可以隨便用。也不用先給錢我領這一半兒銀子。不過是預備着買石頭買灰開發大家的工錢算了一算也不差甚麼彀了。　既是這麼樣。很好了。赶明天我就見江先生去。給你說說。那麼費先生的心罷。我多偺來聽先生的信哪。　你後兒來聽信罷。　是了。那麼我回去了。　你回去了。

第九章　分家

老弟是甚麼時候來的。　我先來過一盪了。聽見說你沒在家。這麼着我又上別處去了。這剛纔我回來。聽他們說你還沒回來了。所以我在這兒竟等着你回來哪。　那麼叫老弟受等　好說。你納。你是上那兒去了一盪。　我是出城去到莊稼地裏看了看。　現在的莊稼所都長起來了罷　是都長起來了。那麽今年秋收有望了。　按着脚下看。今年準可以豐收的。　你到莊稼地裏看見他們種地的做活了麽。　是我去的時候。他們正在地裏鋤地了。赶晌午的時候。他們就都回去吃晌飯去了。這麽着我就找了一棵大樹在樹底下凉快了半天。瞧了會子放牛放羊的赶凉快散了。我這纔趟達着回來了。　你倒真是會高樂的。　甚麽會高樂呀。不過是在家裏坐着。也是悶得慌。睡晌覺起來。也是不舒服。莫若出去趟達趟達倒好。　你這倒也是養身之法。　那兒的話呢。老弟今兒到舍下來。是有甚麽話說麽。大哥。我來是有件為難的事。要求你替我辦辦。　是甚麽事情。　是因為我兄弟現在忽然要分家。　你們家兄們素日不是很和睦麽。怎麽他忽然想起要分家來呢。　我也不知道是甚麽緣故。我想他大概是受了人的挑唆了。所以纔要和我分家。　莫非偺們這些親友裏頭。誰還能離間你們弟兄麽。　偺們這些親友裏頭。自然誰也不能挑唆他分家呀。我知道他近來交了幾個新朋友。都不是很好的人。我想必是他們挑唆的、那麽你來找我打算是怎麽個辦法呢　我來是因為我兄弟。素日和你對勁。我打算求你這幾天把他找到你家裏來。勸勸他總是能𠯆他不分家纔好哪。　我把他找來勸勸他那倒沒甚麽不行的。可有一層。我們倆平常雖然對勁、無奈令弟的那個左皮氣我也不敢保他準聽我的話倘或他不聽勸又該當怎麽辦呢。　他若實在不聽勸那沒法子只可由着他分家就是了。　若是他一定要分家。你打算是怎麽個分法呢。　我們的房產是兩處住房。兩處鋪面房。西城那處住房。和城外頭那處鋪面房那兩處的房契全都在外頭押着了。現在就是我們住着的這處房和我們鋪子那個房子這兩處的房契沒押我可以分給他這兩處房產就是了。其餘我們家裏的傢伙東西他愛甚麽。都可以拿了去。我決沒甚麽不願意的　你這麽辦是公道極了。親友們決不能有甚麽議論你的了。

第十章　訟田

老兄。怎麽這程子。我總沒見你哪。　我回家收莊稼去了。　今年收成的怎麽樣哪。 今年收成的還算好哪。 你種着有多少地呀。 我的地不多。纔一頃多地。 今年你打了有多少石糧食啊。 打了有一百多石糧食。 那麼今年你打的糧食比去年多。 是去年纔打了六十石糧食。今年比去年多打着有四十多石糧食了。 你去了白子不少了罷。 可不是麼。我去了有倆多月了。怎麼你這盪回家去了這麼些日子呢。 我是和人打了一塲官司。又賣了一回地。 你是和誰打官司來着。 是和們一個地隣打官司來着。 是為甚麼事情。 是因為我有十幾畝窪地。每年夏天一下大雨就淹了。所以這幾年我也没種。竟荒着了。我那個地緊挨着一個姓于的地畝。這幾年我不是没種那個地麼。可就叫那個姓于的零碎佔了有幾畝地去。我常在外頭。所以也不知道這個事。赶我這盪回去。聽見我們長工說。我就親自到地裏去一查。可不是叫他佔了我的地去了麼。這麼着我就找那個姓于的去問他這件事。他一定不認。我可就到衙門去。把他告下來了。 知縣查明白了。就叫他把佔去我的地。都給我退出來了。這麼着我就都把他賣出去了。 是了。像你每年打的這個糧食。都是留着自己吃啊。還是賣呢。　不是都留着自己吃。我們家裏。也就是留個三四十石糧食。下賸的都就賣了。　你的糧食。都是賣在甚麼地方啊。　離我們住的那個地方有幾里地。有個大鎮店。每五天一集。我們都是拿牲口馱上糧食。到那個鎮店上賣去。　到了鎮店上。是賣給糧食店哪。還是賣給客人呢。　都是賣給客人的時候多。　是你自己賣給客人麼。　不是。都是經紀給賣。　那經紀都是奉官的麼。　是奉官的。他們都得有官給的牙帖。纔能當經紀了。　賣糧食用的斛斗。那也都是官定的麼。　是。那都是官定的。　那麼那經紀挣的。都是甚麼錢呢。　那經紀就是得用錢。　那糧食的行情。是經紀定麼。　不是經紀定。　是誰定呢。　沒人定。大概是這麼着。若是這天糧食來的多。自然行市往下落。若是這天糧食來的少。自然行市往上長。這是一定的理。並不是有人先定出一個行市來。　是了。你這麼說我就明白了。

第十一章　色果園

老弟。我來是問你一件事情。　你是問甚麼事情。　你西山裏。不是有一處果木園子麼。　不錯。是有一處果木園子　是多少畝地的園子啊。　五十多畝地的園子。　每年你那園子是自己收果子賣呀。還是把樹包給別人呢。　前些年我都是自己收果子賣。這幾年我可是把樹包給別人。　你都是包給誰呢。　我都是包給海淀順義雜貨舖。　我今兒個來見你。是因為我有個相好的。他現時在西城開了一個乾果子舖。他再三的求我給他辦這包果子的事情。我知道你有果木園子。所以我來問問你。若是你願意過年把樹包給他。我可以給你們拉這縴。　他若是願意包。那也沒甚麼不行的。　他還呌我問問這包果子都是怎麼個規矩。　那麼你這個相好的。他是外行麼。　可不是麼。他本是外行。他這是頭一回作這果行的買賣。　那包果子也沒有多少規矩。就是結果子的時候。我同他到園子裏看一看。然後就商量包價是多少。趕說妥了。把銀子給了。這一年的果子就是他的了。　趕包妥之後。還得有個看果子的罷。　那是自然的。總得找一個人。黑下白日在園子裏看着纔行哪。　這個看園子的是偺們給他找啊。還是他自己找呢。那是隨他若是他託偺們給他找。偺們就給他找。若是他願意他自己找也使得。那看園子的人不至於偷果子賣呀。那是這麼着。若我給他找的人。那自然我得下保。若是有偷果子賣的事情。有我一面承管了。那看園子的每月就是給他工錢沒別的麼。是就是給他工錢。不過還有那搭窩棚用的席木板繩子。杆子。這些個東西都是包果子的給他買。趕後來拆窩棚的時候。可也是那包果子的。把這些個東西拿回去。那麼若是樹上掉下果子來。該當怎麼樣呢。若是平常掉下來的果子不多。那就在地下擱着。等包果子的多偺去了。告訴他就是了。若是偶然遭大風或是遭雹子掉下來的果子太多了。那個看園子的應當趕緊的去告訴那個包果子的。叫他好去收那掉下來的果子。是了。我回去就照着你所說的這話告訴我那相好的。等他有甚麼話。我再來見你罷。就這麼樣罷。

第十二章 修理鐘

劉二　喳。書房裏那架坐鐘不走了。你回頭到祥盛鐘表舖把許掌櫃的請來。給收拾收拾　是了。　辛苦衆位　你來了。你請坐　我們東家打發我來請許掌櫃的到宅裏。有一架坐鐘給收拾收拾。　你在那宅裏。　我在富宅裏。是棉花胡同富宅麽。　不錯。是棉花胡同富宅。　你貴姓。　我敝姓劉。未領教你納　我敝姓許。　啊。你就是許掌櫃的。你照應點兒罷　彼此彼此　你那宅裏還是那位姓朱的管事麽。　不是。換了人了。　換了那位了。　換了一位姓范的。　怎麽那位姓朱的擱下了麽。　可不是麽。散了。　是為甚麽散的。是因為病散的。　是得了甚麽病了。　他本來是個弱身子又吃烟今年他忽然一忌烟烟也沒斷成可就得了病了。一天比一天重。後來簡直的成了癆病了。甚麽都不能幹了。這麽着他就把事情辭了。回家養病去了。　是了。可是你知道是竟收拾鐘啊。是還收拾表呢。　我們東家就說是收拾鐘。可沒提還收拾表。到底據我想你把收拾表的傢伙帶上。萬一收拾表了也不定。　那麽偺們這就走罷。　掌櫃的。你先請在書房裏坐一坐。我進裏頭告訴我們東家去。

是了。許掌櫃的。這一向好哪。好哪。富先生倒好。好啊你納。買賣好啊。托你福。倒還好 現在打夜作了麽。是打夜作了。現在鋪子裏幾何夥計。 脚下是四個顆計。幾個徒弟。倆徒弟。都可以上案子做活了麽。有一個可以上案子做活了。那個是新來的。還不行哪。你見天也在鋪子裏做活麽。 我是不能整工夫在鋪子裏做活。總是在外頭辦事的時候多。脚下你那鋪子裏每月做多少錢的手工啊。 現在每月也就是做個四百來吊錢的手工。 四百多吊錢的手工也就算不少了。不過算可以的就是了。到底比上從先可差多了。先頭裏每月可以做多少錢的手工呢。早先每月。總做七百吊錢的手工。敢情先頭裏每月做這麽些手工哪。是那個時候每月總有這麽些個。今兒個我請你來給瞧瞧這架掛鐘是怎麽個緣故不走了。 我瞧瞧這個鐘。是索子折了。那麽得換一根新索子了罷。不用換新的了。我把這根索子拿到鋪子去釘上再拿回來安上就得了。那麽更好了。你請喝茶罷 你喝罷。 我請問你納。像你這買賣行。都是學幾年哪。我們敝行。都是學六年。　是還得寫個字據麽。　是。得寫一張字據。　這張字據是徒弟剛一上舖子就寫麽。　不是先得瞧一年。若是徒弟好纔寫字據哪。　那麽赶他學滿了之後。是還在本舖子裏耍手藝啊。是就上别處耍手藝去呢。　那都是隨他的便。若是他還願意在本館子裏耍手藝也是給他開出工錢來。按着顆計一個樣。若是他不願意在本舖子裏耍手藝願意上别處當顆計去也使得。　那就是了。還有上回我託你給買一個醒鐘。你給買了没有。　是。我在這城裏頭。各舖子裏都給你找了。没有。新近有我們一個同行的人下天津買貨去。我已經託他到洋行裏給你找一找。若是有。他回來的時候。就給你帶來了。　那寔在費心的很了。　那兒的話呢。我也該回去了。偺們改天見罷。　你回去了。累肯你納。　好說好說。

第十三章　打爉

老弟是解家裏來麽。　嗐。是解家裏來。　怎麽這幾天。我没見你呀。是幹甚麽來着。　我是出外打圍去了。　是同誰去的。　是同着我們一個街坊去的。

是上那兒打圍去了。 上東山打圍去了。 多喒回來的。 昨兒晚上回來了。 打了些個甚麼野牲口來。 打了些個野雞野猫還打了個野猪。 那麼你們這盪圍打的不錯呀。 不錯可是不錯。到底受的累也不輕。 受了甚麼累了。 我們倆人是一個人騎着一匹馬去的。赶到了離東山還有幾里地有個鎮店我們可就在那個鎮店上找了個店住下了。赶第二天我們就在店裏吃完了飯把那兩匹馬、寄放在店裏了。我們倆就揹着搶。趟達着上山去了。赶到了山上我們先是竟打了些個野雞野猫。赶天有平西的時候忽然跑來了個野猪。我們倆就拿搶一打。可就打死了。那個地方。又雇不出人來抬那個野猪。這麼着我們倆人就把那個野猪。拉回店裏去了。赶回來的時候我們就用一匹馬、馱着野猪。我們倆人。換替着騎那一匹馬。赶到了家就累的動不得了。你說受的這個累還輕麼。 你們雖然受了些個累到底還打着野牲口了。我們有個親戚前幾天打圍去了。不但沒打着甚麼倒把他一匹馬丟了。 怎麼打圍去。會把馬丟了呢。 他告訴我說也騎着一匹馬。上北山打圍去了。他把他的那匹馬就拴在山底下一棵樹上了。他就揹着槍上山找野牲口去了。他找了半天連一個野牲口也沒找着。這麼着他就下山來了。趕到了山底下一瞧。他的那匹馬沒了。這個工夫兒天忽然下起雪來了。他就頂着雪。各處找了會子。所沒有。這個時候天也就黑上來了。他就找了一個破廟。將就着住了一夜。趕到第二天早起。他就覺着身上很不舒服。他沒法子就扎掙着到衙門裏去報了官。那個官把他去馬的緣故。都問明白了。可就和他說。我這就派人到各處給你找馬去。若是這本地人偷了你的馬去。終久總找的着。若是過路的人。把你的馬偷了去了。那可就難找了。你先回家去就是了。這麼着他就雇了一匹驢回來了。到了家病更利害了。到如今還沒好了。你瞧他這運氣有多麼背呀。

第十四章　自盡

兄台你沒聽見說咱們那個朋友馮子園死了麼。　我沒聽見說呀。他是多偺死的。　今兒早起有人說。他是昨兒晚上死的。　你知道他為甚麼病死的麼我聽見説他不是好死的。是怎麼死的。説是吞烟死的。他為甚麼吞烟死了呢。我聽見説是這麼件事。他有一個朋友。是外鄉人。去年到京裏來有幾千兩銀子。交給他收着。那個人可就回家去了。赶到今年那個人又上京來了。可就和他要那幾千兩銀子。子園就不認了。這麼着那個人到衙門去就把他告下來了。赶官把子園傳到衙門去一問。子園説並没這麼件事。又説若是我存着他的銀子。必有個憑據。如今他一點兒憑據没有。這是他訛我了。這麼着官就問那個人有甚麼憑據没有。那個人説因為相好。當初没立憑據。官説你既没有憑據。意憑口説。我不能給你辦這個事。這麼着就散了。那個人起那麼一氣。可就回家去了。到了家不多幾天就吊死了。赶知縣去驗屍的時候。起死鬼套褲裏頭。翻出一張陰狀來。上頭寫的都是告子園的話。這麼着他聽見這個風聲不好。他一害怕就吞烟死了。你提這件事情。我想起來了。今年春天。我恍惚聽見人説他和人打官司來着。巧了就是為這件事。光景就是這件事罷。還有一件事。你管保不知道。在偺們没認得他之先。他已經就作過一件屈心的事了。作過一件甚麼屈心的事。他先頭裏不是開過一個錢鋪麼。不錯。他是開過一個錢鋪。他開錢鋪的時候有一個外省的人和他相好。就在他那鋪子裏借住。後來那個人得了重病了。臨死的時候可就和他說我那箱子裏有一千多兩銀子。咱們倆相好一場。我死之後所有我那銀子和東西都求你給我寄回家裏去。他當時就都答應了。赶那個人死之後。他就變了心了。他竟把東西給那個人寄回家去了。可就把那一千多兩銀子昧起來了。後來那個人家裏給他來信。問他死鬼留下銀子沒有。他就寫了一封回信。告訴人家說沒留下銀子。赶後來他忽然得了一場病。他在家裏養病的時候他鋪子裏有一個顆計。就偷了他幾百兩銀子跑了。赶他病好了。就把買賣也收了。你這都是聽誰說的。我這都是聽有在他鋪子裏學過買賣的一個徒弟說的。像他先頭裏既然做過一件屈心的事了。就該當悔改纔是的。怎麼後來又做這麼件屈心的事呢。到如今還是自己把自己的命要了。你不知道凡這宗沒良心的人。大概都是這麼着。若是一見錢。立刻就把天理報應全都忘在九霄雲外去了。他現在吞烟死了。這簡直的他是遭了報了。

第十五章　阻薦

老兄剛纔那個姓馬的進來。我你是説甚麼話來着。　他説他現在要贖當。托我給他借幾十吊錢另外還托我給他薦個事情。　他託你這兩件事。你都應了麼。　是我都應了。我這麼告訴他的。我説現在我手底下沒錢。等我上別處給你借去若是借着了。你就拿去若是借不着。你再另打主意就是了。至於説找事這層。等底下有機會了。我必給你舉薦。　依我勸你。他托的這兩件事。你都別給他管。　怎麼你若是給他借錢。他一定不還你。　你怎麽知道他一定不還我呢。　他向來借人家的錢。都沒還過。所以我知道他如今借你的錢。將來也是一定不還你。　我想這幾十吊錢。他不至於不還我。　別説幾十吊錢。就是幾吊錢。他也是不還。况且他借這個錢。也不是真拿去贖當　他不是拿去贖當。是拿去幹甚麽呢。　他是拿去耍去。　怎麼他還要錢麽。　他最愛耍錢。他整天家竟在寶局上。　他家裏都是有甚麽人哪。　他母親早死了。現在就是他父親還活着了。 他沒有弟兄姐妹麼 他沒有哥哥。也沒有兄弟。就有一個姐姐早就出了門子了。 他還沒成家了麼。 他沒成家了。 他父親有多大年紀了。 他父親今年總有七十多了。 是個做甚麼的。 是木作的手藝。先頭裏開過一個小木廠子。後來也關了。如今是竟仗着給人家做活。掙錢來過日子。他這個人會幹甚麼呀。 他任甚麼都不會幹。就會花錢。 他沒學過買賣麼。 他學過一回買賣。 他學過甚麼買賣。 他在一個藥鋪裏學過買賣去了有一個月。掌櫃的就不要他了。 是為甚麼不要他了。 是因為他又饞又懶。不守鋪規所以就不要他了。 那麼他後來沒作別的事麼。 他後來又跟過一回官。那個官。見天叫他出去給買古玩玉器各樣兒的東西。他就撒開了一賺錢兩月的工夫他就賺了有好幾百兩銀子。後來那個官。知道他這個毛病了。可就把他辭了。現在那幾百兩銀子。巧了是都花完了。所以纔來找你給借錢。依我勸你也別給他借錢。也別給他找事。你若是給他借錢。他必不還你。你若是給他找事。他必不能給你作臉。索性不管他的事倒好。 那麼據你這麽說。將來他父親死了。他可就要遭了。我早給他斷就了。他父親死之後他一定挹沙鍋　那麽他託我的那兩件事。我怎麽回復他呢　你就告訴他錢是借不出來。找事是没有。就得了嗎　這麽着我就照你這話告訴他免得他來了。

第十六章　買書

李二　喳　你把這套書給琉璃廠寳文堂書鋪裏送了去告訴俞掌櫃的說叫他給配一個書套還有這個單子也交給他叫他按着這個單子上所開的書每一部先拿一套交給你帶回來我看看。　是我想若没甚麽別的事我現在就去罷　我没別的事你這就去罷　辛苦衆位俞掌櫃的在鋪子裏了麽　是在裏頭了。你請進來坐罷　辛苦俞掌櫃的　李二哥。你起宅裏來麽　是起宅裏來　你來是有甚麽事麽　可不是麽我們東家打發我拿這套書來叫你給配個套這兒還有一個單子你瞧瞧。我們東家說叫你按着這個單子上所開的書每一部交給我拿回一套去先看看。　這個書套我們給配一個就是了。這個單子上所開的書。我們這鋪子裏就有兩部下餘的那幾部我還得上別處找去　那麼你就先把鋪子所有的這兩部。交給我帶回去下餘的那幾部你上別處給找找去。過幾天我再上你這兒取來罷　我想你不用上這兒取來了。赶過幾天若是我找着了。我就親自給送到宅裏去罷。　那更好了。　這兩套書。給你包好了。　那麼我失陪了。　你回去了。　回你知道。那套書。我交給俞掌櫃的了。告訴他給配個套了。你要的那幾部書。他們那鋪子裏就有兩部。叫我先把那兩部拿了兩套來給你看看。下餘的那幾部。俞掌櫃的得上別處找找去。赶過幾天他若找着了。他親身給你送來　是了。你先把這兩套書擱在書槅子上去罷。　辛苦李二哥。　俞掌櫃的。你纔進城麼。　可不是麼纔進城　你這拿來的都是甚麼書呵。　這就是上回先生叫我找的那幾部書。我都找着了。拿來了。　我們東家下天津去了。　多咱走的。　昨兒早起起的身。　是有官差去的麼　不是官差。是辦自已私事去了。　得去多少日子。　連來帶去總有十天罷　那麼我拿來的這書。怎麼樣呢　我們老爺留下話了。說是若是你拿了書來。就先留下罷　那麽你瞧。這是六套書。那個原單子上開的是八部。上回你拿了兩套來。我今兒個每一部。又拿了一套來。前後共總拿了八套書來。還有這個單子。也託你交給先生。所有這幾部書的價值。都在這個單子上寫着了。　是了。還有配套的那套書。你給配得了沒有。　配得了。我今兒個忘了帶來了。等底下我再來的時候。給帶來罷。　那就是了。　你想我可以多喒來好呢。　我算計着。我們東家總得月底纔能回來了。這麽着罷。趕我們東家回來的時候。我出城請你去罷。　那倒不用勞動你納。我月底月初。還有别的事進城來。我可以順便到這兒來打聽打聽就得了。　那麽也好。　那麽我失陪了。　你回去了。　偺們過幾天見。

第十七章　息訟

老兄怎麽我來找你好幾盪。你都没在家。你是忙甚麽了。　我是給人說合事情了。　你是給人說合甚麽事情來着。告訴得我。告訴不得。　没甚麽告訴不得的。是我們舍親認得的一個朋友。和人打了官司了。我們親戚託我出去。給他們説合説合。　是為銀錢賬目的事情麽。　不是銀錢賬目。是為買貨的事。為買貨怎麽會打了官司了呢。　是這麽件事。我們這個親戚認得的這個朋友姓沈。他是在保定府。開着個大洋貨鋪字號是信義。他今年夏天到這兒來的。就住在這東關外頭福盛店裏了。在喒們這大東街。泰和洋貨棧裏批了六十色洋布。批單上寫明白的是倆月交貨。趕到上月就到了日子了。沈掌櫃的就到泰和棧去問貨到了没有。他們説還没到了。這麽着沈掌櫃的又等了些日子。又去打聽。貨還没來了。趕到前幾天。沈掌櫃的到西街棧房裏有別的事情去了。聽見説新近有一個客人。買妥了泰和棧裏的六十色洋布。是起一個姓王的經紀手裏買的。聽那客人買的那個價值。比沈掌櫃的原定的價值貴。銀子可還没兑了。貨也還没起哪。沈掌櫃的一想。這一定是他定的那六十色洋布。泰和棧如今是貪多賺錢。又轉賣給別人了。心裏可就氣的了不得。這麽着他這天晚上。就到泰和棧裏問這件事情去了。泰和棧不認。説是没這麽件事。後來沈掌櫃的指出那個王經紀來了。泰和棧没法子可就認了。説是下月還有六十色洋布來。哪叫沈掌櫃的等那六十色洋布來。沈掌櫃的不等。說是就要這現在有的那六十色洋布。泰和棧不肯給。說是若實在不能等那六十色洋布。只可把原給的定銀退回去。把批單一燒。就算沒這麽件事了。沈掌櫃的不答應。說是竟退定銀不行。還得包賠賺利。纔行。哪泰和棧一定不肯認包賠賺利。這麽着沈掌櫃的就寫了一張呈詞。粘連那張批單。在縣裏就把泰和棧告下來了。前兒個官過堂。把他們兩造大概問了一問。就吩咐叫他們下去。找人先說合。若是說合不了。再補一張呈詞再問就是了。這麽着我們親戚。找我幫着他出去給他們說合。昨天晚上算是纔給他們都說合完了。你怎麽給他們說合完了的呢。　我們給他們這麽說合的。還是叫泰和棧先把這現在有的那六十色洋布。給沈掌櫃的。叫他們和那個客人說等下月那六十色洋布到了。再給那個客人就是了。這麽着大家都答應了。昨兒個晚上。把貨也起了去了。銀子也兌了。就等明兒個沈掌櫃的。在縣裏遞一張和息呈詞就結了。

第十八章　封貨

兄台你這是解鋪子來麽。　不是。我是到天盛當鋪封貨去了。纔回來。　你用過飯了麽。　我吃過了。　你若是没吃飯。我可以叫厨子給你快預備飯。　我真吃了。我是同着一位相好的。在外頭吃的。　那就是了。今兒個天盛當鋪。貨多不多。　古玩玉器少。衣服銅錫器多。　你都是封了些個甚麽貨。　我就封了倆表。没封别的。　我看封貨得便宜的少。總是上檔的多。　那也是碰運氣若是走紅運的人。他去封貨。就許遇見俏貨。赶他封了。當鋪就賣漏給他了。他就可以賺了好錢了。若是走背運的人。他一封貨就打眼。當鋪本就當打了眼了。不但不能賺錢。倒還得賠出好些個錢去。　你說的這話實在不錯。我們這鋪子前幾年封了好幾回貨。没一回不賠錢的。所以現在不論那個當鋪請。我們决不去封貨了。　我告訴你。去年有一個封貨的得了便宜了。這個人是我們一個遠親。去年十月裏西城恒盛當鋪。請他去封貨。他封了一個銅表。四兩銀子。當鋪就賣給他了。赶他拿回家去一細瞧。敢情是個金表。後來他恰巧好了。賣了四十多兩。賺了有十倍利。這就是遇見俏貨得了便宜了。

第十九章　運皮箱

大哥剛纔我到棧裏找你去了。夥計們說你上西街去了。所以我迎著頭找你來了。可巧就遇見了。你作甚麼這麼早上西街去了。　今兒早起火輪船到了。我們棧裏給一個客人雇小車子運行李來着。推小車子的。給客人運錯了兩隻箱子。客人不答應了。夥計們沒了主意了。打發人到家裏找去了。我纔起來聽見這個事情。我就赶緊的洗了臉。到棧裏見了客人一問。那個客人說他姓陳。是福建人。在江蘇作買賣。如今是要上京去。今兒早起火輪船到了。他就下船住在我們棧裏了。他就叫我們夥計。給他雇了兩小車子。叫他一個跟人帶着到船上去。把行李起下來。赶把行李運到棧裏來了。他一瞧。他短了兩隻紅皮箱。這裏頭又有兩隻白皮箱。不是他的。那白皮箱上寫着徐子芹三個字。他就問他那倆底下人。怎麼會錯運了兩隻箱子呢。那倆跟人說。不是他們的錯。他們倆人在船上歸着零碎東西來着。是那倆推小車子的。自已上船把箱子搬下來的。所以纔搬錯了。這麼着那個客人就告訴我們棧裏的夥計。叫那倆推小車子的。快去把他那倆紅皮箱給找回來。那倆推小車子的。去找了半天也沒找着。客人是所不答應。要定了箱子了。夥計們也都着了忙了。就趕緊的打發人找我去了。　你給那個客人找回那兩隻箱子來了麽。　是。我已經找着那位姓徐的客人了。姓陳的那兩隻紅皮箱。是在他那兒了。我現在回棧裏去。先雇一個小車子。把姓徐的那兩白皮箱。給他推了去。把那兩紅皮箱。就換回來了。　你怎麼找着那位姓徐的客人了。　我先在偺們那條街上。各棧裏都問了。並沒有姓徐的客人。這麼着我就到了西街。挨着各棧一問。赶問到永利棧了。他們說是有一位姓徐的客人。是剛纔到的。這麼着我就進那個客人的屋裏去了。一問他的號。他說是叫子芹。我就把運錯了箱子的事情。告訴他說了。他說我的行李是纔運來的。還沒查點了。等我現在一查點就知道了。赶他一查點。可就說是錯了兩隻箱子。我這兒短了兩隻白皮箱。多出兩隻紅皮箱來。我一聽這話對了。這麼着我就和他說。回頭我就打發小車子把你那兩隻箱子送來。你把這兩隻紅箱子就交給他們帶回去就得了。這麽着我就回來了。你這麽早忙着找我。是有甚麽要緊的事情麽 因為我們今兒個有點兒緊用項。找你摘給我們幾百塊錢用。 有。你跟我到棧裏取去罷

第二十章 撤任

老弟。我聽見說你們那位令親。王子泉官壞了。是真的麽。 不錯。是真的。你知道是為甚麽事壞的官。 我起去年就聽見說他要壞官。我還不很信。如今果然真壞官了。前幾天我見了子泉他哥哥。據他說是因為兩案事壞的官。一案是前年秋天。縣城裏頭有一個錢鋪被刼搶了有幾百兩銀子贜去。他連一個賊也沒拿着。那個時侯可就把他記大過一次。給他幾個月的限。還留在任上。叫他赶緊的拿賊。赶到滿了限了。還是一個賊也沒拿着。這麽着他又展了好幾回限。直展到去年冬天。那一夥子賊。始終也沒拿着。偏巧今年春天縣城裏頭有一個人。半夜裏進了一個人家兒裏去殺死了倆人。兇手逃跑了。又添上了這麽一件棄兇逃走的案。這麽着都督就把他撤任了。 那麽他現在已經

離了任了麽　是已經離了任了。在省裏住着了。　他官囊怎麽樣。　他有甚麽官囊啊。他現在是兩袖清風。　他既是官囊羞澁何必還在省裏住着呢　他倒願意回來哪。就是一時回不來。　怎麽回不來呢。是沒有盤費麽。　倒不是沒有盤費。是因為他撤任之後。都督派委員到他衙門盤查倉庫去了。查出他虧短有四千多兩銀子的錢糧。委員問他怎麽會虧短了這麽些個錢糧呢。他認了是他挪用了。這麽着那個委員就稟報上官了。上官就派員把他寓所裏的東西都封了。把王子泉調到省裏去給他兩月的限。叫他把虧短國家的這個錢糧都交還上。若是過了限期不交還。就要抄他的家產了。這麽着他急了。就寫了一封信。打發了他一個家人。到家裏來見他哥哥。叫他哥哥不論怎麽想法子趕緊的給他湊五千兩銀子。交給這個家人。給他帶回去。他哥哥見着這封信。着急的了不得。找我去了。託我把他城外頭那處鋪面房。給他賣了。這麽着我就赶給的一給他賣。還算好。賣了五千兩銀子。前兒個他哥哥。交給來的那個家人給他帶了去了。　那麽他若是把虧短的錢糧。如數都交還上。

他寓所裏封着的那個東西怎麼樣呢　趕他把這銀子。交還之後官自然派人到他寓所裏去啟封。就把東西照舊還給他了。那他也就可以回來了。

第二十一章　賣洋藥

大哥。我問你一件事。令友錢輔臣那個當鋪。現在止當候贖了。是為甚麼呀。那個買賣不行了。快收了。　怎麼聽說那個買賣不是很好了。怎麼會不行了呢。　你止知其外不知其內。當初他開那個當鋪。並不是都是他自己的銀子。他有一個親戚是個作官的。有一萬多兩銀子白借給他使不要利錢。他自已不過有幾千兩銀子。就這麼把那個當鋪開了。這幾年買賣倒很好。賺的錢也不少。趕到前年。他那個親戚又上別處做官去了。可就把那一萬多兩銀子。要回去了。雖然撤出那一萬多兩銀子去。他那個買賣。還可以支持得住。忽然他無故的想做洋藥的買賣。起初還不過買個一兩箱子洋藥賣。偏巧賺了錢了。膽子可就壯了。這麼着又買了七八箱子洋藥賣了。又賺了錢了。所以膽子更大了。趕到了去年快封河的時候。有一個廣棧裏來了一百箱子烟土。他聽見說没有别的火輪船來了。他一想他若是把那一百箱子烟土買下。留了冬天賣必賺好錢。這麽着他就到了那個廣棧裏和那個廣棧的掌櫃的一商量。願意把那一百箱子烟土都留下。兩月之後付銀子。那個廣東人也答應了。赶他買妥了。過了有兩三天忽然又來了一隻火輪船裝了有五六百箱子烟土來。這個行市就直往下這麽一掉他没法子了。就赶緊的都賣出去了。賠了有好幾千兩銀子可就把那個當鋪也拉躺下了。這都是他放着穩當買賣不做妄想發財。所以纔壞了事了。　大哥你看。獨做那洋藥買賣的總没有長久富貴的。就是有起這上頭發了財的。也不過是眼前歡。不多幾年自然的就敗了。那是一定的理。那本是損人利己的買賣怎麽能長享富貴呢。　我們本鄉有一個恒原土局子。買賣很大四遠馳名。那個東家姓郝。都是自己下天津起洋行裏買貨。一回總買幾百箱子的貨。鋪子裏總有幾十個夥計。這些年所發了財了。家裏蓋的房子很多。上下有百數多號人。騾馬成羣。這麽樣兒的財主。赶到去年會一敗塗地了。我先還不知道是怎麽敗的這麽快赶後來我細一打聽纔知道。敢情是這幾年買賣發了財了。東家所不上鋪子了。竟在家裏納福也。老沒算大帳。鋪子裏那些個夥計們見天黑下。往外偷烟土。東家是一概不知道。赶到去年。遂是姓郝的有兩朋友。知道他鋪子裏有了毛病了。可就叫他上鋪子算帳盤貨去。這麼着他纔到了鋪子裏一算帳。虧空有好幾萬兩銀子。又一盤貨。剩了不過有幾箱子土了。他就問夥計們帳怎麼虧空的。貨怎麼短的。那些個夥計們都說不知道。這麼着他没法子了。就把房子牲口都賣了。算是把該洋行的銀子都歸上了。然後把鋪子也關了。他起那麼一口氣得了一場病就死了。家裏使喚人們也都散了。就剩了他們本家的人了。脚下是吃一頓挨一頓。這麼樣兒的苦法。你瞧這都是賣洋藥的收場。

第二十二章　荐書記

老弟你是多喒回來的。　我是新近回來的。　你這是解江西回來麼　不是。我是起江蘇回來。　你當初不是上江西去了麼。怎麼如今是解江蘇回來呢　我是原本上江西去了。後來又到蘇州去了。　你這幾年在外頭事情怎麼樣。在江西那幾年事情倒很好。就起到了蘇州之後事情就所不順了。 你既在江西很好。作甚麽又到蘇州去呢 因為我們那位舊居停去年調任雲南了。打算要邀我一同去。我是嫌路太遠不願意去。打算要回京來。他勸我不叫我回來他說他有一位至好的朋友在蘇州做民政司長姓林他要把我舉薦到那兒去作書記。我也願意去這麽着他就寫了一封薦信。打發我到蘇州去了。赶我到了蘇州纔知道林公那兒還有兩位書記了。那倆人都是浙江人見我去了。都很欺生。我是諸事掣肘。他們倆人若是打起鄉談來。我是連一句也不懂得若是偶然我問他們一件事。他們都和我粧不知道。不肯告訴我。就連出去走走逛逛。他們倆都搿着我。我看他們那光景。是過於咬羣。我一想。我們若是再往下混。可就要生分了。這麽着我就辭了館回來了。 那位林公待你怎麽樣 那位林公待我倒還罷了。就是這回我辭館的時候。他還問我是為甚麽緣故辭館。我也不便提我和同人不合。我就說我京裏有件要緊的事得回去一盪。他還說若是我到京辦完了事。還請我回去哪。 那麽你這盪回來。

還打算出外去不出外去呢。 我這盪回來。原打算要考高等警察着比若是考上了。我就要在京裏頭不出外去了。赶我到京裏一打聽。已經考過去了。現在我的意思是這麽着。若是有合宜的事。我就可以出去。若沒有相當的事。我就先在京裏就是了。 現在可有個出外的事。不知道你願意就不願意就是怎麽個事情呢。 我有個至好的朋友。他新近委了山西太原府知事來了。前兩天他托我給請一位書記。我現在意中也是沒人可薦。如今你回來了。若是願意就我可以給你舉薦舉薦。 此公怎麽稱呼。 他姓李號叫春圃。 是那兒的人哪。 也是山西人。 他那個人怎麽樣。 是個極忠厚極和平的人。 既是這麽着。你就給我說說罷。 束脩這層。你打算怎麽樣。 那層倒好說。你給作頃就是了。只要人對勁。錢多多少少的甚麽要緊。 他那個人。我管保你們倆人凖可以對勁。那麽明兒個。我就見他給你說去。 費心費心 好說好說。 可是你現在沒當甚麽差使麽。 沒有。我就起那年告病回來到如今舊病還是時常的犯。怎麽能當差呢。 那麽你見天在家裏作甚麽呢。 好天的時候。可以找朋友去談一談。颳風下雨的時候。就是在家裏看書。 那麽你倒是很清閒哪。 甚麽清閒哪。不過是虛度歲月就是了。

第二十三章 勸友改過

老弟。我告訴你一件可笑的事。 甚麽可笑的事。 前兒晚上。有三更多天。我剛睡着。就聽見我們後頭院子裏咕咚的一聲。跳進一個人來。把我嚇醒了。我當是有了賊了。就趕緊的叫使喚人們起來。快打着燈籠照照去。這麽着那幾個使喚人們。聽見說有了人了。就都趕緊的起來。點上了燈籠。拿上了棍子。就往後頭院子去了。這個工夫兒我也起來了。開開了屋門。就往後頭院裏瞧去了。趕我到了後頭院裏。就聽見使喚人們說。拿住了一個人。身上可穿的很體面。又不像個作賊的。又聽見那個人說。你們別拉我。我的脚踒了。很疼。我不是作賊的。我是避難的。我聽見他說他是避難的。我可就往前去一看。長得很體面。是個年輕的人。我又一細瞧。認得他是個念書的人。他姓蔣。在城外頭住。我們倆在城外頭一個古玩鋪裏。遇見過兩回。彼此倒還很相得。這麽着我就叫倆底下人攙着他。留了半天。可就好了。然後我就把他讓到書房裏去了。赶到了書房。他一瞧是我。臉上很不得勁。我就問他是遇見甚麽事了。他説他是在我們房後頭寶局裏耍錢來着。忽然有一個警察官。帶巡士去抓局去了。他先跑出來了。因為沒地方藏。所以他就爬到墻上去。跳到這院裏來了。這麽着我勸了他半天。叫他後來改了。別耍錢了。留他住了一夜。赶到天亮回去的。昨天他給我道謝來了。他告訴我説他現在已經起下誓了。從此決不耍錢了。像這個人。能彀聽你一勸。他立刻就改過了。這就是個有志氣的。我先頭裏有一個相好的。他吃大烟。因為我勸他忌烟。他倒惱了我了。不和我來往了。你們這個相好的也真別致。怎麽你勸他忌烟。他倒惱了你了。他那個人實在的是糊塗。他原先本不吃烟。後來是因為他挨着一個吃烟的朋友。慢慢兒的可就吃上癮了。先吃的還不多。後來是一天比一天吃的多。到了去年他臉上所帶了烟氣了。精神也不佳了。我看他那光景很不好。我就和他説。依我勸你把烟忌了罷。再要往下吃。可就怕不好了。我可以起上海給你買忌烟藥來見天你就按着那個方子吃藥。慢慢兒的。自然就把烟斷了。他聽我這話就答應了一聲。這麽着我就托朋友。起上海買了好幾塊錢的忌烟藥來給他送了去了。赶又過了些日子。我遇見他的使喚人了。我就打聽他忌了烟了没有。他的跟人說。他並没吃那忌烟藥現在他吃的。比先頭裏更多了。這還不要緊。後來我聽見他在一個朋友家裏說我多事。無故的勸他忌烟。他很不喜歡我給他送去的那忌烟藥。他也不敢吃。說是怕是裏頭有毒藥害他這麽着那個朋友聽不過他這話了。就說他你說的這話不對。人家勸你忌烟。不是好意麽。人家和你又没仇作甚麽拿毒藥害你呢。你說這話實在是不說理。起那麽他連那個朋友也惱了。赶到今年年下。他也没給我拜年來。我知道他是和我絕了交了。你說像這樣兒的人性。天下還有麽。

第二十四章　賭錢

老兄。我告訴你一件可氣的事。　甚麽可氣的事。　我認得那個相好的姓江的。他前幾天。和別人夥同一氣。哄騙我好幾千吊錢去　他怎麽會哄騙你這麽些個錢去呢。　那天他到我家去了。他說他認得一個人。脚下在家裏弄局。約我去耍去。我就跟他去了。赶到了那家兒一瞧有七八個人都坐在那兒耍哪。我連他們一個人也不認得他這麽一給我引薦他告訴我說都不是外人都是他認得的。這麽着我就坐下一耍可贏了幾十吊錢。然後就散了。赶下回我本打算不去耍去了。他一定約我去我没法子又去了一盪可就輸了好幾百吊。他就和我說不要緊再去幾回就可以贏他們幾千吊錢我就信了他的話了。又跟他去了五六盪又輸了四千多吊錢。他們把局也收了。見天總有兩三個人到我家裏去要賭帳我找姓江的去他藏起來不見我了。這麽着我當了兩箱子衣服纔把賭帳還了。到了昨天有一個朋友告訴我說是那個姓江的和那幾個人商量好了的哄騙我。你說可氣不可氣　那個姓江的自然是可惡到底也怨你自己不好你若不跟他耍錢去他也不能哄騙你。　這話也不錯。到底他既和我相好又幫着别人賺我他也太不是人行了。　你提起這設局賺騙來我告訴你一件事我們那本鄉地方。有一年有幾個本地的無賴子開了一個賭局。竟打算哄騙人。上了他們檔的人。可也不少了。並且都兇橫的了不得。誰若是輸給他們錢。還不起。他們就得把房產地產折給他們。就這麽樣兒的不說理。我們本地有一個財主人很聰明。待本地的人也很好。他聽見說了。很有氣。這麽着這天晚上。他就坐着自己的車。到那個賭局去了。赶他進了那個賭局。見了那幾個無賴子。就提他是誰。特意到這兒耍錢來了。大家聽說都知道他是本地財主。可就喜歡的了不得。他們那幾個無賴子。就背地裏一商量。說他這乍來。偺們先叫他贏幾回錢去。後來他就肯來了。等着抽冷子一天。叫他輸個一萬八千的。偺們可就發了財了。赶都商量好了。就坐下了一耍。果然那個財主贏了。他們當時就把錢給了。後來那個財主又去了兩盪。又贏了。又給的是現錢。赶到這天晚上。那個財主又去了。就起定更天耍起。直耍到天快亮了。那個財主輸了有一萬多吊錢。赶到天大亮了。那個財主就和他們說。我先回家去。把錢給你們預備出來。赶到晌午。你們到我家裏取去就是了。他們都答應了。那個財主就回去了。赶到晌午他們就去了兩人。到那個財主家取錢去了。看門的回進去了。那個財主。就把他們叫到書房裏去就問他們倆你們是幹甚麽的。到我這兒來作甚麽。那倆人說。你怎麽不認得我們了。我們是在某處開賭局的。你忘了。你昨兒夜裏不是在我們那塊兒耍錢輸了一萬多吊錢。叫我們現在取錢來麽。那個財主聽這話。立刻就生了氣了說你們倆別胡說。我一個財主和你們無賴子耍錢。你們真是發昏了。你們打算訛我來。你們可是瞎了眼了。你們倆快走。是你們的便宜。不然我把你們倆送衙門辦你們訛詐。那倆人聽這話嚇的也不敢言語了。就趕緊的跑回去了。

第二十五章 買田

老弟你是怎麽了。臉上這麽刷白的。　我是不舒坦了幾天。　是怎麽不舒坦了。　我是給人管了件閒事。受了點兒氣。把肝氣的病勾起來了。　給誰管閒事來着。受了甚麽氣了。　上月偺們那個相好的温子山。託我給他買地。我認得有一個京東的人姓孫。他有一頃多畝地要賣。這麽着我就把那個姓孫的。帶了去見了温子山。然後他們倆。到了京東把地都瞧了。回來就請我作中人。

給他們説合價值説妥了的是一千兩銀子。兩下裏都答應了。就定規是大前兒個立字據過錢了。趕大前天我一早和那個姓孫的到温子山家裏去了。趕到了他家裏。他還没起來了。我們倆就在他書房裏。等了他半天他這纔起來趕到見了我們他説那個地。他不能買了。我們就問他是怎麼不能買了。他説他湊了會子不彀一千兩銀子。我們問他湊了有多少銀子呢。他説他湊了有九百五十兩銀子。那個姓孫的聽這話。就説那麼九百五十兩銀子。就九百五十兩就是了。這麼着就立了字據。過了錢了。鬧得我好對不過那個姓孫的。他若是果然真湊不出那五十兩銀子來。那還倒情有可原。他那麼財主。別説是五十兩。就是五萬兩也現成。我可恨他。他安心佔人家的便宜。教我對不住人。趕我那天回到家裏去越想越可氣就因為這個勾起我的舊病來了。就不舒坦了。你不知道。温子山他那個兄弟。比他還可惡了。先頭裏他常和我夥辦買賣。凡經他手賣的貨。到了分賺帳的時候他總短分給我這麼三千兩吊。他知道我也不好意思和他要。他嘴裏可老説。我這回短你是兩吊是三吊。過兩我給你找補。起那麼可永遠不提了。赶擱得日子多了。我也忘了。這件事就了。他就這麼小取那幾年我吃了總有幾百吊錢的虧。再若是論外頭交朋友、走親戚的道理。他是一概不懂他就是上炕認得女人下炕認得錢。就這麼道人。去年他家裏辦白事。再三的求我。給約兩位朋友。在他家裏幫着他熬熬夜。我就請了兩位至好的朋友去幫着他熬了五六夜。人家還是真盡心竭力的給他照應。赶辦完了事之後。他並沒到人家裏給人道乏去。後來有一天在街上遇見人家。他一低頭就過去了。簡直的沒理人家。你瞧他這宗人性。有多麼可惡。近起來我聽見說更好了。他在家裏放重利息錢了。誰借他的錢使都是八分的利錢。外頭已經有了重利盤剝的名聲了。我早就看透了。他那個財主不久就敗。古人說的。刻薄成家理無久享。這是一定的理。

第二十六章　遇盜

老弟。我聽見說你們令弟不是回來了麼。怎麼還沒見他出來了。　他回來就病了　是怎麼了。在道兒上受了熱了麼。　倒不是受了熱了。是受了點兒驚

恐 受了甚麼驚恐了。 是在船上遇見賊了。 你告訴我說是怎麼遇見賊了。 他是和一個朋友搭帮回來。倆人帶着一個使喚人。雇了一隻船這天晚上。船灣在一個地方了。赶到夜静的時候。忽然起岸上來了十幾個賊都拿着火把刀槍。就上船上來了。拿刀把艙板砍開了。就進了艙裏頭去了。就拿着刀指着我們舍弟問。都是有甚麼東西。我們舍弟說我們的東西都在這艙裏頭擺着了。别處没有了。這麼着那羣賊。就把箱子和包袱。現錢都拿了去了。就是把鋪蓋給留下了。幸虧我們舍弟身上有一個銀兜子。裏頭裝着有幾十兩金子。還有幾十兩銀子没丢。赶到天亮了。他們到了一個馬頭上。我們舍弟就和那個朋友商量。打算下船起旱路走。那個朋友也很願意。這麼着他們就把鋪蓋搬下來了。到了馬頭上雇了兩輛車就起旱回來了。赶到了家可就病了。請大夫來瞧。說他是驚嚇夾着點兒時令。現在吃着藥好還没好了。

第二十七章 賊店

老弟。你提你們令弟走路遇見賊了。我也想起一件事來告訴你說。有一年我們先伯。同着一位朋友。上甘肅去。雇了兩輛車。帶着兩跟人。一個人坐着一輛車就起了身了。有一天走到一個地方。那倆赶車的路都不熟。可就走岔了道了。直走到掌燈的時候。也找不着一個鎮店。大家很着急。沒法子。就這麼瞎走。赶走到快定更了。就走到了一座大樹林子裏。就看見樹林子那邊兒。露出一點兒燈光來。這麼着他們這倆車就奔了那個燈光去了。赶臨近了一瞧。是個店。外頭掛着倆麪幌子。店門關着了。臨街是個窗戶。裏頭可點着燈了。這麼着他們就叫開店門了。把車赶進去了。赶到了裏頭一瞧。冷冷清清。連一個客人也沒有。這麼着他們就挑了三間屋子。把行李都搬進去了。然後就叫店家打洗臉水。沏茶弄飯吃。我們先伯就見那幾個店家都那麼賊眉鼠眼的。心裏可就有點兒犯疑。赶吃完了飯了。那位朋友在炕上拾掇行李。這個工夫兒就進來了一個店家。沏茶。我們先伯就見他不住的拿眼睛瞧炕上的行李。我們先伯看他這分光景。更疑惑了。可不敢說。恐怕那位朋友知道害怕。赶喝完了茶。我們先伯就到後頭院裏出恭去了。赶他納到了後頭院裏一瞧。有三間屋子。

一間是茅屋那兩間是堆草料的屋子。赶我們先伯。進到茅房裏去正出恭了。這個工夫兒就聽見起前頭院裏來了兩人把堆草料的那屋裏的門推開了。進去拿草料去了。就聽見這個和那個說剛纔掌櫃的把你叫了去。到底是怎麽商量的呢。就聽見那個說是這麽商量的。赶到夜靜的時候偺們兩人去殺那倆赶車的。他們三人去殺那倆客人和那倆跟人。我已經和掌櫃的說開了事完之後。就把那兩輛車分給偺們倆人一個人一輛。不論那兩客人有多少銀子偺們兩人全不管。我的意思是這麽着。赶偺們倆人把這兩輛車分到手明兒個早起偺們把買賣一辭。一個人赶着一輛車就回家去了。從今以後偺們倆人改邪歸正再别作那害人的事情了。你想這麽辦好不好那個人就說不錯。這麽辦很好說完了。就聽見他們兩人上前頭去了。我們先伯心裏說怪不得我看那幾個店家那麽賊形可疑的。敢情真是個黑店。這麽着可就出了茅房到了自己的屋裏就把剛纔聽的話。都告訴那個朋友說了。那位朋友聽這話。就害怕的了不得大家正在屋裏為難沒有主意了。這個工夫兒忽然聽見來了好幾輛車直叫店門。趕店門開開了。就見趕進六輛鏢車來。是倆客人。四個保鏢的。我們先伯就說這可不怕了。偺們回頭可以放心睡覺罷。這麽着。又打發了一個跟人。過去問了問鏢車。他們說是明兒早起。五更天起身。這麽着我們先伯他們也睡到五更天起來。叫趕車的套上了車。就跟鏢車。一塊兒搭幫走了。這算是纔免了那個大難了。你說險不險。

第二十八章　借銀米

大哥。你聽我告訴你一件事。我們那個村莊兒裏。住着有一個小財主。素日人很嗇刻向來他不幇人。不作好事。前幾天他有一個出了門子的妹妹頂着雨到他家來說是他男人現在找了一個海船上管帳的事情。前兩天已經開船出海去了。現在家裏沒有飯吃。所以頂着雨來要借一石米。和幾兩銀子等着他男人回來必都還的。這個人聽這話和他妹妹說他米也没有。錢也没有。辦不了。叫他妹妹另上別處借去罷。他妹妹聽他不管。可就哭了。趕他見他妹妹哭了。他就賭氣子出去躲開了。他同院子住着有一個街坊是個爽快人。聽他不管他妹妹的事。很有氣。這麼着。就把他妹妹請過來。借給他一石米。還有幾兩銀子。另外又給他雇了一匹驢。可就把他送回去了。趕這個人回來了。聽見他家裏人說。是他街坊借給他妹妹錢米回去的。他也不說長也不道短。粧作不知道的樣子。可巧這天夜裏來了一個賊。起他後墻上挖了一個窟窿進他屋裏去。偷了他幾十兩銀子。和幾件衣裳去。趕到第二天早起。他知道鬧賊丟了東西了。他怕是他妹妹聽見說他丟了銀子衣服了。趁願。找他來問他。所以他也沒敢到衙門去報他家裏失盜。他還囑咐他同院子住着的這個街坊。外頭不用告訴人說。他家裏鬧賊丟東西的事情。誰知道那個賊。那天夜裏偷了他的東西去。偏巧走到大街上。叫警察給拿住。送了衙門了。官就問那個賊。那個銀子和衣裳。是起誰家偷出來的。那個賊就招了。說是起某村莊兒裏某家偷出去的。這麼着官就打發人來。叫事主領贜去。這個人聽這話。就為了難了。不到衙門領贜去不行。到衙門領贜去。又怕他妹妹知道這件事。這麼着。他就想了個主意。託他同院子住的那個街坊。頂他的名。到衙門替他領贜去。那個人就應了。替他去了。那個人因為那天他不幫他妹妹很瞧不起他。就有意要收拾他。赶起衙門把銀子和衣服都領出來了。那個人就都給他妹妹送了去了。赶回到家裏來。見了他就撒了一個謊。說我剛纔解衙門出來。走到街上正遇見令妹。他問我是上那兒去了。我說是到衙門替你領銀子衣服去了。這麽着。他就叫我把那銀子和衣服給他。罷我因為他是你的親妹妹。不好推辭不給他。這麽着。我就都給了他了。這個人聽這話。不但不敢生氣。倒還得給那個人道謝。現在大家聽見這件事。都說那個人實在是快人作快事。

第二十九章　負義

你提起這慳吝人遭報來了。我也告訴你一件事。那一年。我在南邊一個客店裏住着的時候。同店裏住着有一個山西買賣客人。這天。忽然來了一個窮人。也是山西人。身上穿的衣服很襤褸。到店裏找那個買賣客人來了。店家可就把他帶進來了。赶見了那個買賣客人就說。如今我流落這兒了。因為沒有盤費。不能回家去。苦的了不得。昨兒個有偺們一個同鄉的朋友。告訴我說你到這兒辦貨來了。住在這個店裏了。我聽見說很喜歡。所以現在我來找你。求你念其偺們倆舊日的交情。借給我一百兩銀子。我作盤費回家去。等我到了家裏。再設法還你。那個客人聽這話。就說我的銀子已經都買了貨了。現在我手底下連一兩銀子也沒有。你另打主意罷。我實在不能為力。那個窮人聽他說不能為力。可就掉下眼淚來了。這個工夫兒。那個買賣客人就上裏間屋裏坐着去了。可巧有同店裏住着的一個四川人。到那屋裏找那個買賣客人閒談去了。見那個窮人坐在椅子上掉眼淚。可就問他。是為甚麼事傷心。他說這個買賣客人。原先在本鄉和我是緊街坊。他當年窮的時侯。我常幫他錢米。後來我又借給他銀子做買賣。如今他發了財了。我是在這本地做買賣虧空了。沒盤費回家去。找他來借給我一百兩銀子回家去。他不肯借。所以我很傷心。那個四川人聽完了這話。就進裏間屋裏去。問那個買賣客人。你們這個貴鄉親他說他當年幫你的話。是真的麼。那個買賣客人說。那倒是真的。無奈我現在沒錢借給他。那個四川人就說。着比我現在借給你一百兩銀子。你給他作盤賣回去。你一個月之後還我。寫給我一張借約。我也不要利錢。你願意不願意。他勉强説是願意。這麽着。那個四川人就起自己屋裏。拿了一百兩銀子來借給他。叫他給了那個窮人拿了走了。那個四川人就叫他寫了一張借約收起來了。赶過了兩天。那個四川人也搬了走了。又過了些個日子那個買賣客人打開箱子一瞧。短了一百兩銀子。他原先寫的那張借約。在箱子裏擱着了。他這纔明白那個四川人是個術士。會搬運法。搬出他一百兩銀子來給了那個窮人拿了走了。後來還是那個買賣客人的一個跟人洩漏的。大家聽説都很趁願。

第三十章　失馬

老兄。我聽見説令弟和人打官司來着。是真的麽。　不錯。是真的。　是和誰呀。　是和偺們這本鎮店上一個無賴子　為甚麽事情　是因為那天我們舍弟。在這鎮店外頭北邊兒。一座樹林子裏頭。拿槍打鴿子來着。赶到放了一槍。誰知道樹林子外頭。有一個人拉着一匹馬站着了。那匹馬冷孤丁的聽見一聲槍響。嚇的可就驚下去了。那個人就不答應了。揪住我們舍弟。叫他賠馬。我們舍弟就和他說。你不用着急。那匹馬是往那麼跑下去了。他說是往西北跑下去了。又問他那匹馬是甚麼顏色的。他說是紅顏色的。我們舍弟就說這事好辦。我現在同你到鎮店上對給你一個鋪保。你就先去找馬去。若是將來馬找不着真丢了。我賠你馬就是了。他聽這話也很願意。這麼着我們舍弟就同他到了鎮店上。對給他全順糧食店了。他就先找馬去了。我們舍弟就回家來了。趕待了會子。那個人回來了。到了全順糧食店裏。他說他的馬丢了。沒找着。要見我們舍弟。這麼着糧食店就打發徒弟到家來。把我們舍弟找了去了。趕他見了我們舍弟就說。我去找了半天。我的馬所沒找着。我那匹馬當初是六十两銀子買的。如今我見個情。你賠我五十两銀子就得了。我們舍弟說。竟你那麼大概找了一找沒有。那還不算是準去了。你等我再各處給你找一找去。若是過一兩天。那匹馬所沒下落。那便是真丢了。到了那個時候我再賠你還不遲。哪那個人不答應。他叫立刻就賠他。我們舍弟就和他吵翻起來了。大家給勸開了。誰知道那個人。就到縣衙門去。把舍弟告下來了。衙門裏來人。把舍弟傳了去了。他到了堂上。就把這件事據實的說了。官就給了舍弟五天的限。叫他給那個人找馬去。這麽着我們舍弟就到各村莊一打聽。後來打聽着了。偺們這鎮店西北地方。有一個村莊兒住着有一個姓趙的前兩天買了一匹紅馬。這麽着舍弟就找那個姓趙的去了一問。敢情那個人前些個日子就把他那匹馬賣給那個姓趙的了。說妥了的八兩銀子。就定規是那天他給姓趙的送馬去取銀子。赶那天那匹馬。聽見槍響不是驚了麽。後來他追上了。給姓趙的送了去了。把銀子也取來了。他回來可告訴舍弟說他的馬丢了。叫賠他五十兩銀子。這麽着。舍弟就約了那個姓趙的。拉着馬同他一塊兒到衙門作見證去了。赶那個人見有了見證了。就沒話可說了。自己認了是訛詐了。官因為他過於狡詐。就打了他四十板子。把他放了。

第三十一章　失籌

老兄昨兒個我到桊發棧裏去了。聽見說你那棧裏。給他們發了一百包棉花去說是短了一色棉花是怎麼短的。　你提起這件事來倒是個笑話兒昨天我們給他們發棉花之先就預備出一百根籌來赶後來發一色棉花我們就交給抬棉花的帶一根籌去赶這一百色棉花都發完了待了好大半天棧發棧王掌櫃的打發一個人到我們棧裏去了問我們為甚麼少給他們發了一色棉花去我們就說我們發了去的是一百色棉花怎麼說少發了一色去呢那個人說他們那棧裏是收了九十九色棉花短一色棉花我聽這話很詫異這麼着我就同着那個人到他們棧裏去了赶王掌櫃的見了我有氣的樣子就說你們那棧裏的夥計們太不留心怎麼會給我們少發了一色棉花來呢我就問他你怎麼知道是少發了一色棉花來呢他說我們收完了棉花一搯籌是九十九根籌這不是少發了一色來麼我就問他們剛纔你們這棧裏是誰接的籌就是傍邊兒站着有一個夥計答應說是他接的籌我就問他你方纔接籌的時候没上別處去麼他說我並没上那兒去就是我忽然肚子疼到茅房去出了一回恭這麼着我就和他說咱們倆先到茅房裏找一找去再說赶我同他到了茅房裏一瞧。地下有一根籌。我就檢起來。拿着見王掌櫃的去了。我說到底是誰的夥計不留心。哪你們的夥計掉了茅房裏一根籌。你可說是我們少給你們發了一包棉花來。其實這也不要緊。不過你未免的太冒失些個。他聽這話。臉上很不得勁。一句話也還不出來了。我又說雖然把這根籌找出來了。到底偺們再把貨盤一盤看看短不短。彼此可就更放心了。這麼着我就叫他們那幾個夥計把棉花包起棧房裏又都盤到院子來。細細兒的數了一數。不錯。是一百包棉花。我說你們都看明白了。不錯了。他們說都看明白了。對了。這麼着我就回來了。你說可笑不可笑。 我先頭裏就和你說過那個王掌櫃的人糊塗。你還不大很信。那兒有他竟搯籌不盤貨。就說你少給他們發了一包貨去的理呢。 你還不知道了。去年有這麼件事。我們買了他們棧裏一百兩銀子的貨。給了他們一百兩一張的銀票。過了兩天。他把那張銀票拿回來了。說是假的。我一看銀票並沒圈着。我就問他既是假的。怎麼沒圈呢。他說沒到本鋪子去。所以沒圈。我又問他既沒到本鋪子去。怎麼知道是假的呢。他說他們管帳的瞧着像假銀票。我聽這話很荒唐。就說咱們倆拿着這張銀票到銀號裏取銀子去看看是假的不是。這麽着我們倆到了銀號竟自不是假的。把銀子取出來了。那個時候他臉上很磨不開。就羞羞慚慚的。把銀子拿回去了。

第三十二章　退票

掌櫃的這兒有一張退票。給你打回來了。　拿來我瞧瞧。這張票子不是我們給的。　怎麽不是你們給的呢。　因爲這張票子上沒有我們的收號。　我記得可實在是你們給的。怎麽如今你們說不是你們給的呢。　我告訴你若是我們給的票子必有我們的收號。我們的戳子。如今這張票子上又沒我們的收號。又沒我們的戳子。怎麽是我們給的呢。　你說沒有你們的收號。我這票子上可收的是你們了。　竟你收的是我們不行啊。總得有我們收的人家兒纔行了。　就是有你們的收號。你們如今不認。我也沒法子呀。　沒有不認的理。若是我們給的。我們也是給人家往回裏打。我們又不賠甚麽。作甚麽不認呢。也許這張票子你們忘了收了。沒有的話。我們決不能忘了收。這裏頭還有個緣故我告訴你說這是一張母錢鋪的票子我們這鋪子向來不使母錢鋪的票子。所以更知道不是我們給的了。你們若一定說不是你們給的那沒法子。只可我認這個苦子就是了。依我說你拿回去再想想是誰給的罷。你把這個十吊錢的票子給破五個一吊一個五吊。一吊一張的。沒有我們本鋪子的。給你磨別處的行不行。磨別處的也使得。你點點對不對不錯對了。這票子上你們都收着了。都收着了。

第三十三章 打官私

大哥。我剛纔在鎮店上看了一個熱鬧。看了一個甚麽熱鬧。看見一個南邊人揪着一個本地人上審判廳打官私去。後頭跟着好些個人我也不知道是為甚麽事情。這麽着我就跟着他們到衙門去瞧他們到底是為甚麽事情。就見他們兩人到了衙門。那個南邊人就告訴衙門人說他們兩人要打官私那個衙門人就把他們兩人帶進去了。我也跟進去了。就見官坐堂他們兩人到了堂上。說來打官私。官就先問那個南邊人。你叫甚麼名字。是甚麼地方人。是為甚麼事情來打官私。就見那個南邊人就說民人名字叫俞配。是福建閩侯府的人。在這本地開着個成衣鋪。因為民人去年在這兒買了一個妾。就在這個鎮店上燈籠胡同租了兩間房住家。剛纔民人在鋪子裏做活了。打發一個徒弟到家裏取東西去了。他回來說民人家裏坐着一個年輕的人。他不認得是誰。民人聽這話很犯疑。就赶緊的到家裏瞧去了。赶民人到了家一瞧。街門對着了。民人推開了街門進到屋裏去一看。就見這個人在屋裏坐着喝茶了。和民人的那個妾又說又笑的。民人就問他你是誰。到我家來作甚麼。他回答說他是到民人家裏打茶圍去了。民人聽這句話氣急了。就打了他一個嘴巴。他回手就把民人的臉抓了。這麼着民人就把他揪來打官私。求老青天問他到底他到民人家裏是幹甚麼去了。這麼着民人就問那個人。你叫甚麼名字。在那兒住家。你是幹甚麼的。到俞配家裏是作甚麼去了。那個人說民人名字叫王安。在這鎮店上紅竹胡同住家。平常是放印子為生。俞配這個妾當初和民人在一個院子裏住過。因為前兩月。他的這個妾。借了民人十兩銀子的印子。每月民人到他家裏取印子去。今兒個又到了日子了。民人拿摺子到他家裏去了。他的這個妾讓民人進裏頭喝茶去。民人就進去了。他把印子錢給了民人了。然後又給民人沏了一壺茶。民人正坐在屋裏喝茶了。這個工夫兒俞配家去了。見了民人。就一臉門子的氣。瞪着兩眼睛問民人你是誰到我家裏來作甚麼。民人見他說話。太沒禮貌。可也就上了氣了。就說是到他家裏打茶圍去了。他聽這話。就打民人一個嘴巴。民人急了。就回手把他的臉抓了。這麼着他就揪着民人打官私來了。他說完了。就把取印子錢的摺子拿出來給官看了。官就說。既是俞配不願意你到他家裏去。你後來每月。就到他成衣舖裏取印子錢去就是了。不准你再到他家裏去了。你若是再到他家裏去。俞配來告你。我可是必要治你罪的。這麼着就叫他們兩人都回去了。

第三十四章　局騙一

老弟。我告訴你一件事情。　甚麼事情。　新近我起外頭回來。有一天我住在一個大鎮店上。客店裏了。聽見那個店裏的掌櫃的說。前些個日子。那個鎮店上。有一個德成錢舖。這天去了一個人。拿着一隻鐲子到那個錢舖裏賣去了。那個錢鋪的人剛拿過一個戥子來。邀那隻鐲子。這個工夫兒又進來了一個人。就和那個賣鐲子的人說。剛纔我到你府上給你送銀信去了。你家裏的人說。你上街來了。這麽着我就到街上找你來了。可巧瞧見你進這個舖子來了。說話之間。就起懷裏拿出一封信。一色銀子來。說這是起浙江來的銀信。那個賣鐲子的人。把銀信就接過去了。給了那個送信的一百錢。那個送信的就走了。然後那個賣鐲子的人。就和錢舖的人說。現在是我兄弟起浙江給我帶了銀子來了。我不賣那隻鐲子了。我可以把這銀子賣給你們罷。還有一件事。我是不識字。求你們把這封信拆開。念給我聽聽。這麽着。那個錢舖的人把那隻鐲子又給了他了。就把那封信拆開了。念給他聽。前頭不過說是在外頭很平安。請放心。後頭說現在先帶了十兩銀子來。請你先用着。等後來有順便人。再多帶銀子。就是了。這麽着那個人就說。你們把這十兩銀子拿下去平一平。都給換了現錢罷。那個錢鋪的人就拿去一平。是十一兩銀子。心裏很喜歡可就打算昧起他一兩銀子來就按着十兩銀子合好了現錢給他了。那個人就拿了走了。趕待了不大的工夫兒。又進來了一個人拿票子取錢。可就和錢鋪的人說你們上了檔了。剛纔那個賣銀子的人。是個騙子手他賣給你們的。那是假銀子。你們怎麼會叫他騙了呢。那錢鋪的人聽這話。就趕緊的拿夾剪把銀子夾開了一瞧。可不是假的麼。這麼着錢鋪的人就問這個人。你認得那個騙子手的家麼。這個人說你們若是肯給我錢。我就可以帶了你們找他去。這麼着錢鋪的掌櫃的。就給了這個人一吊錢。叫他帶了他們找那個人去這個人接過那一吊錢來就帶着錢鋪的兩個人走了。趕他們走到了一個點心鋪的門口兒。這個人就和錢鋪的那兩人說。你們瞧。那個騙子手在點心鋪裏吃點心哪。你們自已進去找他去罷。這兩錢鋪的人。就拿着那色假銀子進去了。見了那個騙子手就說你賣給我們的這色是假銀子。那個人說我也不知道那銀子是假的不是。那本是我兄弟解外頭帶來的。既是假的。我遂你們錢就是了。這麽着那個人就求點心鋪裏的掌櫃的。給平平那色銀子。是十兩不是。赶那個掌櫃的把銀子接過去擱在天平上一平。說這是十一兩銀子那個人聽這話就和那兩錢鋪的人說。我纔賣給你們的那是十兩銀子如今這色假銀子。是十一兩。那怎麽是我的呢。你們這是拿別的假銀子來訛我來了。錢鋪的那兩人聽這麽說也還不出話來了。這個工夫兒有幾個別的吃點心的人。聽這件事都不平。全要打那兩錢鋪的人。那兩人没法子就赶緊的拿着那色假銀子跑回去了。

第三十五章　局騙二

提起這騙子手來了。我告訴你一件事。前些年我們本鄉地方。有一個出名的大夫姓方。他身上也有個功名家裏也算是個小財主。見天早起瞧門脈的。總有幾十號。有一天早起來了一個人打扮的是宅門子裏使喚人的樣兒。見了方大夫就說。我是在某宅裏。因為現在我們東家和我們東家母都病了。打算上你這兒瞧病來。請你明兒個早起在家裏等着。方大夫說是了。赶到第二天早起。就見那個使喚人又來了。還同着一個人。手裏拿着一個包袱。那個使喚人進來。就問方大夫說。請問你納。是在裏頭瞧。是在外頭瞧。方大夫說。那自然是在裏頭瞧。這麽着這個使喚人就起那個人手裏把那個包袱要過來。就拿着出去了。那個人就坐在一個凳子上等着。趕大家都瞧完了病走了。方大夫就問那個人。你也是瞧病的麽。那個人說。我不是瞧病的。我是估衣鋪的人。在這兒竟等着你的使喚人。給我拿出衣裳來。方大夫聽這話很詫異。就問他我那個使喚人。哪是拿了甚麽衣裳來了。那個人說。就是剛纔和我一塊兒進來的那個使喚人。你不是告訴他說是在裏頭瞧麽。他就把衣裳拿到裏頭去了。方大夫又問他。那個人。他怎麽告訴你們說的。他是我的使喚人。到底是拿了一件甚麽衣裳來。那個估衣鋪的人說。那個人今兒早起。他到了我們鋪子裏。他說他是你的使喚人。說是你要買一件女皮襖。拿來先瞧瞧。合式就留下了。叫我們跟一個人來。這麽着我就跟他來了。方大夫說。我告訴你。那個人。不是我的使喚人。我也不認得他是誰。他昨兒個來告訴我說。他是在某宅裏。因為他們東家和東家母都病了。要上這兒瞧病來。叫我今兒早起在家裏等着。剛纔他進來問我是他們東家先瞧是東家母先瞧。我當是他們東家和東家母來到了。所以我說是自然是在裏頭瞧。我說的是先瞧病。我並不知道甚麼衣裳的事情。你如今快找他去罷。這個估衣鋪的人聽這話纔明白那個人是個騙子手把他的衣裳騙了去了。

第三十六章　驗尸

郭五。　喳。　你去請先生來。　先生來了。在外間屋裏坐着哪。　啊。先生歇過乏來了。　是。閣下也歇過乏來了。　我倒不覺很乏。我今兒個打算和先生斟酌一件事情。　甚麼事情。　就是咱們這盪出外我作的那本日記得把他修飾好了。找人抄出來。　那麼你把那本草稿兒拿出來我先看看。　這裏頭我還有一件事忘了。求先生替我想想。　甚麼事情。　就是咱們那天在三和鎮店裏打早尖的時候聽見有一個客人說是有一個人在甚麼地方的廟裏住着自己吊死了。帶累的那廟裏的和尚也打了官私了。我記不清是怎麼樣事情了。你還記得不記得了。 啊。那件事我記得、 那麼你再說給我聽聽 那個打尖的客人說他們那本鄉地方。有一個水神廟裏頭住着一個客人這天半夜裏弔死了。赶到天亮和尚就報了官了。官就帶着撿驗去。驗了一回那個撿驗沒驗明白。說彷彿是勒死的。這麼着那個官就把和尚帶到衙門去問那個和尚是為甚麼把那個客人勒死了。那個和尚說我和那個客人往日無仇近日無冤我怎麼能勒死他呢官不信就動刑拷打和尚。叫他招定了。和尚白說不招這麼着官就把和尚押起來了。那個和尚有個徒弟急了。就進省裏去在巡按使署告了。巡按使就派隣封帶着幹練的撿驗到那個廟裏又驗了一回那個死屍果然是弔死的。那個隣封知事就據實的稟報巡按使了。現在巡按使把那個原審的知事撤任了。把原驗的撿驗也治了罪了。把和尚也放了。就是這麼件事。 不錯對了。是這麼件事。請先生把這件事也叙在那日記裏頭。你想好不好。 那也好。赶我修飾得了。是叫誰謄呢。 我打算雇人抄寫、雇人謄寫怕是給抄錯了。 那麼怎麼辦好呢。閣下若是不忙我得空兒謄出來罷。若是先生肯代勞。那我就感情不盡了。　那兒的話呢。

第三十七章　猜拳

偺們今兒個這麼空喝酒也無味。莫若偺們都斟滿了。滑幾拳罷。　可以。偺們倆先滑一拳。　你那拳不是白給麼。　你先別誇口。不定誰輸誰贏哪。　來四季發財。　六六順。　對手。　五金奎。　你瞧如何。　還是你輸了。你這贏也不過是瞎貓碰死耗子罷咧。　你先喝酒。回頭再批評。　我已經喝了。　你多喒喝了。我没瞧見。　你問大家我喝了没有。　衆位瞧見他喝酒了麼。　我們没理會。　大家都没看見。這足見是你混酒了。快喝罷。　我已經喝了。不能再喝了。　你不喝我們大家動手灌你。　真利害。這麼着罷。我的酒真不行了。罰我說個笑話兒罷。　那也可以。你若說的不好。還是要罰的。　你聽着罷。准好。　快說。　別忙啊。我這個笑話兒。是刻薄怕老婆的。好在偺們在坐。没一個懼內的。　你竟管說罷。没人不答應你。　聽着。有一個管帶官。人又糊塗。又怕老婆。到兵丁犯法的時候。該打的時候不打。不該打的時候打。他老婆就說他。你這不是胡打人嗎兵士怎麼會服你那明兒個你再坐堂的時候你先叫人在公案桌子對面兒房梁上挂一個大鏡子你到審問的時候我在身後頭遠遠兒站着我聽着不差甚麼得打了我在身後頭舉手你瞧鏡子裏我手伸三個指頭你就說打三十板子伸五個指頭你就說打五十棍子他丈夫都答應了趕後來又審兵丁他老婆在後頭聽着是該打的時候了就赶緊的伸五個指頭他丈夫瞧見鏡子裏伸五個指頭立刻就說給我重重的打他五十棍子他老婆聽見五十下兒打完了可就將手一翻落下來了他丈夫瞧見鏡子裏手翻過來了立刻又說給我翻過來將他肚子再重重的打五十棍子他老婆聽見打肚子可就急了連忙擺手兒不教打他丈夫瞧見鏡子裏擺手立刻又說給我兩傍邊兒再打五十棍子　你别瞎說了那兒有這麼糊塗做官的令兒幸虧没有管帶官在坐若不然你的嘴早叫人擰腫了

第三十八章　燈猜

你這兩天竟在家裏過年了老没出來麼　我見天晚上出來　那麼你怎麼

不上我這兒來呢　我這兩天是同着幾位朋友。晚上到存古齋古玩舖
兒打燈虎兒去了。　是誰出的。　是一個舉人出的。　作的好不好。　作的
算可以的。　你猜着了幾個沒有。　我揭了幾個。　都是甚麽。　我猜的一個
是没點的言字打四書四句。　打那四句。你說一說。　一個是是何言也一句
是吾與點也一句是前言戲之耳一句是誠哉是言也。　這個好難爲你猜。
我還猜了一個。是三句話打一個字的。　你快說是怎麽三句話。打一個字
你聽着子路曰是也。顏回曰似也。孔子曰非也。直在其中矣。打一個乜字。還有
一個是四句話猜一個字的。是十字口中攥莫作田字猜。無頭又無尾。悶死一
秀才。我猜的是魚字。揭了來了。　這兩個作的也很好。　我昨兒個晚上又猜
了兩個。一個是累朝事蹟過龍門。打四書人名。是史魚。一個是節孝祠的祭品。
打四書一句。是食之者寡。　這兩句都恰。　還有我一個朋友打了一個是圍
棋盤內着象棋猜四書一句。是子路不對。　這個更恰了。我告訴你前幾年我
打了一個燈虎兒是東街淘溝西街不乾净。打兩句小孩兒語。是這邊兒有水。

那邊兒有鬼。　這個是更妙了。據我看、像現在那位舉人作的這幾個、也就算在好的一路了。　我還告訴你一件事。頭年我有個朋友。他是當書記託我給他寫春聯。我給他寫的上聯是等因前來辭舊歲、下聯是須至洛者大有年。你有多麼可惡。怎麼說起他們的行話來呢。他大概準不肯貼這副春聯罷。那自然他不肯貼。他說的也好。這副春聯、我雖然不貼、我可要收着。因為這是我們的本色。將來也算是一件傳家寶。　你別瞎咧咧了。快穿衣裳、偺們出去趨達會子去罷。　你等一等兒、我就換衣服同你走。

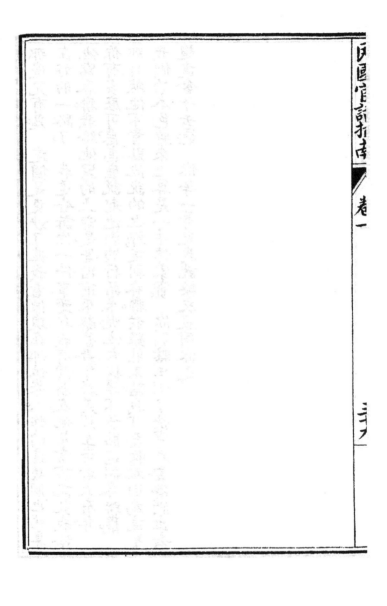

改良民國官話指南第三卷　北京郎秀川重訂

使令通話第一章　荐僕

誰呀　是我咊。你進來　司長你上回吽我找的那十幾歲的小孩子我找來了。現在你若有工夫兒可以帶他進來老爺先看一看他若是你願意就留下他了。　那是自然的。　這就是鄭司長你行禮罷　他是甚麼地方的人姓甚麼今年多大歲數兒了。他行幾。　我是山東人姓張今年十八歲了。我排大他在京裏有好幾年了。他説的話不像是外鄉人。他原來是我們的街坊人很聰明可是向來沒當過使喚人的。所以得吽他慢慢兒的歷練歷練行哪。那好辦可是我是新近到這兒來的。還沒使喚過人了。可不知道得要保人不要。　那是隨司長的意思　那麼就這麼辦罷既然是你舉薦他來的你就作保可以不可以　可以。那麼吽他解多咱來伺候你哪　哼今兒是二十八。離月底還有兩天索性吽他赶下月初一那天再來倒好　是。還有他的鋪蓋甚麼的也都吽他一塊兒拿來罷。　喳。還得定規他住的屋子哪。我想這院子後頭新造的那幾間挨着洗澡房的西邊兒向陽兒的那一間閒屋子。叫他住怎麽樣　那敢自很好了。　這兒某先生打發苦力拿了這個字兒來給你瞧瞧　現在某先生請我我這就要去那麽這件事就按着那麽辦就是了。

第二章　訓僕

來　喳　給先生沏茶。　你老是要沏甚麽茶是嘎啡是紅茶　兩樣兒都不用沏日本茶罷　哎喲這錫鑞罐兒裏的茶葉都沒了。　那麽裏間屋裏的那櫃子上的第二層槅子上不是有個洋鉄罐子麽就拿那個罷往後面瞧着多咱這罐子裏頭的茶葉完上來了就是我不告訴你說你就續上罷　是　你赶緊的拿茶葉去我自各兒沏上罷　請先生瞧那盃茶好就喝那盃罷可是你昨兒個迷迷糊糊的擱了有多少茶葉那個茶沏的彀多麽釅苦得簡直的喝不得了。你沒瞧見昨兒個是先生喝茶的時候苦的直皺眉麽　是往後小的沏茶的時候留點兒神就是了。　你把那茶杌兒上的茶盤兒裏擺着的那茶壺茶碗茶船兒都拿過來你再瞧瞧這火盆裏有火沒有了。　喳火快滅了。

那麼你快拿開水去。就手兒帶點兒熱炭來。　先生甚麼叫熱炭哪。　你真是個糊塗人。連熱炭都不知道。我告訴你。沒燒過的炭叫生炭。燒紅了的炭就叫熱炭。　喳是。老爺開水來了。你沏上罷。　哼現在這痰盒兒裏的吐沫都滿了。你拿出去涮乾淨了再拿來。　是。

第三章　早膳

誰叫門了。　先生天不早了。你快起來罷。　哼。你打洗臉水來罷。　臉水打來了。漱口水也倒來了。胰子盒兒在臉盆架子上擱着哪。　刷牙散在那兒了。　是在那張桌的抽屜裏和刷牙子在一塊兒了。　把擦臉手巾拿來。　是。　你忙甚麼。你現在先不用擦地板了。等着打好了鋪蓋再擦罷。今兒還得換換枕頭籠布和被單子哪。　喳先生這就要點心麼。　哼。就拿來罷。雞子兒不要像昨兒個那麼老。越嫩越好。　是。今兒個麵包是抹上黃油烤麼。　不用了。可別烤煳了。　是。　這兒還短把匙子和鹽盒兒哪。　是。給你拿來了。白糖彀不彀了。這個雞子兒煮的是筋觔兒。　我問你一件事。我聽見說這京裏賣的牛奶裏頭總攙多一半兒水這話是真的麽　平常住家兒所買的牛奶也許有這個事偺們這公館裏用的他們可不敢那麽胡攙亂對的　這個地方買牛奶是論斤哪還是論瓶呢　是論瓶論碗大概的價錢總在九百錢一瓶二百錢一碗老爺還要嘎啡不要了　得了撤了去罷我現在要上某先生屋裏去若是有人來找我你給我送信去　是

第四章　午膳

先生你的管事的來說飯得了請你吃飯去　知道了就去　來　喳　你請我來吃飯怎麽還磨蹭着不擺台是幹甚麽來着　因為剛纔送煤的送煤球兒來了我邀了邀又因為他開來的帳錯了又去查了一查摺子瞧瞧他是送了多少回來就為這個可就躭悞了擺台了　那就是了煤球兒原來是多少錢一百斤　四吊多錢罷　那麽現在你就開飯罷　是　你告訴廚子昨兒晌午他做的那雞湯不好吃明兒再做湯的時候叫他留點兒神把油撇淨了纔好　是　盛飯來　喳　這不是我的飯碗是少東人的　啊這是拿錯了

把你的換來罷不用換了你瞧這兒還短一件要緊的東西你想一想 是是這兒刀子鍾子匙子七星鑵兒碟子盤子筷子都有了我直想不出是還短甚麽東西來求你提醒我罷 還短酒盃哪 啊不錯我是真忘死了 這是甚麽 這是芋頭和雞肉做的湯 這樣兒是真合我們的口味巧了是廚子擱了木魚了罷 大概是罷 這個牛肉很好遞給我芥末和白鹽 是 哎喲你瞧瞧你的袖子把這個碗給拐躺下了快拿搌布來擦擦罷 是 你幹事老是這麽忙忙叨叨的你瞧把這湛新的台布都弄成了這麽哦嗹半片的了 啊請先生饒恕這回罷往後我幹事一定要留神的 拿鹹菜來 今兒沒有醃白菜這兒拿了醬荳腐和醃黃瓜來了黃瓜裏頭已經擱了醬油了還招點兒醋不招了 不要醋現在都吃完了你都拿下去罷 先生給你牙籤兒 哼把茶拿來你也吃飯去罷

第五章 逛寺

今兒是初九先生不上隆福寺逛廟去麽 哼我已經約會了吳先生一塊兒

進去。你去打聽打聽鄭大哥在屋裏沒有。　我剛纔看見他出門去了。巧了是
沒在屋裏。　那麽你拿出我的衣服來罷。　是要甚麽衣裳。　要西國的衣裳。
你是穿氈子的好、是穿布的好。　今兒天氣涼一點兒、可以拿那件原青的
絨、褂子、和那条藍白線兒的布褲子來罷。　是先生看一看。坎肩兒汗禢兒是
要這兩件不是。　啊、這副鈕子。我很不愛。你換那副水晶的來罷。這個領子漿
得這麽軟、而且這上頭的泥也沒洗掉、又是翻過來熨的。明兒洗衣服的再來
的時候。你告訴他、說得留點兒神洗。還得多用點兒粉子漿。噴上水。叫他好好
兒的拿熨斗熨一熨。那纔能周正了。靴子是拿那雙短靿子的來罷。　是。　襪
子這兒破了一點兒。叫了頭找一塊補釘給補上。　是。　你先別走。在這兒服
侍我穿上衣裳。你現在要上那兒去。　給老爺雇車去。　不用雇車去、離這兒
不遠。我可以走着去罷。　坐車去到是體面些兒。　那麽等我穿好了衣服、再
雇去還不晚哪。　是。　拿鞋拔子來。把褲腳兒給往下攏一攏。拿一塊手帕子。
和那個金表來。　先生要烟荷包不要。　要你回頭把我脫下來的東洋衣裳

給疊起來可別拿刷子刷。 是先生再畧等一等兒這兒有一塊縱着了。得拉一拉 都舒展開了麽 都舒坦了。 那麽我在某先生屋裏坐着去竟等着你雇車來罷 是。

第六章 僱車

回先生車來了。 你告訴他說先到交民巷起那兒再上琉璃廠我要買點兒古玩去 是先生若是在那兒有躭悞兒我想莫若就雇一送兒倒好。 還是雇來回的好。免得又累贅你雇的這個車乾淨不乾淨。車箱兒大小騾子好不好。 都好。今兒雇的不是那站口子的車 那麽是跑海的車麽 也不是是宅門兒的車。 宅門兒的車怎麽能拉買賣呢 是因為他們東家没差使怕牲口閒出毛病來所以呌趕車的套出來拉一天買賣。先生不信回頭瞧。不但騾子肥車圍子車褥子都是應時對景的。而且還有傍帳兒 啊那敢情是很好的了。還有一層那趕車的若是個力把兒頭趕到了前門走到石頭道上。可就把車竟往跐窩裏頭趕。把人碰的頭暈眼花連坐車的屁股蛋兒都可以給撴腫了。　現在這個是個好手赶車的。決不至於這麽樣　是多少錢雇的。跟他説妥了的。是六吊錢連飯錢也在其内。赶先生坐回來的時候若是天太晚了。再賞給他幾個酒錢也可以的。那我不用跟先生去麽。　哼你可以騰在車沿兒上跟了我去罷。　是。　你先把那塊花洋氈子拿到車裏頭去舖好了罷。你不是有兩頂官帽兒麽。你可以借給赶車的一頂戴罷。　是先生上車不要板凳兒麽。　哼。要你拿脚把板凳兒那頭兒踹住了罷啊。你快把棍子取來。小的拿來了。遞給你。你就掖在氈子底下就得了。　哼。你快上車罷。　吆喝罷

第七章　延醫

來。　喳。　今天我有一點兒不舒服。先生來了告訴他説。我今兒個不用功。因為我不舒服也不用讓他進來坐着了。　是。　你把那凳子拿過來把烟盤兒擱在上頭。今兒早起。我不吃點心竟拿噯啡來就得了。再去吩咐厨子不必給我預備飯。就給我熬一點兒粳米粥要爛爛兒的。可別把米粒兒弄碎了。要不稀不稠匀溜的纔好。　是。　你給我把被窩再往上蓋一蓋。　是。先生這陣兒

好點兒了麼。剛纔你叫買的那花兒已經買來了。擱在那個汝窰花瓶裏。好不好。可以的。現在我的腦袋還是覺着沉。又有點兒惡心。你赶緊的拿我的名片。到我們公館。快請用吉大夫去。那位用吉大夫是出馬麼。不出馬。這是交情的事情。而且他的醫道是最高。到這兒日子雖不多。在這京裏可是很出名的。不錯。我也聽見中國先生們說過。用吉大夫的醫藥靈極了。可有一層。中國人和他有交情的。常請他出去瞧病。所以在家的時候少。就怕你這個時候去撲空。好在先生的病也不重。若是他不在家。就請個別的大夫來瞧、瞧罷。哼。那時候你請個中國大夫來也使得。我們的大夫都是行本地的醫道。不通外國的醫術。你請施醫院的德大夫來治。那不很妙麼。哼。那麼也好。回先生。巧極了。用吉大夫望看你來了。這實在是造化了。快請進來。你可以預備酒和點心。先生開甚麼酒。開三賓酒罷。紅酒若有也拿來罷。點、心和菓子瞧有甚麼就可以拿甚麼來。是先生。那把酒鑽是你收着了麼。是在那櫃子裏頭槅板兒上了。和赶錐在一塊兒了。拿茶來。喳。斟酒。是拿烟捲兒來。 你替我送送這位先生罷。 是大夫走了。叫我告訴你說。那麪子藥叫分三回吃。務必要臨睡時候吃。纔好。還說叫忌生冷 怎麼剛纔他沒告訴我說呀 怕大夫是纔想起來罷 那麼赶晚上你服侍我吃就是了。是先生喝粥不喝呢。 得了。就拿來罷。把梨也拿來。 先生。大夫不是叫忌生冷了麼 哼那麼就不要了。 是

第八章 出游

過兩天。我要上居庸關去。回頭的時候。就順便逮到西山去逛一逛。那一帶那有好景的地方。然後再回來。你願意跟我去麼。 怎麼不願意去呢。就是先生赴湯投火去。我也要跟了去的。 你從前上那兒去過沒有。 是。去年跟着別位東家去過一盪。先生是打算坐轎子去呀。還是騎牲口去呢。 我是怎麼着都行。這盪打算要帶女東家逛去。所有應用的各樣兒的傢伙。你先都說給我聽聽。 既然東家母也要去。那實在得多帶些個東西。怎麼呢。從這兒起身。一住店。有一件先生想不到得用的東西。為太太可是很要緊。就是太太忽然走

動的時候怕是沒有個方便地方。那麽怎麽着好呢。我們這兒的娘兒們走路的時候都是自己帶着個馬桶所以這盪也得帶着那樣兒東西。若不然就帶上一塊很寬很長的布再拿上四根竹杆子赶到了店裏住下之後可以在院子裏扯起一個帳房來當茅厠也使得　啊敢情還有這麽件不方便的事情哪　我還告訴先生說別說是鋪蓋傢伙得帶上就連東家母吃的東西。也得多帶些個去倘或先生要上湯山洗澡去那就得多躭悞幾天工夫了。在那兒住着用的東西自然是更得多了。　那麽明兒個你先雇停當了一頂轎子和一頭驢子回頭你再細細兒的想一想得帶甚麽吃的。你就都預備出來裝在一個簍子裏為得是帶着方便。　是這帶東西的那層先生倒不必操心我都知道帶去的東西和吃食赶都歸着好了。我就單雇一輛車都裝在車裏頭我又照看着東西又坐車那就都很妥當了。

第九章　移寓

啊好容易我今兒纔租妥了一所兒房子本來是一個小廟那個屋子可很乾

淨房錢亦不大。　是在甚麽地方。有幾間屋子。　在齊化門外頭。日壇西邊兒。我可不知道。那個地方的地名兒叫甚麽。那房子是三間正房。有四間厢房。還有兩間倒座兒。東嘎拉兒裏有厨房。和你們住的屋子。茅房是我搬了去之後。我得找個地方蓋一間。　那麽先生打算多咱搬呢。　我打算今天就趕緊的挪過去。為得是到那兒給房錢的時候。解月頭兒起好算。　那麽我今天得趕緊的把東西先歸着歸着罷。　哼。你先把這零碎東西挪到院子裏去。把地毯拿笤帚先掃一回。捲起來。拿繩子綑上。後來那書架子和櫃子。還有其餘的那些個粗重的東西。你挑那皮剌的。都裝在那個劉二雇來的大車上罷。　是。先生外頭的那些個小物件。是我想要裝在一個大傢伙裏。叫苦力挑了去。倒妥當。　很好。可是那些磁器。可得好好兒的拿紙包上。那床若是不好搭。可以卸下來。等拿過去到那兒再安上。然後再把帳子還照舊的搭上。先生從先掛那些對聯和扁幅的那個釘子。是都得拔下來麽。　哼嘿嘿。你留神着墻上的土掉下來。你怎麽不拿鉗子拔呢。倒拿鎚子打呢。　是。　噯。你和苦力說小心出大門的時候。磨傷了桌子。 是、那麽我也跟着東西一塊兒去。先把東西都照舊擺好了罷。 那先不必等那兒掃得了之後。鋪上地毯、那桌子椅子、就先暫且散擱着、等我過去再調度安置、若你一個人兒弄不了、找個彀伴兒幫着也使得、務必儘這一天。都挪過去纔好哪。 是

第十章　曬衣服

今兒天氣好、也沒風、把衣裳得曬曬。 是、先生連那被窩一塊兒都曬麽。 哼、你先拿根繩子、起這根柱子、拴到那棵樹上去。赶拴好了、把衣裳搭在繩子上曬一曬。 是、那麽那皮箱和箱子都得搭出院子裏去罷。 哼、給你鑰匙、你自各兒開罷、那衣架子上掛着的那些個皮襖皮褂子斗蓬、是得在背陰兒地方晾晾、 是、先生我已經把衣裳都抖摟好了、曬上了、請你去看看、 哼、那麽我去瞧瞧罷、這是怎麽了、我不是說過、那皮衣裳是得晾麽、怎麽你和別的衣裳都掛在一塊兒了、難道你不知道皮東西一曬、毛稍兒就焦了麽、 嗻、那麽着小的找根棍兒、穿上、掛在那釘子上罷、 那就對了。回頭你還得好好兒的抖

晾抖晾　是。　那些個衣服也得分出裌的和棉的來。　這是棉衣裳。你從
這一頭兒搭起。一直的搭到那一頭兒去。　是我想到了晌午都翻一翻。把那
曬過的也倒一倒。把那背陰兒的。都叫他向陽兒。你說好不好。　那都很好。你
現在都把他弄完了。把那箱子磕打磕打罷　是先生想曬到甚麼時候就得
收起來呢。　等太陽壓山兒的時候不差甚麼就都得收起來了。可是你還得
把那根繩子拴到屋裏來。叫他們透透風。是要緊的。不然那羊毛織的東西若
是暑氣藏在裏頭。往箱子裏一擱。顏色就掉了。那可就都糟了。　是那麼着那
綢子緞子的呢。那也是一樣。所以今兒晚上就這麼先擱着罷。趕到明兒早起
再照舊的擱在箱子裏。一層一層兒的都墊上紙。下上潮腦。拿包袱蓋上。四周
圍都掖嚴了。再蓋上蓋兒。不然潮腦就走了。　是。　來把那繩子還照舊的繞
起來。掛在那堆房裏樑上去。　是先生我忽然想不起來那東洋衣服的疊法
了。　啊你真是個廢物。我那麼用心的教給你。怎麼又忘了。太沒記性了。你瞧
是這麼疊。你先把左底邊疊上。再把右底邊折在上頭。然後再把衣裳一攏。把

領子合上摩挱平了。兩袖子往兩邊兒外頭一折。然後再一合就得了。　承先生的指教。

第十一章　戲園請客

來。　嗻。　明兒個我要請客。你出城定地方去。　你打算着請多少位客。　我想有十位客罷。　這麽說飯莊子比飯館子好。　這兩處有甚麽分别呢。　飯莊子是成桌的。飯館子是成桌的也有。零要也可以。若是請的客多。倒是飯莊子好。　成桌的是甚麽。　成桌的都是八大碗四冷葷。另外愛添甚麽小吃兒。那是隨便再要。　那麽零要呢。　那是人喜歡吃甚麽東西。隨便叫他現做。那麽還是成桌的爽快。可是定的菜。要清淡的不要油膩的。　先生想是那幾樣兒菜合衆位的口味呢。　那些個菜名兒。我可叫不上來。你總要挑那不膩的斟酌着定就是了。總要一百吊一桌的纔好。酒是要黄酒不要燒酒。　打算聽戲不聽呢。　聽說中國人請客。總是要聽戲的多。我也要照那麽辦。　官座兒若是現在立刻定還怕沒有。若是沒有的時候。定桌子行不行。　那也使得定官座兒可總找那不吃柱子的地方纔好。是。那麽上場下場都不論罷總是下場好上場有那個鑼討厭。還有我這兩天聽戲。瞧見對面兒官座兒裏。有一個人吃東西那也可以麽。怎麽不可以呢。那總是有相公陪客坐着的時候。吃東西的多。甚麽叫相公。你沒瞧見常在戲台上傍邊兒站着的小戲子。長得那麽很標緻的麽。啊。我想起來了。不錯。有這麽項人。那是幹甚麽的。他們也唱戲也陪酒。若是先生要看。明天到飯館子裏可以發一個條子叫他們一兩個來陪酒。那也很助酒興了。這也倒有趣。先生若是喜歡武戲。就聽梆子。喜歡文戲。就聽二黃。還是聽二黃好。那麽聽三慶啊。是聽四喜呢。聽四喜罷。那麽我這就定去罷。啊還有那跑堂兒的酒錢和戲價。明兒個就起你手裏給他們就是了。是。

第十二章　換錢

那十塊錢換來了麽。是都換來了。換了多少錢。換了一百一十四吊四百錢。合多兒錢一塊。合十一吊四百四一塊。怎麽比昨兒個倒多換了。

是今兒個銀盤兒長了。 怎麽又長了呢 是因爲行市下來的大。 這是誰定的行市呢 先生你不知道這前門外頭珠寶市有一個銀市。見天一清早所有京裏錢鋪的人都到市上買銀子賣銀子去。若是這天市上的銀子多行市就落若是銀子少行市就長赶他們買賣定規了。合多少錢一兩。這錢數兒就算今兒的行市。九城的錢鋪都按着這一個行市。每天買銀子的賣銀子的不能一定一天是一個行市 那麽一塊洋錢合多少銀子呢。 通行都是按七錢銀子一塊合算的。可是那貿易的洋錢。和鷹洋是一個樣。那一圓的少換一點兒在平常用的時候可也沒甚麽分別那麽給你這票子。這都是和豐本出的。 這票子上的錢數兒。怎麽這麽寫法呢。我直的不認得。 是這是五拾吊一整張是個拾吊一張的。這是零的。五吊的四吊的三吊的兩吊的。這是那四百四十錢的零兒。 是了。我各人點點這票子。 你點了對不對。 不錯都對了。可是這個五拾吊一張的不好使喚你拿去取五吊錢的現錢。下剩的破了零的來。 是。還要他本鋪子的麽。 若是他本鋪子沒零的。麽別處的也使得。總要那字號靠得住的要緊。　那是自然的。都磨四恒家的。可就妥當了。　那麼你就辦去罷。

第十三章　告假

劉福你上那兒去了。　剛纔有劉福一個本家的哥哥。從鄉下來找我。說是我的母親病得很重。他把劉福搭出去。說了會子話。所以就躭悞了這麼半天。沒得稟知先生。　你這都不像話。無論出去多大工夫兒。你都應當告訴我說。　是。小的後來再不敢這麼大意了。　還有一件事。劉福要告幾天假。回家瞧我母親的病去。　真是你母親病了麼。不是告謊假呀。　劉福天胆不敢咒我母親有病。　既是真的。你打算告幾天的假呢。　若是我母親病不碍事。劉福三兩天就回來。萬一劉福的母親有個好歹。那就怕是得多躭悞幾天了。　你走了有替工沒有呢。　劉福有個朋友。他在法國府裏當多使喚的。小的可以把他找來替幾天。　那個人怎麼樣。　他沒別的不好。就是吃幾口烟。　哼。我不要吃烟的。這麼辦罷。你不用找替工了。可以叫吳先生的使喚的。代管幾天罷。　那更好了。 你打算多咱走呢。 若是先生肯放劉福去。我就今兒晚上赶出城去。 你既打算今兒個赶出城去。現在天不早了。你就别愣着了。快歸着東西罷。 還有一件事。求老爺把下月的工錢支給劉福 我沒那麽些個錢。不能都支給你。先給你三塊。另外我賞給你一塊錢。 謝先生的恩典。 那麽你現在把吳先生的使喚的找過來。把這屋裏的事。都交代明白。他再把昨兒個破的那個燈罩子找出來。交給他。叫他明天照樣兒配一個來。 是。

第十四章 掃室待客

明天有一位客人要來。你帶着苦力。把上屋裏拾掇出來。 是。那三間。有一間棚都破了。棚架子也掉下來了。牆上的紙。因為犯潮。都搭拉下來了。 哼不錯不錯。那麽得叫裱糊匠來糊糊罷。 是。先生你收着銀花紙了不是。 有好幾刀了。底半截兒牆得糊外國紙。棚上四面兒都拿藍條紙鑲上。 嗐還得買十幾根秫稭紮架子哪。 哼那麽一天可以報結麽。 現在天長。一天總可以完了。 那搭交手還得咱們給他預備杉篙麽。 那是他們各人帶來 還有甚麽得買的。　就是還得買打糨子的麵、和竹籤子。還有蔴繩兒這三樣兒東西。
現在你先把外頭屋裏那兩間。好好兒的掃掃。棚上若有蜘蛛網可得掃乾淨了。把牆上的土都胡拉下來把槅扇都撣淨了。把窗戶上的玻璃也擦一擦然後拿墩布蘸上水擰乾了。把地板都擦了。可小心着。別拿墩布髒了牆你就辦去罷。　是。　來。　喳。　現在來了信了。不行了。客人回頭就到了。　那麽棚邊沒糊了可怎麽好呢。　這麽着罷。你就趕緊的先拾掇出來就讓客人先將就着住了。　是。　你聽大門外頭。車站住了。光景是客人來了。　回先生知道。可不是客人來了麽。　我先迎出去你就呌苦力快打掃屋子你出去搬行李去。　行李都搬進來了。請客人點點件數對不對。　客人說都對了。　還有趕車的說還攏他兩塊錢的車錢哪。　把這兩塊錢給他拿出去罷。你去瞧瞧若是屋子拾掇出來了。你把這行李挪到那屋裏去安置好了。再來沏茶打洗臉水。　是。

第十五章　逐僕

怎麽了。燈罩兒又炸了。　可不是麽。又壞了一個。　我常告訴你說剛點上的時候。燈苗兒要小。赶慢慢兒的再往大裏捻。你老聽不進去。太沒記性了。罷去年就幹過這麽一回了。老改不了。總是你沒把我的話擱在心上。這是怎麽個理呢。　也是我一時沒留神的緣故。　你不止一時沒留神了。永遠沒小心過。就拿去年冬天說罷。爐子永遠沒乾淨過。赶今年撤了火了。爐子裏頭的剩煤也不弄出來。爐子也不刷上黑色。就扔在那堆房裏了。赶後來日子多了。全上了鏽了。還有那個煤。就在院子裏那麽堆着。不定那一天就許着了。　那是我不知道。　莫非你是瞎子麽。　那是苦力的事情。不是我應管的。　你別滿嘴裏胡說。你不會叫苦力收起來麽。　我告訴過他好幾回了。他老不聽。　你別混遮掩。你向來是嘴硬。　我怎麽嘴硬了。　那麽我問你昨兒個我回來你上那兒去了。　我任那兒沒去呀。　那麽我這屋裏瓢朝天碗朝地的。招了好些個蒼蠅。你也不管。那是怎麽了。　是因為我有個朋友來了。就悞了一會兒的工夫沒能拾掇。　我不管那些個。起今兒往後我出去的時候。你總要把屋子拾掇俐儸了。把衣服給疊好了。小爐裏燒上炭。拿灰焙上。瞧有甚麼使不得的東西。該倒的該扔的就都倒了扔了。那纔是有眼裏見兒。哪竟等着挨說纔幹。哪那還算人麼。還有你常愛砸東西也不是事。近起來又添了一樣兒毛病。你有朋友來把我的各樣兒的東西拿出去用。這還像事麼。我多咱拿你的東西了。你別不認帳。昨兒個你拿我的茶葉。我悄悄兒的進來瞧見了。我沒拿。你說你沒拿。我現在到你屋裏搜一搜去。你竟管去搜。你瞧瞧。這是甚麼。你還狡情麼。那是我各人買的。這兒有眞贜實犯。你還不肯認帳。你滾出去罷。我不要你了。先生別生氣。是我拿老爺的東西了。求你寬恕罷。你既認了。我還要你就是了。後來再若有這些毛病。一定立刻退走出去。是。給先生陪禮。謝你的恩典。

第十六章　問馬

回先生知道。馬籠頭壞了。是那個地方壞了。是嚼子那兒壞了。那麼你拿到鞍粘鋪裏去收拾收拾。是。還有近起來所有鞍子馬鐙肚帶這些個傢伙都臢的了不得。怎麽你也不拾掇啊。　沒有的話，那天都拾掇。　那麽那上頭的鐵活，怎麽會上了鏽呢。　那是沒用磚麩子擦的緣故。　我這幾天騎馬出去，馬的脚底下，彷彿是發軟，老愛打前失，那是怎麽個緣故。　不錯，我也覺着是有那麽點兒毛病。　我想光景是馬掌掉了，或是釘錯了，也未可知。那麽我今兒個拉到獸醫椿子上去，再從新釘一回罷。　也好。還有一件，馬怎麽老不上膘呢。　怎麽不上膘，先生瞧不出來就是了。　我很瞧得出來，我知道你是夜裏不餧的緣故，若是馬再不長肉，我可就不叫你包餧了。　你老別這麽說，所有麩子、黑荳、紅高粱、棒子、草，沒不餧足了他的。　我今兒早起，瞧見馬棚外頭地下，汪着好些個水，那是甚麽水。　那不是我弄的水，那是管洗澡房的他幹的。　那麽你把他叫來。　是，我就找他去罷。　先生現在要洗澡麽。　我先問你一件事，你怎麽把澡盆的臢水，都倒在馬棚外頭了呢。　不是倒的，是因為溝眼堵住了，水漾出來了。　那麽你得把那溝眼通開纔好哪。　是。我回頭就通去，可是今兒個，不是你洗澡的日子麽。　你燒得了洗澡水了麽。

是都倒在洗澡盆裏、預備好了。　那麽你拿着手巾和胰子。跟我去罷。你先前頭走一步、等我解完了手兒就去、　是、　你可要把澡房的地板都刷乾净了。別弄的那麽溜滑的、　是。　先生水熱不熱、　熱一點兒、再對一點兒凉水。你給我搓搓澡、　是、　油泥多多罷、　不算很多。　那麽你給我擦乾净了罷。　是。

第十七章　起程

我現在要上上海去、你把東西都歸着起來、　先生打算多宗晚兒起身呢。　一兩天就要動身、　那麽這粗重的傢伙也都帶了去麽。　不咖。那我打算託朋友都把他拍賣了、等我今兒晚上、連夜把拍賣的。和留着的分出來再打點、罷、　我先把這箱子騰空了、把這零碎兒都揀在裏頭好不好。　好是好、赶揀在裏頭之後、可得拿滑藉或是棉花揎磁實了。別叫他在裏頭摇擺纔行哪、　那是自然的。還有那些衣服怎麽樣呢。　那等着歸在那皮箱兒裏。敹上一塊兒打包、　那就是了、　那書槅子上的書。和字帖條幅。都拿紙裹上就行了。　那匾額竟把字撤出來。那架子不好帶、可怎麽辦呢。　那就先擱着罷。　先生箱子都裝好了。那麽把蓋兒蓋上。可以就先釘死了罷。 可以可以。你把那張紅紙遞給我寫個籤子。貼在箱子上。 那皮箱還得上鎖。拿馬蓮包上。然後拿繩子細上。可就省得車磨了。 不錯。那繩子扣兒務必要勒死了。看上車之後晃蕩開。你快打發苦力去買兩張油紙來。包那綢子。 嗐那軟帘子摘下來捲上不好麽。 也好。還有那把旱傘也套上罷。再把這文具都裝在白拜匣裏。現在把你的鋪蓋也都捲起來罷。 把夾被棉被都疊起來。裝在褥套裏。那褥子明兒個還要鋪在車上哪。 是。明兒個把那個馬蓮包的箱子。煞在後車尾兒上。你想怎麽樣。 使得罷。那磁器得拿紙襯上。水糊上。再裝簍兒妥當。 這個法子更妙了。 回老爺知道。某領事打發人給你送了送行的禮物來了。拿進來。給他拿出個片子去。叫他回去道謝就是了。

第十八章　送禮

你幹甚麽來着。 我在花園子澆花兒來着。 那花兒開的怎麽樣。 現在正是盛開的時候。開的好看極了。 怎麽你這手上這麽些個泥。 我是在花園

子弄土來着　你回頭吃完了飯我要打發你送禮去　是給那宅裏送禮去。是給後門徐先生送禮去　那麽劉二這個工夫兒先剃頭去罷　哎你別竟剃頭還得修修臉哪　剃頭和修臉那是一回事　你還得換上乾淨點兒的衣裳平常在家裏做粗活哪原不講究到別的宅裏去總得要撒俐纔是樣子哪　靴子帽子小的可沒有　你可以和夥伴兒們借一頂帽子一雙靴子就得了麽你就快拾掇去罷別磨稜子了。先生劉二都拾掇完了有甚麽話請先生吩咐罷還有那禮物你都打點出來了麽　你瞧這是四匣子東西這是我的職名　那麽劉二得雇一輛車去罷　不行這裏頭有嬌嫩東西怕車撴若不然就叫苦力挑着跟了你去罷　喳那也好　赶你到那兒就說這是我們東家新近打外頭回來帶來的土物奉送這兒的先生用務必把職名給留下然後你就回來　是那麽小的這就去罷　啊還有你到花園子去折幾朶花兒來拿着順便到吳宅給那位先生送了去　先生劉二回來了　徐先生在家了麽　是在家了把劉二叫進去了說是貴東起外頭大遠的帶了點兒東西來留着自己用就給了。又何必費心惦記着我呢。實在心裏不安得很。這麼着給了我一個回片子。給你老道費心。是了。你手裏拿着的那紅封兒是甚麼。可是劉二還要回稟先生哪。這是那兒的先生給劉二一個賞封兒。劉二本不敢接。徐先生說你只管拿着。若是不接我就有了氣了。劉二這纔勉強接過來了。好好你歇歇兒去罷。

第十九章 遣僕買物

你洗完了臉了麼。洗完了。我要叫你買東西去。買甚麼東西去。我要買口磨大蝦米和掛麪。是買四牌樓的麼。別買四牌樓的。那幾個鋪子的東西連一個好的也沒有。那麼我出城買去罷。你出城要買前門大街路東那個海味店纔好哪。不錯那兒的東西可好。就是貴一點兒。貴一點兒也有限的。你是要買多少呢。我要買一斤口磨斤半大蝦米十子兒掛麪。可是那口磨多兒錢一斤。有六吊四的有四吊八的。賤的東西總次罷。那是自然的。那麼買那貴的罷。分兩可叫他們邀足了。他們不敢短分兩的。

那些買賣人的習氣。都愛要謊價。你也別竟聽他們要。總要還個價兒。 你老不知道他們那大字號。都是言無二價。不敢撒謊的。 那就是了。另外你打城外頭。再給帶些個鮮菓子來。 先生打算要買甚麽鮮菓子呢。 杏兒。和李子。還有没有了。 那兩樣兒菓子。現在可没了。 那麽就買梨。桃。平菓。沙菓子。檳子。脆棗兒。葡萄。這幾樣兒罷。 一樣兒買多少呢。 買一斤葡萄。一斤棗兒。下剩那些個菓子。每樣兒買十個就得了。 是。 你帶這四十吊錢的票子去。除子買這些個東西。剩下錢。想着再買冰糖。和藕粉來。 是。那麽小的現在就去麽。 等一等。這兒還有十吊一張的退票。你給珠市口兒那個萬順皮貨鋪裏帶了去。告訴他們。這是一張假票子。叫他們立刻給換上。交給你帶回來。 先生怎麽知道是他們的退票呢。 我收着他們了。並且這是前幾天我到他們那兒買東西去了。他們找給我的。 打那麽没別的事了麽。 還有事。赶你回頭的時候。順便到那個熟裁縫鋪裏。問一問。我定做的那件衣服得了没有。若是得了。你就拿包袱包上帶回來了

第二十章　已僕外薦

張福　嗻　你來我有話和你說　是先生有甚麼話吩咐　現在有一位領事陞到廣東作領事官去要找一個使喚的我打算把你薦給他你願意去不願意去　蒙老爺的抬愛張福願意去可不知道得去幾年　那位領事大概得在廣東三年他願意你跟他在那兒三年你的意思怎麼樣　那倒可以的可有一層若是將來滿了三年那位領事陞到別處去他可以給你船價把你打發回來若是不到三年他不要你了也是他給你船價叫你回來倘或沒滿三年你自己不幹了要回來那可是你自備盤費他是一概不管　是張福都明白了　還有工錢那層那位領事說每月給你十塊錢的工錢四季的衣服都是他管你想怎麼樣　十塊錢的工錢小的也倒願意就有兩層求老爺給說一說　是那兩層呢　一層是先求那位領事支給小的十塊錢安家還有一層每月張福的工錢得起京裏兌給小的家裏五六塊錢就省得張福打外頭往京裏帶錢囉瑣了　那我給你說一說也倒可以行可是先支給你這

十塊安家的錢。你想每月是怎麽個扣法呢。 那是隨那位領事的便。每月扣一塊兩塊都使得。 那就是了。 若是那位領事都答應這兩層了。小的願意每月起你老手裏兑給張福家裏錢纔妥當哪。 那都好說的。赶定規之後。我可以寫個取錢的執照給你。每月初一。你們家裏可以打發人拿着那個執照、到我這兒來取就是了。 費先生的心還有張福走之後先生不得另找個使喚的麽。張福有個親戚可以來伺候先生好不好。 你這個親戚多大了。 他今年十八歲。 當過使喚的麽。 是。他原先在俄國公館當過使喚的。 那件事。先挨一挨兒再說罷。因為現在有一位先生。給我薦了一個人。一兩天可以來試一試。若是不行。再叫你那個親戚來罷。 是。張福竟聽老爺的信兒就是了。你這兩天先把我的東西都歸着齊截了。好交代給新手兒把外頭首尾的事情也都要算清了。 是。若是定妥了。張福可以多咱上工呢。 脚下離月頭兒還有八天。那總是下月初一上工罷。 那就是了。

改良民國官話指南第四卷

北京郎秀川重訂

官話問答第一章　遞國書

這是我們新任的欽差大員。特來拜會總長次長各位們來了。啊，久仰久仰。今日幸得相會，實在是有緣哪。我們欽差問總長次長們好。啊，托福托福。請貴欽差上座。我們欽差說不敢。那麼坐。還是請總長上坐罷。那如何使得呢。欽差今日是初到敝署，該當上坐的。我們欽差說既是那麼着，就從命了。理當理當。貴欽使幾時到的京。我們欽差是貴國本月十六到的。我們久已就聽說這位欽使處事公平，尤重和好。如今既來駐劄敝國，遇事必能持平和衷商辦，於兩國商民均有利益，何幸如之。我們欽差說承總長各位們過獎，實在是自愧才短，謬膺重任，諸事還要求總長各位的指教。貴欽使實在是太謙了。我們遇事還要請教欽使哪。我們欽差說不敢當。請問貴欽差今年高壽了。我們欽差今年六十一歲了。貴欽使年逾六旬了，精神還是如此的强健，實在是養法好。來。喳。擺點心菓子，快盪酒來。我們欽差說、今日是初次到貴衙門來、那兒有就叨擾的理呢。　貴欽使這話說遠了。我們今日和欽差雖是初會、就如同故交一樣。況且這不過預備一點兒粗點心、為得是彼此可以長談。請欽差賞臉、不必推辭。　我們欽差說、叫總長次長們如此費心、實在是於心不安。　那兒的話呢、這實在是不成敬意、請欽使別見怪。　豈敢豈敢、我們欽差說、這太盛設了。　這有甚麼、這實在的不成格局的很了。　我先敬欽使一盃。　我們欽差說、那實在不敢當。　總長請坐罷。　我們欽差還要回敬總長一盃。　那我可真當不起。　那麼我替我們欽差回敬總長各位們一盃罷。　閣下是客、我們如何敢當、還是我們自己斟罷。　那麼我就恭敬不如從命了。　隨便隨便、請欽使嚐一嚐這個點心。　我們大人說、請總長各位們別周旋了、還是自取倒好。　若是欽使肯依實、我們也就不布了。　我們欽差說、決不會粧假的。　那更好極了、請貴欽使再用一點兒點心。　我們欽差實在是彀了。　那麼請貴欽使過那邊兒屋裏坐罷。　我們欽差請問總長次長們、那國書可以幾時呈遞。　那層是等我們這一兩天之内回明總統請示定於何日。然後再照會大人。就是了。那麼竟候貴處的信就是了。就是。我們欽差現在要告辭回去。何妨再多談一會兒呢。我們欽差是還有些緊要公事得趕緊回去料理。不能在此久坐了。還給總長各位們道費心。些須微意。何足掛齒。實在是簡慢得很。那兒的話呢。等改天我們再到貴館去謝步。不敢當。不敢當。請總長次長各人們留步罷。請了。請了。再會再會。

第二章　回拜

貴欽使這一向好。托總長的福。總長近來倒好。托福托福。列位先生們這一向也都好。承問承問。貴欽差那一天回來好啊。嗐承諸位掛心。今日我們到這兒來一來是給欽差賀喜二來是謝步。不敢當。總長和列位先生們實在是多禮了。貴欽使恕我們來遲。豈敢。這位先生怎麼稱呼。我們還沒會過面了。可是我們倒忘了。你們二位請來見一見。這是新任的某欽差。這是我們劉總長。久仰久仰。彼此彼此。日前蒙貴欽使光顧我正告着假了。故此失迎。求欽使原諒。　豈敢豈敢。總長貴處是甚麼地方。　敝處是江蘇。　總長現在是那衙門行走。　我現在是法部總長。兼管平政院的事務。　總長是甚麼出身。　我是東洋法政大學畢的業。　總長都是榮任過外省甚麼地方。　我没作過外任。自從日本回國之後。就在法部供職。後來派過一次出使外洋的差。　都是派過那國的差啊。　派過一次到東洋的差。後來回京就派在司法部了。　總長今年貴庚。　今年虛度四十七歲。　總長年歲未及五旬。已經榮膺顯秩。這足見是高才極了。　過獎過獎。我這不過是僥倖。實在是自愧無才。濫竽充數就是了。　總長太謙了。今兒個我預備一點兒菓酒。請總長列位們在此多談一會兒　承閣下費心。我們理當討擾的。無奈今日是有奉公特派的事件。必須趕緊回去辦理。我們心領就是了。　既是如此。我也不敢强留了。　那麼我們改天再來領教。就此告辭。　勞總長列位們的駕。　那兒的話呢。貴欽使留步罷。　候乘候乘。　不敢當不敢當。

第三章　接見公使

請司長見一見這一位是我們新任的欽差。今日特來拜望司長來了。呵。久仰久仰。 我們欽差問司長好。 哦貴欽差好 我們欽差說托司長的福。貴國大總統一向聖體康泰 是我們欽差說敝國大總統一向倒很康泰。請問貴國大總統一向聖駕安康 是敝國大總統一向倒很安康請欽差上坐。我們欽差讓司長上坐。 豈敢貴欽差到此理當上坐的。 我們欽差說這實在是膽大了。 請坐請坐請問貴欽差是幾時由貴國動的身。 我們欽差。是敝國上月初十動的身。 一路倒都很平安 是我們欽差說托司長的福庇沿途都很平安 貴欽差到上海住了幾日。 我們欽差在上海住了不過兩天就往這麽來了。 沿路上走着。往這麽來也很遠哪可不知道有甚麽新聞沒有我們要請教的。 我們欽差說沿路上的古蹟倒不少。但是關係現在國政的事情。倒沒甚麽新聞。 是。那麽貴欽差上京定規是那一天。 我們欽差打算後日就要北上。 貴行期何必如此緊急。 是因為欽限將滿。不敢久延。 是由水路走。還是由旱路走呢。 我們欽差。是因為行李太多。打算由水路走。　船隻都雇妥了麽。　今日已經打發人雇去了。大約明日可就雇齊了。
告訴貴欽差說。我可以派兩個武弁帶領二十名兵丁。護送大人到通州。
我們欽差說。司長如此費心。實在是感謝不盡了。　豈敢。貴欽差到此。我這是
該當効勞的。　我們欽差說。實在領情。　那麽我今晚就發文書。咨報外交衙
門。就提欽差大員。是後日由水路北上就是了。　那好極了。我們欽差今晚也
有文書到京裏敝國公館去。　那更妥當了。　我們欽差現在要告辭回去。
請貴欽差再略坐坐兒。多盤桓一會兒。　我們欽差。還有點兒公事。得赶緊回
去辦理。　那麽勞貴欽差的駕。我明日再回拜閣下去就是了。　我們欽差說。
不敢勞動司長的駕。　該當的。　司長留步罷。　侯乘侯乘。　不敢當。請請。

第四章　回拜公使

我今日來。一來是回拜貴欽差。二來是到貴署謝步。　豈敢。貴司長實在是多
禮。　那兒的話呢。是該當的。貴欽差啟行準在明日麽。　是明日一準起身的。
船隻想都齊備了。　是俱已齊備了。　那麽明早是在何時啟節呢。　大約

就在已初罷　那麽我明早長正過來送行就是了　那實在不敢勞動了今日偺們一見就都有了等後來我再來之時或是司長上京偺們可以再多盤桓幾日　既是如此我就遵命不過來了　豈敢貴司長約摸可以幾時到京去呢　大概今年冬至月底可以到京去彼時必當到貴館拜會的　倘或貴司長上京之時請你先期賞我個信我便當掃榻以待　豈敢要去之先必然要預先奉告的　還有一件事托咐司長　貴欽差有甚麽事只管吩咐　豈敢我們這個領事官人甚年輕況且又是初次當差尚欠歷練倘有不到之處求司長擔待些個纔好並且還要求司長諸事指教俾伊有所遵循則我感同身受矣　貴欽差太謙了這位領事官人雖年輕才情敏捷數月以來我風聞所辦的交涉事件均甚妥善我心中實在佩服得很不過是在敝國年分尚淺於敝國制度風土人情恐還不能周知倘有不甚明白的事情問及於我我必要詳細告知的以副雅囑　貴司長實在是過加獎譽了他這不過是學習當差而已　我現在還有公事在身就要告辭了　那麽偺們就等在京裏相會

了。是趕大人到京之後。還要求賞給一信。以慰遠念。　是到京之後。必有信奉致司長　那麼明早我就派武弁帶領兵丁到此聽候貴欽差指使就是了。　豈敢實在承司長的盛情了。　該當的大人請留步罷　請了再會再會。

第五章　交涉保護游歷人員

總長列位們都好　承問承問閣下這一向好。　托列位總長的福這一向到很好。　閣下請坐　總長列位們請坐。　這一向公事忙不忙。　這一向倒不甚忙。　閣下今日到此有何公事見諭。　今日我是奉我們欽差的委派到貴衙門來有件面談的公事。　哦請說一說。是件甚麼事呢。　因為上月有敝國一個翻譯官。領有護照。到某處游歷去。趕他到了那個地方。就住在一個店裏頭了。誰知那兒的百姓。少見多怪。每日三五成羣。在店門口兒擁擠觀看。其中還有口出不遜者。並且敝國翻譯官。風聞那些個百姓。有意滋事。因為那個店離隊官住處不遠。於是他就到隊官住紮處去。意在面見汛官。請他設法彈壓免生事端。誰知那個汛官竟自托病不見敝國翻譯官。無法。就又到知事衙門去拜會。赶他到了知縣衙門。把名片投進去了。等候許久。門丁出來說知縣陪客說話哪、不能接見、這麼着敝國繙譯官就回店裏來了。次日清早他又到縣衙門去請見、有一個姓王的書辦出來、把他讓到科房裏去了。王書辦問他的來意、他就將百姓有意生事、打算請知事設法保護的話、說了一遍、王書辦說因為知事現有公事在身、不能接見、敝國繙譯官就說既是知事公事煩冗、我也不便請見、不過求閣下將此事回明知縣、就提我請他赶緊彈壓、免生意外之事、是要緊的、王書辦滿口應允、然後敝國繙譯官就告辭回店裏去了。誰知他在店裏、又等了兩日、並沒音信。百姓越聚越多、信口胡言、勢必要鬧出事來。他看情形不妥、就一面發稟帖、稟報我們欽差知道、一面他就起身到府裏去、打算面求府知事轉飭知事妥為保護、可不知道到府裏去辦理如何、但是我們欽差昨天接到他的稟帖、十分詫異、因想各國人民到處游歷、既領有護照、地方官就應當照章保護纔是、此事不但載在條約、而且屢次奉令飭知各省長官、轉飭各地方官恪遵條約、保護洋人、何以各省長官倒能遵守條約、而地方官們仍是以保護之責。視為無足輕重之事。令人實不可解。如今我們欽差說就求總長次長們。再咨請各省長官。轉飭所屬。後來若是有外國人帶着護照、到處游歷地方官總應當加意保護。以符條約是要緊的。　是了。閣下回去可以告訴欽差。就說這件事。我們明日就行文到那兒去。請該省的長官。要查問那個知事和那個隊官究竟他們是為甚麼不肯接見及不設法彈壓的原故若是查出他們有辦理不善之處。必須將他們閙參的。並且我們還可以再行咨請各省長官轉飭各州縣。日後若有洋人到各地方游歷去。總要按照條約加意保護。倘或有不肯盡力保護的。一定要指名奏參的。　是。　勞總長們如此費心敝國的官民實在感謝不盡了。　那兒的話呢。這是我們該當盡力的。　那麼我回去就遵照總長們的話回明我們欽差就是了。　閣下回去替我們問欽差的好　是回去都替說　請了請了。　再見再見。

第六章　交涉輪船碰傷案件

今日我是奉了我們欽差的委派到貴衙門來和總長先生們。說知一件公事。

啊是甚麽公事呢　因為是上月有敝國的一隻火輪商船船名風順由上海往天津來行至葛沽的上邊兒撞壞了貴國停泊的一隻商船赶到風順輪船到天津之後船主業將此事禀報敝國領事官了並且禀明了那隻中國商船停泊的地方有礙輪船往來之路説是既然那隻商船不按河泊章程停泊此次被輪船碰壞便不應認賠的後來敝國領事官接到貴國外交司的照會説是據中國船戶周立成禀報該商船正在葛沽水面上行走之間敝國風順輪船由後面來將該商船撞壞船舵已經撞折了船幫也撞壞了彼時敝國領事官照復外交就提風順船主已經禀明了説是中國那隻商船是在河裏灣着了因他停泊處所有礙輪船往來之路以致被碰按照河泊章程是不應賠的但是現在兩國應當彼此先派委會同到碰船之處查看一回然後再議應賠不應賠的事這麽着外交司就派了一位委員會同敝國繙譯官到碰船的地方查看了一回那個船戶周立成原禀的是把他的船舵撞折了把船幫也撞壞了赶他們一看不過將船舵撞折了並没撞壞船幫這一節就先與原報

不符。又據船戶周立成說那天他的船實在是正走之間。被輪船碰的。然而據敝國船主說那天周立成的船。並沒在河內行走。實在是河裏停泊。阻碍輪船之路。以致被碰的。外交司總以敝國船主之話不足信。以中國船戶之言為足憑。敝國領事官和外交司辯論。若是以中國船戶之言為可信。那麼那個船戶。原稟的是輪船將他的船舵碰折了。將船幫也撞壞了。及至一查。不過將船舵撞折了。並未碰壞船幫。只舉此一端可見那個船戶的話不足為憑了。外交司雖然無話可答。到底還是堅請敝國領事官。飭令輪船船主賠償修費。敝國領事官。據輪船船主供說那個中國船戶既然不按照河泊章程停泊。致被碰壞。照例是不能賠償的。敝國領事官。若強令該船主賠償修費實不足以服其心。無奈外交司總不以敝國領事官之言為然。彼此辯論不休。敝國領事官實無法可辦。所以詳報我們欽差大臣。請示辦法。我們欽差派我來請問總長先生們。此案應如何辦理方免彼此爭論。　雖然今日總長不在坐。依我們之見這案兩造各報一詞。都不可憑信。總應由貴國欽差大臣札飭領事官。由我們札飭外交司。叫他們飭令兩造各尋見證。然後彼此會訊。自然就有個水落石出了。閣下回去將此節回明欽差大臣。如以為可。就請賜一信來。我們就給外交司行文去就是了。是。那麼我回去將次長先生們所論的辦法回明我們欽差斟酌可否再寫信來就是了。是。就這麼樣罷。那麼我暫且就要告辭了。請了請了。

第七章　託情

大人這一向好。托福托福。閣下一向可好。承問承問。閣下請坐。大人請坐。閣下這一向公事忙不忙。公事到不甚多。閣下今日光臨敝署。是有甚麼公事麼。是。今日是奉了我們領事官的委派。到貴衙門來商量一件公事。是甚麼公事呢。因為有這本地一個商人。名叫劉雲發。由福州僱定了敝國一隻夾板船。裝載雜貨。運到此處。議定水脚是四千五百塊洋錢。在福州地方先付過一千五百塊。說明白的下欠那三千塊錢。是到此處付清。船主當時也都答應了。這其中並沒有中人行棧經管。俱是他們彼此對講的。趕前四天船到了此處次日一早劉雲發用撥船將貨物起下來裝上了。運到海關門口俟驗。然後他和船主説他先到家去措辦水脚。晚上必回船上來。把下欠的銀兩都要交清的。他還開了他的住址交給船主收着。船主看他那個人是個正經商人可就答應叫他去了。赶到那天晚上。劉雲發並未回船。直等到昨日晚上。仍未回船。船主就遣人接他所開的住址。到那個地方去找並未找着。心裏就未免設疑。故此稟報領事官。函致税務司。若是劉雲發完清税項。暫且將貨物扣留。等他交清水脚銀兩。再為放行。後來接得税務司函復説。若是劉雲發完清税項。海關沒有暫行扣留貨物之例。此事礙難照辦。領事官恐怕劉雲發忽然交清税課。海關將貨船放行。這項水脚銀兩可就無着落了。所以領事官派我來請大人函致税務司。如若劉雲發完清税項。暫且把他的貨船扣留。等他還清水脚由我們領事官知會大人轉致税務司放行。請大人千萬費心給辦一辦。我們就感情了。　這件事。若以公事而論。劉雲發完清税項。海關原無扣留貨船之例。如今領事官既然託咐我。我不過按着私交情。轉託税務司。把劉雲發貨船。暫且扣留就是了。赶到他交清水脚銀兩。請領事官赶緊賜我回信。我好知會稅務司。把貨船放行。這不過是暫時通融辦理。後來不可以此為例。 大人如此費心。我們實在感謝不盡了。那兒的話呢。這回頭我就給稅務司發信。 那麽我要告辭了。 請請。 改日再見。

第八章 布商交涉案件

今日我是奉了我們司長的委派到這兒來。是和貴領事官。說一件公事。 是甚麽公事呢。 因為前次貴舘照會我們司長。說是這本地慶長洋貨鋪東家趙錫三。批定了貴國天盛洋行哈喇六十包。立有批單。赶到上月貨到了。洋商催趙錫三起貨。趙錫三藉詞挑剔。不肯將貨物起去。領事請我們道台飭縣。把趙錫三傳案查訊。後來據知事稟復說。把趙錫三已經傳到案了。據他說。去年封河之先。他在天盛洋行。批定了六十包哈喇。立了一張批單。他付過定銀一百兩。言明今年三月初間交貨兌銀子。兩無耽悞。赶到本年三月初間貨到了。天盛洋行。遣人去給他送信。他就拿着原樣去到洋行。把貨包拆開。拿原樣一此內有十包貨樣不符。所以他不肯收貨。要把原給的定銀退回。叫洋商將貨物另行出售。洋商不肯退還定銀。這麼着兩人也沒說開就散了。不料洋商竟自將他稟控他不肯起貨。實在是因有貨樣不符的緣故並未是藉詞推托。我們司長據知事的稟復已經照會司長了。後來又接到貴領事的回文說是趙錫三在縣署所供的情形是一面之詞。不足為憑請飭縣仍舊叫趙錫三收貨兌銀子。我們司長說雖然趙錫三所供的是一面之詞。無奈他既供出因貨樣不符。他不肯起貨。如今若是勒令叫他收貨付銀子實在不足折服他的心。若是一定以趙錫三之言為憑。洋商又未必肯服。我們司長現在想了一個善法。遣我來和領事官商量。打算定規本月某日。我們司長同貴領事在會訊公所把原被兩造傳來叫洋商雇人。把那六十包哈喇。抬到公所去貴領事和我們司長過一回堂。公同看一回貨物孰是孰非自然立判。不知道大人的尊意以為何如　此事我原無成見如今既然兩造各供一詞。難以定案。司長所想的辦法也很妥當。然而以我的愚見由司長飭令趙錫三。約兩個華商由我飭令

天盛行的東家邀兩個洋商。是日都齊集會訊公所。叫他們四個商人看明貨
物是否與原樣相符。以他們四個人為憑據若果他們四個人看明貨樣相符
司長便可飭令趙錫三起貨付銀子。如果貨樣不符。彼時我訊明天盛行主。再
和司長商議辦法愚見若此閣下以為何如 貴領事所論的辦法更盡善盡
美了。我回去將此節稟明司長再回覆貴館就是了。閣下再坐一會兒罷。
今日是有公事在身。不能久陪等底下再給貴領事來請安。 豈敢豈敢 貴
領事留步罷。 改日再見。

第九章 買辦倒欠案件

今日我們領事官委派我來和司長商量一件公事。 是甚麼事呢。 就是敝
國昔昌行掌櫃的朱曉山虧空銀兩的那一案。 那一案前日我已經照會領
事官了。不知道領事官以為何如。 我們領事官的意思是這麼着當初寶昌
行聘請朱曉山之時。有祥立仁和福順晉昌四家具的保單言明嗣後朱曉山
如有虧空等事。除將朱曉山家私變價賠還外下欠若干兩四家保人一律攤

賠。各無異議。前日我們領事官接到司長的照會。說現在除將朱曉山家私變價一千兩賠還外。下欠四千兩。應着落保家晉昌綢緞鋪賠出銀二千兩。其餘二千兩。着落祥五仁和福順三個洋貨鋪保家。一律攤賠。我們領事官看司長如此辦法。實有不解。所以打發我來請問司長。因何不按保單上所說的。叫他們四家保人均攤。怎麽單叫晉昌號多賠。叫那三家少賠呢。　我叫晉昌號多賠。叫那三家少賠。這其中有個緣故。因為前次我把那四家保人傳來審訊之時。據祥五仁和福順三家鋪東說。當初具保單時。雖然言明將來朱掌櫃的如有虧空等事。除將朱曉山家私變價賠償外。下欠若干兩。四家保人。一律均賠。然而這些年晉昌號時常有借用朱曉山銀兩買貨之事。其所借用之銀兩。並無利息。所以他這些年也頗沾朱曉山之光。我們這三家保人。這些年和朱曉山並沒有交往錢財的事情。向來沒有沾過朱曉山之光。如今若是叫我們都一律攤賠虧空。我們三家實在寃屈。這麽着。我又問晉昌東家。他們那三家所說的是實有其事麽。據他供認。這些年實有借用朱曉山銀兩買貨之事。情實沾朱曉山之光頗多因此我纔將朱曉山虧空的這四千兩銀子斷令晉昌號賠出銀二千兩那三家保人分賠那二千兩銀子他們四個人都情願具輸服甘結此事我出並未十分勉强閣下看如此判斷還有甚麽不公平之處麽

我斗胆說一句話求司長可別見怪

閣下有話不妨明言

據我看如此斷法似乎不甚公平

有何不公平之處呢

大人之意是以為晉昌號這些年沾過朱曉山之光所以如今斷令他多賠那祥立仁和福順三家向來並沒沾過朱曉山之光所以斷令他們少賠依我的愚見斷此案總應當據保單上所說的話為憑保單上既然言明將來賠補朱曉山虧空應當四家保人一律均攤如今若單叫晉昌號多賠不但與保單原議不符且恐那三家有幸免之詞似乎不公至於說晉昌號常借用朱曉山銀兩買貨並沒利錢這些年沾朱曉山之光頗多因此斷令晉昌號多賠然而晉昌號借用朱曉山銀兩那是他們的私交情與此案無涉斷無因此案而牽涉伊等私情之理在那三家保人希圖少賠錢原可以任意混供在司長原不必據他們之言而斷設若這四家保

人內中有兩家沾過朱曉山之光那兩家沒有沾過朱曉山之光那麽就應當竟叫這兩家沾過光的賠銀子那兩家沒沾過光的就可以置身事外麽所以司長總應當據保單上令他們四個保人一律均賠不可有賠多賠少之分方為公允　閣下所說的是據理而論我所說的是隨勢酌情權變之法　司長所說的隨勢酌情權變之法那是據理判斷有萬難之處方可用權變之法如今此案據理而斷並無碍難之處又何必用此權變之法呢　閣下既然看我所斷的不甚公平請閣下回去之時和領事官商量商量然後偺們再從長計議也未為不可　既是如此偺們再議就是了我現在要告辭回去　忙甚麽偺們再談一會兒罷　我還有公事了偺們改天再會罷　請了請了　再見再見

第十章　洋商被欠

今日我到貴衙門來是和司長面商一件事情　哦請教是甚麽事呢　就是因為貴國信成洋貨鋪欠敝國恒裕洋行的貨銀那一案因為上回恒裕洋行

稟控信成洋貨鋪的時候。我先把信成的東家王保山傳來問了一問。據他說這本地富順雜貨棧欠他有一萬多兩銀子的貨銀。屢　去催討。總也沒還。若是能把那項銀子追出來。除了還恒裕洋行貨銀五千兩。還富餘五千多兩銀子哪。他求我照會司長飭縣先把富順棧的東家傳到案。把那項銀子追出來。他就可以歸還恒裕洋行的貨銀。我是恐怕恒裕洋行貨銀無着落。所以照會司長飭縣傳訊富順棧的東家。把他該信成的貨銀追出來。為得是好歸還恒裕洋行的欠款。昨日司長遣委員楊先生到敝館去。說是此案恐怕是信成東家。託出恒裕洋行東家。揑詞代為控追富順棧的欠款。如果照辦。怕是開洋商包攬插訟之端。請我細細的查問明白再議。這麼着。我又把恒裕行的東家叫了去。細問了一問。據他說信成洋貨鋪實在欠他行裏的貨銀五千兩。有帳可憑。他並不知道富順棧該信成洋貨鋪銀兩的事。至於求我照會司長飭縣傳富順棧的東家。訊追欠款。那實在是王保山的主意。並非是他們兩人商量的辦法。如今我既然查明白了。這其中並沒有毛病。那麼就還請司長飭縣照辦就是了。貴領事雖然查明白了。這其中並沒有弊病。總還該當由洋商控追信成由信成控告富順各清各帳方為正辦。若是隨便牽扯雖然這案沒毛病難保後來不滋生弊端。這也不可不預為防範。貴領事尊意以為何如　我想司長所說的也很有理。不過有一層。請司長吩咐知事將來王保山到縣控告富順知事把富順棧欠信成的銀兩。追出來的時候。先別叫信成領去。由知事把信成欠恒裕洋行那五千兩貨銀扣下。其餘的銀兩再叫王保山領去。司長想這麼辦好不好　這層我倒可以飭縣遵辦就是了。　既是如此我明日行文過來就是了。暫且失陪　那麼偺們改日再見　請了請了。　再會再會。

第十一章　陞任

老兄大喜了。　老弟同喜。　因為昨日我看見報。知道老兄選上了。所以今日特來給老兄賀喜　實在勞駕得很了。老弟請坐。　老兄請坐。　老弟這一向官差忙不忙　這一程子公事很忙。總未得暇　何以如此之忙呢　是因為這一向竟辦理稅契的事情哪。　稅契也快辦結了罷　是也就在這個月底就可以辦結了。是。老兄是幾時驗放。大概就在本月初十驗放。缺分怎麽樣呢。算是個中缺罷。老兄如此大才。不久便要調首縣的。那如何敢指望呢。我這初次作官但願得一簡缺免有竭蹶之虞。若遇一煩難之缺轉恐才不勝任必致貽笑大方。老兄太謙了。那麽老兄行期大約得幾時呢。大約也就在冬至月初間罷。限期是多少日子呢。限期原是三個月。若是有緊急的事也還可以再告一個月的假。在我的意思看若到臨時沒甚麽緊要事件也就無須告假了。老兄此次攜眷去麽。我想冬天路上太冷。若是攜眷去諸多不便。我打算今年我先到任上去。趕明年春天再遣家人來接家眷去到方便些個。是。老兄這麽辦倒很妥當。我現在要上衙門去。改天再談罷。老弟有官差在身。我也不敢久留。等我赴任之日再到老弟府上請安去就是了。不敢當。老弟請留步罷。老弟請走罷。那兒有不送之理呢。老兄請進去罷。候乘候乘。不敢當。

第十二章 賀得知事

老兄久違了。彼此彼此老弟大喜了。同喜同喜。我是前日到的家。看見題名錄了。知道老弟優取了。所以今日特來賀喜。勞老兄的駕。那兒的話呢。老兄請上坐。老弟請坐。老兄一路上倒都很好。是托福一路都很平安。老弟此次取的很高。足見是學問有素了。承過獎了。這不過僥倖如此就是了。老弟太謙了。此次考試官是那位。房師是張老師。都見過了麽。是前日考試官已見過了。令弟此次抱屈的很。那兒的話呢。是甚麽錯了呢。是法律兩條對不上來。所以掉了。這也是一時的精神不及。下次考試一定要取中的。借老兄的吉言罷。你此次進京來。是有何公幹我是解銅來了。都交代完了麽。昨日已經都交代清楚了。那麽你此次回省就可以補缺了罷。今年回省。署事遂可以補缺。大概總得明年罷。可是覆試是多喒哪。覆試是本月二十三。那麽等過了老弟覆試。偺們再談了。我現在要告辭了。老兄何妨多坐一會兒呢。我是今兒個還要拜客去哪。那麽等過了覆試。我再到府上請安去罷。不敢當。老弟留步罷。偺們改日再會。

第十三章 託代上稅

今日我到府上來。是有奉懇兄台的事情。 豈敢老弟有何見教。 是因為有我們一個敝鄉親由四川運來有十數箱綢緞托我給他辦這上稅的事情。我也是一概茫然。所以特來奉懇兄台代為辦理。 大概貨物得幾時到呢。 大約後日可以到京。 此事容易辦。 兄台可以托誰給辦呢。 你們這位貴鄉親現在到京了麼。 他是昨兒晚上到的京。打算把這上稅的事情安置好了。他再出城迎貨去。 是我今兒可以出城。託好了稅務司的經承叫他派兩個人後日一清早到你的寓所去。跟着你那位貴鄉親一同出城迎貨。然後叫那兩人押着貨車到務。囑咐貴鄉親可以先期開一清單交給我是日由我呈請查驗。赶查驗之後就可以先打印子放行。等科房把稅銀算清。告訴我說。我再和貴鄉親要出來給稅務司送去。不過得給底下當差的些個飯錢就是了。 我們那個敝鄉親倒不怕多花幾個錢。只要保其平安就是造化。如今聽你說的這個辦法是妥當極了。 請貴鄉親竟管放心。此事既是我承辦。我管保萬無一失。 你不知道我們那個敝鄉親現在是驚弓之鳥。 怎麽。 他前年運來十箱子綢緞。赶到了彰儀門的時候。城關了。他就住在一個店裏頭了。赶車的起車上把烟土卸下來了。被巡役看見了。報他私卸貨物。因此罰了若許銀兩。所以此次他是膽戰心寒。故此纔託我預先安置。 你告訴他萬妥。决不能有差錯。 那麽實在承你費心了。我明日在寓所你候的佳音就是了。 就是就是。

第十四章　約友赴筵

前次承兄台枉顧。今日特來謝步。 豈敢。老兄實在多禮。 那兒的話呢。這是該當的。 老兄這一向官差如何。 這幾日稍微的漸消停一點兒。 老兄是能者多勞。 承過獎了。不過以勤補拙就是了。 老兄太謙了。 今日兄弟來。打算初五奉請兄台在同慶堂一聚會。求老兄千萬賞臉别推辭。 兄台何必如此費心。偺們一見如故。似無須拘此形跡。 這不過是兄弟一點兒誠心。聊盡地主之情。況且同座幾位都是偺們道義中人。又是和兄弟至好。人家不過聚在一處談一談就是了。　既蒙老兄抬愛我就遵命了。　豈敢這是兄台賞臉賜光了。那麽明日我備帖過來就是了。　偺們今日既當面說明白了。老兄就不必送帖來了。不過請告訴我時辰就得了。　那麽我就從命不送帖來了。偺們初五午刻。在同慶堂會面就是了。　我屆時必要早到的。　那好極了。還有一件事我要奉懇老兄替我為力。　兄台有何事吩咐。　因為我這是初次到京舉目無親。打算把敝眷接出來。一則諸事便當些兒。二則免得兩處當家。現在要租一處房子。可沒找處。老兄若有相識的。求你給我找一棚。　巧了。有一位朋友。他那房子要往外租。若是老兄住着。一定合式。偺們初五這約。就有此公在座。那個時候便可當面商議。這實在是萬分湊巧了。　此事全仗老兄為力了。　那兒的話呢。　我也要告辭回去了。偺們初五見。就是了。　老兄回去了。　再見再見

第十五章　會晤

你們二位見一見。這是朱筱園。這是黃穀臣。　久仰久仰。　彼此彼此。　老兄請坐。　請坐請坐。　我常聽見這位李芝軒老兄。提閣下學問淵博。實在仰慕得很。今日一見。真是有緣有緣。　豈敢。兄弟是才疏學淺。承芝軒兄台謬獎。實在是慚愧的了不得。　老兄太謙了。請問老兄是由幾時丁的憂。　是由今年春間。　老伯在的時候。都是榮任過甚麽地方。　先父是由翰林轉御史。後來陞給事中。然後京察一等。簡放廣東督糧道。光復那年。敝省都督。請他老人家出來辦鹽政。是今年二月初五。在敝省鹽政出的缺。　尊老伯今年高壽了。今年六十六歲。　實在可惜可惜。　老伯母今年高壽了。　家母今年整六十。身體倒還康健。　是托福倒很健壯。　閣下是在司法部供職麽。　是。兄弟是庚戌那年畢業回國。考列優等。從前清到民國。可都在法部當差。現因丁憂回籍守制來了。　貴昆仲幾位。　我還有一個兄弟。就是我們兩個。　令弟原先榮任過甚麽地方。　他沒當差。他是壬午副榜。先父在的時候。他隨侍任所。現在是在法政肄業。　是。兄弟這是初次到貴處。一切未諳。諸事總是求老兄指

教　豈敢老兄從先是在何處遊幕　前年曾就易州衙門的文牘去年冬間舊居停因案去任兄弟脫館就回家去趕到今年夏間我們這位朋友派授此缺執意邀兄弟同來誼不容辭所以就一同來了　我們這位老知事是由甚麽出身　他是由舊資新考出來的　是我現在要告辭回去改日再來領教

豈敢老兄回府先替我給伯母大人請安兄弟改日親見到府上請安去

不敢當兄台留步別送　請了請了

第十六章　會談

前次我是聽見孔竹菴兄提老兄大名不敢造次晉謁託孔兄代為先容今日特意到府上來請安　豈敢勞兄台的駕我也是久仰大名只因家事煩雜還沒得過去拜訪今日一見深慰下懷　我這是初到貴處人地生疎諸事仰仗兄台指教　豈敢有甚麽事兄弟是必當効勞的請問老兄是幾時到的敝處

我到此不過兩個月　我聽見孔兄說老兄現在是辦理本處釐捐局的事務　是我到省裏稟見巡按使之後奉委幫辦本處釐捐事務　老兄在省裏

日期先託孔兄過來知會老兄罷　就是就是

第十七章　詩會

兄台這一向少見是有甚麼貴幹去了麽　是同着幾位朋友到西山遊玩去了　去了有多少日子呢　在山上住了有十天　住了十天可逛足了罷遊玩的地方倒不多在那兒竟住了幾天　在那兒住着幹甚麼來着　我們這幾個人是在西山上一座關帝廟裏立了一個詩會　這雅的很哪都是每月逢幾開會呢　每月初一至初五十一至十五二十一至二十五這都是作會的日子　這麽說一會是五天一個月共是十五天　不錯每月是十五天

這每月作會的日子很多呀共總有幾位朋友呢　偺們京裏的連我是五個人還有那本地的兩位朋友共總七個人　那麽你們這五位作會的日子得在那兒下榻罷　是我們每逢作會的日子頭一天去趕過了作會就回來

在山裏頭是住在那兒呢　就住在那本廟裏　那麽飯食是怎麽辦呢我們是由京裏帶一個廚子去吃的東西也是由京裏買了帶了去酒和肉彼

住了有多少日子。住了不過一個月。老兄可以幾時到差呢。大概得到本月底下月初罷　貴局每年是多少比較　現在倒没論比較就怕初規復不好辦我也辭了幾回差無奈上峯不准我總怕辦不起色。貽笑大方　豈敢

老兄是在崇正學校主任麽　是因爲是敝處紳士公舉兄弟在學校主任其實自愧無才徒負虛名而已　那兒的話呢　前次兄弟曾託孔兄來面求老兄一件事今日我斗胆特來奉懇　不是爲令弟的那件事情啊。不錯。就是那件事　我是因爲才疎學淺恐怕躭悮令弟的學問不敢率允　老兄太謙了若是舍弟拜在老兄門下得親大教學業日新何幸如之　老兄既然願意令弟問道於盲。那麽我就勉强從命了。兄台既然允許了。我就感激非淺了。等着幾天我帶舍弟來拜師就是了。不敢當不敢當　令弟是幾時畢的業　他是前年畢業我怕是他那漢文一定不夠用所以我把他帶出來投一位名師肄業以圖上進如今得常老兄陶鎔將來舍弟學成舉家感戴没齒不忘也　豈敢豈敢那麽等老兄定妥日子我和令弟會面就是了　等我擇定

處有一個小鎮店還可以買　既是如此我也願意入這個詩會　若是得兄台去與這個會更增光了　承過獎了我是不長於做詩不過去給衆位研墨就是了　兄台太謙了　還有飯食這一層我也是一律均攤我纔肯去哪　那一層兄台倒無須介意都在兄弟身上就是了　若是不說明白了那我決不從命的　既然如此偺們就同席吃飯各自會錢就是了　如此我便可以去　可是誰是會首呢　我們這麼商量的大家輪流着當會首　這麼辦倒是很好　那麼二十一早我來約上兄台偺們一齊動身就是了　是就這麼辦罷

第十八章　見繙譯官

閣下是貴國那一縣　我是敝國長崎縣的人　那麼離敝國甚近哪　不錯離貴國很近　閣下到敝國來有幾年了　我到貴國有三年了　閣下在敝國三年官話能說得這麼好實在是聰明絕頂佩服佩服　承閣下過獎了我這不過粗知大概那兒就能說到會呢　閣下的口音與敝國人的口音毫無

差别不是我當面奉承像閣下這樣聰明的人實在是罕見的。　那兒的話呢
閣下在此是當甚麽差呢　我現在是在此當繙譯官。　這好極了。偺們這
兩下裏時常有會辦的事件若是有我不知道的。還要求閣下多指教　豈敢
豈敢我這是初次當差一切未諳諸事還要請教閣下哪。　不敢當偺們倒是
常常的互相討論彼此都可以有進益　不錯閣下所論甚是請問閣下是由
甚麽出身　我是由美國畢業回來分發到此　閣下分發到地有幾年了
我到此不過纔一年多　閣下貴處是甚麽地方　敝處是湖北江夏縣　寶
眷也在此麽　我沒携眷來因為家母年邁不耐舟車之苦。故不能同來。就是
我隻身在此　是我到此聽見我們領事官說閣下在此與各國官員同來交
際均甚水乳實在令人欽佩　那兒的話呢我本不甚熟諳洋情。蒙上憲委派
到此幫辦交涉事件不過以實心行實事總望兩無猜疑推誠相信彼此自可
融洽這就是我的本意　閣下常存此意自然辦理妥當我今日還要到别處
拜客去等底下我再到貴寓來面領大教倘閣下得暇時請到敝館談一談去。

是既蒙閣下不棄嫌過一天必要到貴館望看去　豈敢那麽我在敝館恭候大駕就是了　不敢當閣下乘上走罷　閣下留步罷請了請了　再見再見

第十九章　挽友説合

今日我到府上來是有一件事奉懇老弟替我為力　兄台是有何吩咐　是因為我們舍親顧子恒去年春天借用令友秦寶臣一項銀子新近秦寶臣索取此欵兩人言語不合就吵鬧起來了現在我聽見説秦寶臣要和舍親搆訟我因為知道老弟和秦寶臣是莫逆之交所以特來求老弟出頭給他們説合説合　兄台知道當初令親借銀子的時候有中人没有　我知道有一個中人名字叫高五去年冬天已經去世了　令親借用秦寶臣是多少兩銀子有利錢没有呢　舍親借的是二百兩銀子言明是分半利錢立了一張借字兒寫的是二年歸還到現在纔一年半前兩月秦寶臣告訴舍親説他要置房子等這項銀子用他也不接利錢要停利歸本我們舍親説一時不能歸本秦寶

臣叫我們舍親盡力湊辦就是了。然後也就散了。新近秦寶臣又到舍親家裏去要立刻歸本舍親說一時實難湊辦總得再緩幾個月纔能如數歸還。阿現在還是照舊按月給利錢就是了。秦寶臣不依定要歸本不要利錢因此兩人言語不合就吵鬧起來了。現在我聽見說秦寶臣要打官司在舍親因為沒到約期不能歸本況且又不拖欠利錢就是打了官司也不算沒理的事。不過是他有官差在身若是一打官司。便要誤差的。所以我打算奉求老弟。給他們出來說合說合叫他們兩下裏平安沒事。那不好麼。　你打算叫我出頭怎麼說合呢。　求老弟見秦寶臣和他說一說過兩個月一凖給他歸本就是了。現在還是按月給他利錢。倘届期舍親不能歸本都有我一面承管了。　既是如此我明日就見寶臣和他說去就是了。　勞老弟的駕等事完之後我再帶舍親給老弟道乏來。　豈敢豈敢

第二十章　會日員

今日我們兩人是專誠來拜望閣下。　勞二位的駕。請坐請坐。　閣下請坐。

你們二位怎麼稱呼。我姓島他姓井。是幾時到的此處。我們是昨日到的。住在那兒了。住在這東關德元店裏頭了。閣下在敝國有幾年了。我在貴國有四年了。這位在敝國有幾年了。他來了不過纔半年。通曉敝國的語言麼。他不通曉還沒學話哪。你們二位是到此處游歷來了。還是有公事呢。沒有公事不過到此來游歷。閣下是貴國甚麼地方的人。我是敝國大坂府的人。此公和閣下也是同鄉麼。他和我不是同鄉他是橫濱人。請問閣下貴同鄉有一位姓福的他原先在上海當繙譯官閣下認識不認識。是認識他和我們還是老世交了。現在福公在貴國是當甚麼差使呢。他現時沒在敝國他自從由貴國回去之後就奉命到英國去了。那就是了。閣下和福繙譯相好麼。是我們兩人至好。閣下和他是在那兒認識的呢。原先我在上海當委員的時候我們兩認識的。結為文字之交最相與厚。赶後來福繙譯回國去了。他到了長崎的時候還給我來過一封信了。後來因為我奉委到直隸來了。從此就踪跡渺茫了。如今聽閣下說纔知道他奉命到英國去了。我這兩天修一封信。交給閣下。遇便求你給他帶到英國去。　可以的我們遂得在此住幾天了。閣下可以隨便寫得了。遣人送到店裏。交給我帶去就是了。　我這兩天還要到貴寓回拜你們二位去哪。　那我們實在不敢當。閣下公務甚忙。况且閣下既然是和福繙譯相好。偺們這更親近一層了。似不必拘此形跡。　那是該當的。　我們現在要告辭回去了。　勞二位的駕。　那兒的話呢。閣下留步別送。　那麽我就從命不遠送了。　豈敢。改日再會。

改良民國官話指南釋義

燕北保書曹生氏編

應對須知

第一節 ㊀您納尊稱 ㊁草字謙詞 ㊂久仰得很失敬得很凡得很皆寔在之意

第二節 ㊀並不很白很甚也 ㊁了凡了字皆官話虛字不讀蓼悉讀拉 ㊂兒凡兒女之兒宜單讀餘皆官話腔調尾音宜與上一字連合其音兩字合一字音讀

第三節 ㊀官名即官印官章 ㊁尊行排幾行音杭排幾排行第幾 ㊂還凡往還與還債之還讀環此則官話虛字作仍字解音孩 ㊃和同也 ㊄請安乃請問安好之意非屈一膝也

第四節 ㊀今兒早起北京稱今日明日前日後日為今兒明兒前兒後兒今兒早起言今日早上也 ㊁特北音讀脫南音讀奪此北語應從北音讀脫為是 ㊂的凡目的的確之的讀狄此則官話腔調尾音讀達 ㊃謝步謝其枉步

第五節 ㊀可不是麼正是也 ㊁臉北人謂面曰臉 ㊂復元兒復舊也 ㊃怕是你誠恐你也 ㊄重落重感也 ㊅着點兒涼言受一點風寒 ㊆覺着見覺也 ㊇渾身一身也 ㊈那總得那一定也 ㊉大夫大音帶醫生也

第六節 ㊀靠不住不妥當也 ㊁雲山霧照喻妄語之人如山之叢雲罩霧真諦難觀也 ㊂要準兒叫他說寔在準話也 ㊃白用心枉用心機也 ㊄一味的永遠也 ㊅胡吹混嗙識瀾也 ㊆上檔受騙也

第七節 ㊀可是咳嗽纔輕省一點兒言就是嗽略瘥一點也 ㊁閙熙闖心也

第八節 ㊀賞我臉看我重也

第九節 ㊀逛音誑遊也

第十節 ㊀閒空兒閒工夫也 ㊁欠安病也 ㊂

總都也

十一節 ㊀撒謊說謊也 ㊁丟臉無面見人也

十二節 ㊀刻雕也

十三節 ㊀倆凡技倆之倆讀兩此則北京土字乃二者並稱之詞閒音應讀作里椅切同去也

十四節 ㊀逛逛玩耍玩耍也 ㊁偺們親暱之詞 ㊂搭伴兒約伴

十五節 ㊀嗓子音顙喉嚨也

十六節 ㊀槅扇木壁也 ㊁耳朵北人稱耳為耳朵

十八節 ㊀老沒見了言許久未見也 ㊁面善面熟也 ㊂提說也

十九節 ㊀介紹介北音讀借南音讀蓋致意也

二十節 ㊀晌午下午也 ㊁打由也

二十三節 ㊀躺臥也 ㊁炕炕音抗北人以磚土做牀曰炕內通氣道下生煤火每屆隆冬之際溫暖如春 ㊂颳風起風也 ㊃直飛行甚速也 ㊄巧了將好也

二十五節 ㊀走動大解也 ㊁被窩被也

二十九節 ㊀好歹歹達矮切好壞也

三十節 ㊀不理沒我們一點兒好處即有善必褒之意

三十一節 ㊀了空了仍讀蓼 ㊁土是鹹的北方之田如久經大水即變為斥鹵雨後生城如霜寸草不生

三十三節 ㊀嗐恨聲 ㊁整天家日日也 ㊂老子娘老子父娘母 ㊃多偺是個了手了仍讀蓼言何時為止 ㊄依我說擡我意見也

三十四節 ㊀哄騙也 ㊁往上巴結言有出頭之日 ㊂有縫兒就鑽無孔不入也 ㊃來不及做不來也

三十五節 ㊀保得住言保全名譽得以長久也

三十七節 ㊀總沒大理他言只略答一半句餘則不與交談也總沒大理他者言他每次來我皆如此看待也 ㊁涎皮賴臉面皮厚不知羞恥也 ㊂儘自來常常來 ㊃沒眼神兒言人之悅與不悅皆未之見也 ㊄老別理他永不與交談

三十八節 ㊀穩重莊重也 ㊁跟前北人

謂親生之子曰跟前

三十九節

㊀熬夜 作夜工也竟夜不睡亦曰熬夜 ㊁作活 北人謂做工曰做活 ㊂有耐心煩兒 言有堅忍之性質也 ㊃馬尾兒 尾此處音以係專指尾上毛線而言者他處仍音委

四十一節

㊀嚼 咀嚼也 ㊁嬎 螺也 ㊂弄 做也 ㊃強 好也 ㊄磕 音克以牙開瓜子皮

四十二節

㊀給他實端出來 言將伊弊病和盤托出也

四十三節

㊀耗子 鼠也 ㊁餧 音位飼也 ㊂兇 利害也

官商吐囑

第一章

㊀東單牌樓 地名 ㊁胡同 北京巷衚之通稱 ㊂行走 自由當差之意閒人之詞也 ㊃住不了 了仍讀蓼 ㊄那層 這事也 ㊅脚下 現時也 ㊆那好辦 那容易 ㊇赶 到也 ㊈匀 分也 ㊉七十吊 北京舊鑄當十大錢七十吊即南省制錢七吊 ⑪閙賊 失盜也 ⑫茶錢 北京租房最難門外不貼一租榜皆房牙或友人代租其租房之法頭一個月則雙倍價稱為單茶錢房好頭一個月則三倍價稱為雙茶錢後則逐月納租 ⑬落 得也收也 ⑭幾分兒茶錢 即是間單茶錢雙茶錢之意 ⑮一茶一房 七十吊房租七十吊茶錢乃單茶錢 ⑯行了 使得也 ⑰準見 一準相見也

第二章

㊀行情 行音杭行價也 ㊁行市 亦云價也 ㊂鋪子 店鋪也 ㊃合式 中意也 ㊄哈達門 彰儀門也 ㊅置 辦也 ㊆底下 後來也 ㊇提 說也 ㊈一盪 一回也 ㊉門脈出馬 上午在家看症曰門脈下午在外看症曰出馬

第三章

㊀嗑 恭敬應聲 ㊁煩缺簡缺 凡縣缺之難易分四等曰衝曰繁曰疲曰難四者之中有三即為煩缺有一或皆無為簡缺煩則難做簡易做也

第四章

民國官話指南　精義　二

（一）打架　尋鬧相打也（二）無賴子　光棍土痞也（三）撿　拾也（四）掛失票　聲明遺失也（五）他也不能白了你　言伊斷不能白白收去定當酬謝也（六）不答應　不肯也（七）通不管那些個　通讀去聲乃作色詞（八）扣　留也（九）擱　放也（十）摔　慣也

第五章

（一）琺藍　銅器上以銅線圈出花文內染以五色勵燒成後磨之即成景泰藍在外國極有名譽（二）作　作讀平聲北京製器之所曰作（三）掌櫃的　老板也（四）局子　店也（五）白問一問　問價不買曰白問（六）公館　公使館也

第六章

（一）倒好　可好也（二）收租子　收田租（三）幾項地　百畝為項（四）湊　零聚也（五）還可以行　還可以辦得到也（六）約摸　約畧也（七）紅契白契　凡契紙經地方官稅過蓋印為紅契最值錢未經稅過即無地方官印信為白契不甚值錢恐有轇轕也

第七章

（一）閒在　安閒自在也（二）不舒坦　不爽快（三）俏貨　價廉物美（四）幾間門面　北京店鋪之大小以店門之多寡為率（五）纔行哪　謂纔使得（六）作項　請人定奪曰作項（七）了事　辦事也（八）不咖了　不必也

第八章

（一）師傅　北方工師通稱（二）這程子　這一向也（三）石　石傍加一點音但與搭通乃北省來商通俗兩用字也又作石又作搭如讀失字音非也（四）活　工也（五）墊辦的起麼　謂汝有此力量先墊錢開工嗎（六）墊辦的了　了仍讀蓼（七）木廠子　木行也

第九章

（一）受等　謂屈尊在此久候也（二）好說　豈敢也（三）莊稼地　農田也（四）所都長起來了罷　言所有青苗都長成乎（五）晌飯　午飯也（六）一棵　一株也（七）涼快　乘涼也（八）瞧了會子　看了半日也（八）遛達　緩步遊行也（九）會高樂　能尋樂也（十）悶得慌　無事悶人難過也　睡晌覺　午後畧眠也（十一）不舒服　不爽快也（十二）

對勁 氣味相投彼此和睦
⑬左皮氣 皮應作脾性性情頑固也
⑭押 質也

第十章

①窪地 最低之田
②緊挨着 緊接也
③鎮店 鎮市也
④集 南人曰墟北人曰集離城鎮遠者方有或逢一逢五或逢二逢八或一四七或二五八或三六九百貨聚賣之期鄉人趕赴焉
⑤牲口 牛馬騾驢之通稱
⑥馱上 負也
⑦經紀 牙人也
⑧掙 賺也
⑨用錢 百中抽五抽十之類

第十一章

①海淀 地名近頤和園
②乾果子 乾音干
③過年 明年也
④拉縴 介紹也
⑤外行 行音杭于此道未諳也
⑥規矩 規音龜章程也
⑦黑下白日 晝夜也
⑧搭窩棚 以草蓆支一架守望所也
⑨掉 落也

第十二章

①辛若 慰人勞苦之意
②宅 住宅也官家之通稱
③照應點兒 恭維之詞
④擱下了 辭工不做也
⑤散了 散伙回家也
⑥忌烟 戒烟也
⑦簡直的 竟成也
⑧可是 承上起下之詞
⑨打夜作 冬日作夜工也
⑩見天 日日也
⑪不過算可以的 言將就過得去也
⑫敢情 錯愕之意
⑬鍊子 銅鍊也係中國蘇廣自造之鐘
⑭耍手藝 作工藝之通稱
⑮醒鐘 鬧鐘也
⑯累肯 勞駕也
⑰好說好說 當不起當不起

第十三章

①解 由也
②打圍 打臘也
③街坊 鄰居也
④野牲口 野畜也
⑤不錯呀 很好也
⑥平西 日欲落時
⑦馱着 與駝同負也
⑧頂着雪 雪落滿頭也
⑨扎掙 勉強而行也
⑩背 晦氣也

第十四章

①吞烟 食生鴉片膏也
②外鄉人 外縣人也
③死鬼 死人也
④套褲 褲褪也
⑤巧了 或者也
⑤你管保不知道 包你一定不知也
⑥屈心 昧心也
⑦昧起來了 瞞昧收藏也
⑧死鬼 亡人也
⑨命要了 命害了
⑩這宗 這樣也

⑪簡直的（一定也）

第十五章

㊀別說（無論也）㊁耍（賭也）㊂寶局（係設么二三四四門令人猜壓一門者乃子弟浮傾家敗產之處）㊃出門子（出嫁也）㊄木作（木匠店也）㊅竟仗着（竟憑也）㊆撒開了一賺錢（任意浮冒也）㊇巧了（大概也）㊈作臉（不受累不聽話荐主面有光彩也）㊉要遭了（言定不得了）⑪我早給他斷就了（言預決伊將來也）⑫沙鍋（瓦釜也抱沙鍋言手抱瓦器討飯也）

第十六章

㊀這套書（這部書也）㊁書套（以藍布裱成護書也）㊂書槅子（書架也）㊃連來帶去（來回共算）㊄月底（月尾也）

第十七章

㊀說和（講和也）㊁批（定也）㊂說和不了（了仍讀黎不能說和也）㊃就結了（就完了）

第十八章

㊀封貨（選買當店期滿贓物曰封貨）㊁賣漏給他了（看未真而誤賤賣也）㊂賺了好錢了（賺俗音篆言得利甚大也）㊃打眼（以僞為真以賤為貴）㊄敢情（驚喜之詞）

第十九章

㊀迎着頭找（知彼必由此路回迎而尋也）㊁雇（倩也）㊂不答應了（即大鬧之意）㊃所不答應（大鬧不休）㊄着了忙（着定心荒也）㊅挨着各棧一問（逐棧查問也）㊆緊用項（立等使用錢款也）㊇摘（暫借即還曰摘摘音齋）

第二十章

㊀羞澀（澀音色如洗也）㊁挪用（挪移也借也）㊂交遝（遝仍讀環）

第二十一章

㊀不行了（生意不佳）㊁封河（北省至十月河口被層冰所封舟不能行曰封河）㊂廣棧（廣東人所開之棧也）㊃必賺好錢（必獲大利也）㊄掉（音調落也）㊅拉躺下了（影響受害也）㊆眼前歡（暫時發財不能長久）㊇土局子（土行也）㊈所不上舖子了（永未至店也）㊉納福（受用也）⑪算大帳（通盤清算一回也）⑫見

天黑下日日晚上也⑬該久也⑭吃一頓挨一頓言無隔宿之糧飽一回飢一回也第二十二章①居停東家也②欺生不容也③打起鄉談說家鄉土話也④擺音擺平聲遠也離也⑤咬羣咬要上聲黨同伐異⑥再往下混仍在彼處也⑦生分了彼此生隙了⑧着比假如也⑨你給作項請你作主也第二十三章①咕咚咕音哭咚音通重物墜地聲②嚇驚也③打燈籠打提也④踒外上聲挫也⑤攙産平聲扶持也⑥遛柳去聲運動也⑦臉上很不得勁面有忸怩之容也⑧抓局拿賭也⑨大烟鴉片也⑩別致奇特也⑪答應了一聲不願戒勉強應詞第二十四章①夥同一氣連成一黨②弄局設牌局也③太不是人行了言非人類所做者④抽冷子一天忽然一日⑤天快亮了微明時⑥大天大亮了天已大明也第二十五章①刷白的面青白無血色也②不舒坦病也③勾起來了勾引也④說妥了的約明也⑤大前兒個前兩天也⑥湊次豆切見上第六章注⑦鬧得我好對不過那個姓孫的言臨時抑勒失信我無以對彼也⑧安心存意也⑨三千兩吊三塊兩塊也⑩老說常如此說也⑪找補補還也⑫化了化為無有也⑬小取貪小便宜也⑭上炕上牀也⑮女人老婆也⑯就這麼道人言就如此為人⑰白事喪事也⑱熬夜照應火燭賊盜竟夜不睡也⑲道乏道勞駕也⑳簡直的沒理人家乃竟不與交談也㉑這宗人性這樣做人也㉒近起來近來也㉓更好了反言之詞第二十六章

㊀一道兒上半路上也㊁灣傍岸曰灣㊂銀兒子銀袋也㊃兩輛兩乘也

第二十七章

㊀趕車的御車人㊁走岔了道路走錯也㊂掌燈的時候點燈時也㊃瞎走漫行不熟之路曰瞎走㊄定更初更也㊅麪幌子客廳招牌也㊆把車趕進去了趕趨也㊇挑揀也㊈賊眉鼠眼言目動而神異非善類也㊉犯疑可疑也⑪出恭大便也⑫他納他音攤背後稱長輩詞⑬茅屋廁所也⑭他們三人三音薩不讀叁⑮說開了說明也⑯黑店賊店也⑰直叫門打門之聲甚急也⑱鏢車保鏢的鏢音標北方路上盜賊甚多往往劫奪客商行李貨物故北京立有保險行曰鏢店立約派人保護曰保鏢的如有失事照約賠償⑲套上了車將車駕在騾上曰套

第二十八章

㊀嗇刻慳吝也㊁不幫人不周恤人也㊂頂着雨情急冒雨而行也㊃辦不了了仍讀蓼做不到也㊄賭氣子出去怫然而去也躲開了避不與見也㊅同院子住着有一個街坊言在天井中同居的一個鄰人㊆不說長不道短不置可否也㊇趁願稱快也㊈招了寔供也事主被盜之家也㊉不行不敢不去也⑪頂他的名頂替也⑫瞧不起他頗看輕他⑬收拾他玩弄他⑭撒了一個謊編一個假話

第二十九章

㊀掉眼淚落淚也㊁緊街坊隔壁鄰居也

第三十章

㊀冷孤丁抖然間也㊁驚下去了驚而跑走了㊂待了會子沒多久也㊃見個情表明伊重義輕財減價以售也㊄吵翻起來吵鬧起來㊅敢情原來也

第三十一章

㊀一搯籌搯氣呼切以手攢聚也㊁一句話也還

不出來還仍讀作環③竟自不是果然不是也④臉上磨不開面有慚色也

第三十二章

①打回來了退回也②收號北方店鋪凡經手之票紙皆寫明係某人所換之票何日收到注於票後曰收號③戳子戳音綽蓋章也④竟你收的是我們不行啊言只是你自己隨意寫是我們的難以相認也總得有我們收的人家兒纔行了須有找店中收號係何人之票方有憑據相認也⑤往回裏打看票背後收號退還原主⑥母錢鋪資本不多未經公議通用小錢店也⑦認這個苦子認吃此虧也⑧磨別處的行不行改換別家票使得使不得⑨都收着了言票後都有你店收號乎

第三十三章

①街門對着虛掩也②打茶圍凡去妓女家吃茶曰打茶圍③放印子放債也④一臉門子氣滿面怒容也

第三十四章

①鐲子銀鐲也②戥子厘戥也稱輕物者③邀亦稱也④懷裏懷中也⑤眛起來見上十四章注⑥夾剪剪銀之器

第三十五章

①大夫醫生江南稱郎中②瞧門脈見第一卷第五節注③宅門子官家也④估衣鋪賣新舊衣店也

第三十六章

①歇乏將息勞頓曰歇乏②打早尖行遠路人上午進站吃飯食畢即行曰打早尖故行路人有尖站晚站之別站即鎮市中客寓也③吽他招定了言定要伊承認也④白說不招言任汝推問至死不承也⑤鄰封鄰縣也⑥謄抄寫也

第三十七章

①斟斟酒也②滑拳猜拳也③白給言有本領人與沒本領人較量定輸無贏曰白給④瞎貓碰死耗子言瞎貓遇死鼠非其本領所獲者不過偶然巧遇耳⑤罷咧輕之之意也⑥混酒燒酒也⑦你竟管說沒人

不答應你言你放心説没人怪你也

第三十八章

㈠打燈虎兒猜燈猜也㈡揭了幾個猜中而揭其紙條也㈢都恰都恰當也㈣瞎咧咧胡説也

使令通話

第一章

㈠你上回叫我找的那十幾歲的小孩子找尋也言汝上次覓我尋僱之童僕㈡你願意汝中意也㈢那好辦見卷二一章七節㈣新近到這兒來的近日初到此地㈤那麽叫他解多喒來伺候你哪由何日來伺候汝㈥哼徐聲應也㈦一塊兒一總也㈧喳見卷二二章一節㈨定規安置定奪㈩洗澡房沐浴室也⑪怎麽樣如何⑫瞧瞧看看也⑬就按着這麽辦罷照此而行

第二章

㈠沏茶泡茶也㈡錫鑞礶兒錫瓶也㈢多咱何時也與多喒之意相同㈣你就續上罷你可以隨意添上㈤自各兒自己也㈥釅音燕茶葉過多茶味太濃曰釅㈦喝飲也凡飲物皆謂喝㈧就手兒隨手也㈨吐沫沫音米口涎也㈩涮乾淨了用水洗淨

第三章

㈠可別烤煳了烤者以火烘之煳者物烘焦也㈡短缺少也㈢鷄子兒鷄蛋也㈣筋舠兒頗堪適口之意㈤胡攪亂對雜以別物㈥撤了去罷將飯菜收下去㈦找我訪我也

第四章

㈠管事的管理家事之人即稱外國人所用之家僕也㈡飯得了飯已便矣㈢磨蹭着拖延也㈣邀了邀用秤稱一稱㈤留點兒神小心作事㈥把油澈淨了將油膩濾淨㈦盛飯入飯於碗謂之盛飯㈧少東人

即小主人也⑨提醒我罷明以教我⑩忘死了直想不起⑪木魚日本所產之魚⑫拐艄下來碰倒⑬碾
布拭棹之布⑭忙忙叨叨慌忙之狀⑮湛新極新也⑯哦嗹半斤綹成一團⑰醃以鹽醃物⑱招點兒
醋不招了要加醋不要第五章①隆福寺在京東四牌樓②一塊兒一處也③巧了大概也④坎
肩兒背心也⑤汗褟兒汗衫也⑥也沒洗掉織垢並無洗淨⑦丫頭婢也⑧找塊補釘給補上
用布補妥⑨襯一襯扯一扯⑩給疊起來將衣服整理齊整第六章①交民巷京城地名②琉璃廠
北京地名③古玩古董④一送兒一直透⑤免得又累贅免費手續⑥站口子車鋪子也⑦跑海的
未歸車行之車⑧宅門子公館之稱⑨牲口騾馬通稱⑩傍帳兒車傍布帳也⑪力把頭兒非內行之人⑫
躂窩裡頭趕將車推到石道中凹處也⑬屁股蛋兒臀位也⑭撴腫了撴摔也腫紅瘇也⑮好手行家也
⑯板櫈木櫈⑰跴住了用脚踏緊⑱掖安放也⑲吆喝罷嚷鬧車也第七章①不舒服見卷二九章十
一節②不用功不念書也③出馬出門診病④這是交情的事情論交情也⑤撲空相左也⑥造化
了僥倖之謂⑦斟酒篩酒⑧麩子藥藥粉也⑨忌生冷忌食生冷之物第八章①居庸關在宣化府東南
土名南口為京張鐵路必經之地②逛一逛遊玩一番③赴湯投火喻極難之事④怎麼着都行隨便皆可⑤
一住店歇客棧⑥忽然要走動忽然遇有大解⑦怎麼着好呢如何是好⑧赶等也⑨揩擦也⑩洗

澡（浴身也）⑪明兒個（明天也）⑫趕都歸着好了（使收拾齊妥）

第九章

①好容易（言甚不易也）②倒座兒（謂屋之後進回照處也）③東嘎拉兒（屋之東隅）④解（由也）⑤皮剌的（皮音披剌音拉言粗笨之物也）⑥掉（見卷二十一章九節）⑦鉗子（鐵鉗也）⑧鎚子（鐵鎚也）

第十章

①曬曬（向日而曬）②斗篷（披衣也）③背陰兒（背日處）④晾晾（迎風而吹）⑤抖摟好了⑥毛稍兒就焦了麽（皮之毛頭被日光曬焦也）⑦那就對了（那就不錯）⑧囫頭（等一刻也）⑨倒一倒（換一方向）⑩向陽（向日光處）⑪磕打磕打（除箱內污穢）⑫太陽落山兒（日將沉西）⑬不差甚麽（差不多也）⑭透透風（通一通風）⑮都糟了（全毀壞也）⑯下上潮腦（將樟腦放入箱內）⑰四周圍都掖嚴了（將四面塞緊也）⑱廢物（無用之稱）⑲摩挱平了（按摩平正）

第十一章

①你出城定地方去（定者預先商定也京城請客定館子坐位必須預先定妥也）②成棹（全席之菜）③零要（隨意點菜）④倒是（還是也）⑤官座兒（頭等坐位）⑥棹子（平常坐位）⑦不吃柱子的地方（面前不為庭柱所遮）⑧標緻（美麗貌）⑨梆子（曲調名）⑩二簧（亦曲調名）⑪三慶（戲班名）⑫四喜（亦戲班名）

第十二章

①銀盤兒（銀價也）②行市下來的大（行情漲大）③本出的（本舖所出之票）④下剩的破了零的來（餘者都換零碎票条）⑤磨到別處也使得（換別家票子也可以）⑥四恆（四恆乃錢舖字號在京頗稱殷寔者）

第十三章

①搭出去（喚出去也）②說了會子話（談話多時）③你這都不像話（謂出言無理也）④無論出去多大工夫

兒（不論出去若干時刻）⑤大意（粗心也）⑥回家瞧我母親的病去（回省母病）⑦告謊假（說謊告假）⑧咒

（詛罵也[illegible]）⑨不礙事（無妨於事）⑩有個好歹（如有不測）⑪當過使喚的（當過跟班之人）⑫放（縱也言准予告假意）

⑬你別愣着了（汝毋呆立在此）第十四章 ①苦力（傭工也）②拾掇（收拾打掃）③犯潮（犯潮濕氣）④搭

拉（物下垂之謂）⑤先生你收着銀花子了不是（言銀花紙是否在汝處）⑥底半截兒牆（牆之下半段也）

⑦秫稭（稭草管也北方常用秫管搭棚）⑧報結（完工也）⑨交手（十字木架也糊棚時用以升高）⑩杪稿（小杉木也）⑪橈

子（煮麪為糊可以粘物曰橈子）⑫胡拉下來（掃之使下）⑬都撢淨了（全拂乾淨）⑭然後拿墩布蘸上水

（墩布棹布也蘸上水濕上水也）⑮搵乾了（將水絞乾）⑯髒了牆（髒污牆也）⑰可不是客人來了麼（果然客人至矣）

⑱遝擸他（擸讀拉去聲言尚短少他）第十五章 ①炸了（被火炸裂）②再往大裡捻（再將火光撚大）③老改

不了（竟不改變）④這是怎麼個理呢（似此成何道理）⑤扔（擲也）⑥鏽（鉄器生鏽）⑦不定那一天就許

着了（不定何日準能應我這話）⑧嘴硬（强辯）⑨甕朝天碗朝地（諸物狼藉之狀）⑩拾掇俐儸（收拾潔淨）⑪拿

灰培上（用灰遮蓋）⑫那纔是有眼裏見兒哪（如此纔算有機變的）⑬竟等着挨說纔幹哪（豈必事事

要人指揮乎）⑭砸東西（碰壞物件）⑮這還像事麼（似此成何事體）⑯多咱（何時也）⑰你別不認帳（謂汝

母不承認）⑱我悄悄兒的進來瞧見了（我暗中隨汝往已見汝所行之事）第十六章 ①馬籠頭（即馬首之

籠頭也㊁嚼子馬口內之嚼環也㊂鐵活馬身之鈌飾也㊃磚甃子磚灰也㊄打前失馬失前蹄㊅獸醫椿子椿音莊醫獸之架㊆老不上膘竟不肥壯㊇解完了手小解完了㊈溜滑的地板極滑㊉搓搓澡洗澡時今人代搓油垢曰搓澡⑪油泥多罷積垢多乎

第十七章

㊀多宗晚上何夕㊁不咖不必也㊂我先把這箱子騰空了先將箱子撿空㊃零碎兒零碎物件㊄都插在裡頭插安放也㊅滑藉即華稭也乃麥稭之上段扯下也㊆或是棉花楦磁實了或用棉花填塞寔在㊇搖晃搖動也㊈軟片細軟包裹㊉撤出來⑪釘死了罷用釘釘牢⑫馬蓮色麻布袋也⑬繩子扣兒繩結也⑭勒死結死扣也⑮軟帘子帘音簾即軟簾也⑯旱傘遮日所用即布傘也⑰白拜匣即白色拜帖匣也⑱煞在在車尾兒上煞即塞也車尾車後也⑲使得罷可以的⑳斤子職名斤也

第十八章

㊀澆花以水灌花㊁弄土弄土泥也㊂那宅裡北京問人那家皆說那宅裡㊃平日在家裡做粗活即謂平日在家作粗工也㊄總得要撒利總要適體㊅纔是樣子始不失夫觀瞻㊆別磨蹭子了幸毋耽擱之意㊇職名名刺也㊈嬌嫩東西謂容易碎破之物如磁料等器是㊉怕車撤恐為車撤壞也⑪搯採也⑫惦念懸念之意⑬我就有了氣了言我必生氣

第十九章

㊀掛甃即閣之棱甃也㊁賤的東西總次罷價賤貨必劣㊂謊價虛價㊃退票假票也

第二十章

㊀和你說對你講也㊁大概大約也㊂可有一層尚有一事㊃把你打發回來遣汝歸來

㊄他不要你了（彼若不用汝）㊅倘或沒滿三年（若未及三年）㊆你自己不幹（汝不願在彼就事）㊇
就省得張福打外頭往京裡帶錢囉瑣了（免我在外寄錢回家諸覺費事）㊈你這個親戚太多
了（汝之親戚何如此之多益薄斤之也）㊉先挨一挨兒再說罷（且看將來再說）⑪都歸齊截了（全收拾齊備矣）⑫
新手兒（新來接手之人）⑬外頭首尾的事情也都要算清了（外面所有人久久人皆要清理）⑭上工（開始
工作）⑮腳下（刻下也）

官話問答

第一章 ㊀太盛設了（謂酒席過於豐厚也）㊁這宴在不成格局的很了（謂酒席過於草草也）㊂我們
也就不布了（我亦不必過讓也）㊃宴在是彀了（酒已醉飯已飽）第二章 ㊀一來是給欽差賀喜
（給字作與字解）㊁我們遂沒會過面了（謂彼此尚未會過）第三章 ㊀沿途（一路之上）㊁定規那一天
（定期何日）第六章 ㊀葛沽（地名）第七章 ㊀水腳（儎貨船費日水腳）第八章 ㊀哈喇（外國呢名）㊁等底
下再給貴領事來請安（俟另日再趨候）第九章 ㊀我斗胆一句話（我大胆說一句）第十一章 ㊀
所以掉了（因此落第）㊁多偺（何時也）第十三章 ㊀打印子放行（蓋印放行）㊁驚弓之鳥（言已受過
驚嚇）第十四章 ㊀這幾日稍微的漸消停一點兒（言近日公務畧消閒也）第十五章 ㊀他是

由舊資格新考出來的 由舊時資格考充新知事也

第十六章 一 先容 先為介紹 二 比較 比較征收稅額多寡

第十八章 一 均甚水乳 謂如水乳之融洽也

第十九章 一 構訟 告狀也 二 說合 調和兩家意見

第二十章 一 從此就蹤跡渺茫了 此後並未通信竟不知其下落

書翻
經印
存必
案究

（每部兩册 定價肆角）
著作者北京郎秀川
總發行所開民書局
上海各書坊經售

《官話指南》（1893）

關西大學東西學術研究所鱒澤文庫 藏

九江印書局活字印

西歷一千八百九十三年　九江書會著

官話指南

大清光緒十九年癸巳歲

九江印書局活字印

官話指南第一卷

應對須知

一　您納貴姓。賤姓吳。請教台甫。草字資靜。貴昆仲幾位。我們弟兄三個。貴處是那一省。敝處河南省城。府上在城裏住麽。是在城裏住。久仰得很。沒會過、失敬得很。

二　先生今年高壽。我虛度六十歲了。好福氣、很康健、鬍鬚並不很白。托福、我鬍鬚已經也半白了。我今年纔五十歲、鬍鬚已經白了多一半兒了（一大半了）。

三　尊姓大名。我賤姓張、官名叫守先。尊行排幾。我居長。貴甲子（貴庚）。我還小哪、今年二十四歲。恭喜在那兒（那裏）。我在通州做買賣、我和你令叔相好、故此特來請安。不敢當、請問寶號。小號信昌。

四 久違久違、實在渴想得很、今兒早起（天早晨）聽見老兄到了、特過來拜訪。 不敢當、勞您您的駕、（大駕）我本要到府上請安去、（去請安）就因爲昨天晚上纔到的、行李各件還沒拾掇好了、（沒有收拾）箱子也還沒打開了、身上的衣服都沒換哪、恕兄弟明天再過去謝步。 不敢當。

五 少見少見、我這幾天沒見着（看見）你、很想你、莫不是又病了麼。 可不是麼。（不錯是病了）我那天看你病纔好、臉上氣色還沒復元兒哪、（有復元）怕是你出到外邊兒去、又重落了。（邊、又翻了）我這回是着（受了）點兒涼、（寒）覺着（得）頭疼、渾身酸痛。 那總得（要）請大夫（醫生）好好兒（的）治一治就得了（是）。

六 這個人實在靠不住、說話竟是雲山霧照的。（海闊天空）您想和他要準兒、（說定準）那算是白用心了、您還不知道（曉得）他那脾氣嗎、一味的愛說大話、胡吹混嗙、（驚天動地）您要是信他的話、那就難免要上檔了。

七 您這一向貴恙都好了麼。 托福、都好了、可（就）是咳嗽纔輕省（鬆）一點兒。 這回您病的日子久了、雖然都好了、還得要請大夫醫生吃幾劑補藥、安用心調養纔好哪。是、承您關照、謝謝。

八 你在這兒裏可以隨便不要拘禮。我蒙您的抬愛、已經不拘禮了。照這麼樣就好、我已後有事、纔可以敢勞動你。您肯叫我做事、那就是賞我臉了。

九 昨天蒙你賞送我的那茶葉、味道很好、謝謝謝謝。好說、我這回到崇安去、就到了武彝山逛玩了兩天、不過買了一點兒茶葉、送了去的送與你的、不多、不成敬意的得很。好說、朋友交情要緊是在情意、不在東西。

十 你上往那兒裏去。我想到上張老師那兒裏去拜客去拜客。那麼我求我就請你替我問張兄好、說我很想他、有閒空兒請他來坐坐。前幾天我去的時候、他也托我問您好來着好、因為他夫人有一點兒欠安、所以他總沒不能出來門。

十一　凡人說話總要實誠（誠實）。那是一定的理、若是有撒（掉）謊騙人的事、叫人看破了、自己也丟臉。你所論的正合我的心了。

十二　這件東西你看是眞的是假的。我看是假的。我也看是這麼的着、就因爲分辨不出來不敢說。是、你沒細看、這刻的也粗、顏色也不光潤。

十三　我們兩倆（個）如今都閒着、可作（以做）甚麼好呢。你看有甚麼可做的。我看實在難得的很、若說做生意、你我又沒有本錢、若說做夥計、又沒手藝。照你這麼說、咱們倆豈不餓死了（我們兩個豈不要餓死麼）。究竟上（皇）天不生無祿的人、等慢慢再打算就是了。

十四　我想到那兒逛逛（裏玩玩）、就是我一個人又懶怠去（去得）。我也想去逛逛（玩玩）、因爲沒有件兒不高興、既是這麼的、咱們倆（我們兩個）一同去好不好。您納（您）可以一塊兒搭伴兒去（一路做個伴去）、與我也很方便了。

十五

您納（您） 說話聲音太小、人好些個（好些） 聽不清楚。我的聲音生來不能大、對人說話、又不敢大聲嚷（叫）、所以顯著聲兒（見得聲音）小。凡人說話嗓子要緊、若嗓子好、自然響亮、字音清楚、自然沒（不）含糊。

十六

我剛（方）纔隔着槅扇（槅子）和他說話、你聽見了麼。我沒聽見、近來（向來）我的耳朵有點兒聾。不管怎麼樣、我求你千萬別（莫）把這個事給（弄）洩漏了、這是一件機密的事情。既是這麼着（樣）、我不說、總不至於壞事了（了事）罷。

十七

你（您）懂得中國話麼。略會一點兒、那廈門的話別處不甚懂。中國話本難懂、各處有各處的鄉談、就是官話通行。我聽見人說、官話還分南北音哪。官話南北腔調兒不同、字音也差不多。

十八 老總沒見了您納、還認得我麼。瞧着好您駕我面善、不記得在那兒裏會過、失敬得很、不敢冒昧稱呼、偺倆我們兩個前年在張二家一個卓子上喝酒、您怎麼忘了記了麼。

提起來我認得了、您是何二爺麼。

十九 您納駕這一向好、好啊。我有件事托你辦辦。甚麼事、請說罷。我記得前天新聞紙上記載有一位會寫字畫的、姓祝、實在羨慕得很、聽說你認得識他、所以懇求閣下代爲介紹引進。那容易、我總要給替您効勞的、您放心罷、交給我我當代了。

二十 所有偺們我們逛遊過的這些名勝地方、就是我們今兒天晌午中時到的那座山上景致好的得很。是、我最喜歡那半山亭外兩三里的竹徑。頂好是打從那竹徑轉過灣兒去、在那塊大石頭上坐着、聽那水聲兒、眞叫人萬慮皆空。

【二一】你昨兒天去遊湖回來早啊、是晚哪。是早是晚啊　回來有四更天了。　想昨兒天晚上月亮很好、湖上風景一定是更好看了、　夜景比白天還好、足有加倍的好看。

【二二】這個廟很大。　大的得很、在這兒裏算是第一個大廟、後頭還有一座寶塔、高的得很。　好上去麼。　有一層的塔梯、如今拿開了、不好上去了上去。　那梯子爲甚麼拿開了。　因爲人多上去、竟混蹧蹋。

【二三】昨兒天前半夜月亮很好、我躺在炕上、看窗戶子上的月光、捨不得睡了。　可是趕到了夜深了、忽然颳起一陣風來、黑雲彩在滿天上直飛、打的霹雷很利害。　那巧奇了、是在我睡着了之後罷、我可知道祇曉得昨兒天晚上下了雨來着了雨呢。

【二四】這時正當响午、太陽很毒、暑氣很利害、怎麼好出門呢。　但是我有要緊的事、沒法子得(要)出門。就是有要緊的事、也要等(待)一會兒、等太陽斜過去、凉快些(點)兒再出門去罷。也好。

二五 早起(晨)天纔亮、我起來出去走動、看見瓦上的霜厚的(得)很。原來昨兒(日)夜裏有大霜、怪不得我睡到五更天醒了、覺着(得)冷的(得)很、可(也)就嫌棉被窩太薄了。

二六 夜深了、想這時候有三點鐘了。我剛纔聽見自鳴鐘噹噹的打了兩下兒似的(似乎打了兩下)。那架鐘怕不準罷、看看我那個表、這個表走到三點鐘了。到底鐘還是慢點兒。

二七 你看四季的時候(一年四季)那一季兒好(好呢)。四季兒(四季)各有好處。你喜歡那一季兒(一季)。這個不用問、誰(那個)不是頂喜歡的春暖花香、誰(那個)不怕夏熱秋凉、最怕的是冬天太冷。我喜歡春秋兩季。

二八 聽說你上學、學房（學堂）在那兒啊（那裏呢）。學房（學堂）就在這拐（轉）灣兒、那門口有報子。師傅（先生）是那一位。師傅（先生）是姓金的。同窗朋（學）友有多少。不多。

二九 你看過史記麼。沒看過。讀書人不可不看史記、看過史記纔知道歷代的興敗、人物的好歹哪。學的是甚麼字。學的是王右軍的字帖。那好極了。

三十 你的師傅（先生）教法（學規）好不好。很好、講書極細心、寫字的筆畫很講究、改詩文很用心。不理沒我們的一點兒好處、品行端正、規矩嚴緊。這樣的好師傅（先生）你肯用心、還怕學問有不進益的麼。

三十一 和尚。阿彌陀佛。大和尚在山上了麼（麼）。大和尚昨兒（日）下山去了。請問你的法名（上下）。僧人名字叫了空。俗家怎麼稱呼（姓甚麼）。俗家姓顧。你這一塊地很大、並沒人作田園、豈不可惜麼。這一塊地不中用的了、土是鹹的、種甚麼都不長。

三十二 今兒個天是令尊大人的千秋、我特意來拜壽、預備一點兒薄禮、請您賞收、千萬莫別推辭、還請您帶我去見一見令尊大人、致賀。不敢當、實在勞駕費心了。

三十三 嗐、這孩子實在沒出息、整天家的遊手好閒、不做點兒正經事。他老子娘也不管他麼。這麼樣由着他的性子兒鬧、到多咱麼早是個了手啊。依我說、不如把他活活兒的埋了、就完了。

三十四 無論作甚麼事情、都要努力向前、不可自己哄自己、纔能彀往上巴結造就哪。雖是這樣說、我的差使不悞就是了、我不能像人家、竟會要馬前刀兒、溜溝子、捧臭腳、幹那些下賤營生、我是來不及的。

二十五 作好官的、皇上一定喜歡、不會作官的、皇上必要有氣的、好歹總在乎各人。這還用說麼、人操守好、再明白公事、那一定保得住、若是才幹平常的、又要愛錢、那就快回家抱孩子去了。

二十六 如今的京官大人們都好、也都有本事、認眞辦事、所以這些外官也都學得好了。甚麼事都有個榜樣兒、上行下效、在上的不要錢、在下的還敢貪賍嗎。

二十七 他來過幾回、我總沒大理他、還涎皮賴臉的儘自（直是）來、實在是不知好歹的一塊死肉。他是個欺軟怕硬的草雞毛、那兒（那裏）算是人呢、你老別（你切莫）理他、他自然就不來了。

二十八 那個姑娘剛纔起這兒（從這裏）過、也不知是誰（是那）家的、長得很標緻、又穩重、明兒給（明天替）我們舍親作個媒、這個姑娘眞不錯。我認得是那邊兒（那邊）張老二跟前的、若給（若和）你們令親說倒也配得過。

三十九 這個孩子有出息兒的、又能熬夜、又能作活、事有耐心煩兒、呢靠得住、怎麼不叫人疼愛呢。 你是那麼樣說、我瞧看他很懶、一黑就睡、困俗語兒說的、說的馬尾兒尾穿豆腐、提不起來了、實在叫人生氣。氣壞

四十 素日受蒙您的栽培、我本就感激不盡、現在爲這件事、又承蒙您抬愛、像這麼疼待我、怎麼補報您的情呢。 那兒裏的話呢、我這不過效點兒勞、你倒不必這麼多心。

四十一 牙沒了、牙齒沒有了甚麼都嚼不動了、烀的爛爛兒的稀爛的纔好哪、別莫弄的那麼梃梆硬的不能喫。 我的牙比你的強、不論甚麼硬的脆的都能喫、連瓜子兒瓜子還能磕哪。

四十二 我請教你、這件事應當該怎麼辦、我心裏想着、他若是一定不依我、就給把他實端出來、怎麼樣。 我告訴你、你的性子太耿直、也要隨和些纔好、凡事也不可太

刻薄、人家既肯認不是、也就罷了、何苦老沒完總不了呢。

四十三 這個貓怎麼不管閒事、滿地的耗子老鼠、他也不拿捉、明兒個天不用餵他就好了。這耗子老鼠眞鬧的得兒、吵的睡不着覺得困不着醒、東西也咬了個稀爛、這可要怎麼好。

四十四 ○○○○○○○○

四十五 我在台堦兒上站着、他抽冷子冷不防把我望後一推、幾乎沒的栽了個大觔斗。那兒裏有這樣促狹的呢、他再不敢和我這麼頑兒呢他要招着我我就攢足了勁兒、給他一個冷不防不防俻叫他吃不了得要兒着走。

官話指南第二卷

官商吐屬第一章

一 您貴姓。豈敢、賤姓王。府上在那兒裏住。舍下在東單牌樓、總布衚衕巷子。您在那衙門行走。我是在兵部當差。您到舍下來是有甚麽事情麽。是、我來是和您打聽一件事情、是我聽見說、您這西院裏那處房（房子）要出租、是眞的麽。不錯、是眞的、怎麽您要租麽。是、我打算要租。您來遲了、那個房子我已經租出去了。您租給誰（與那個）了。我租給（與）我們一個親戚了。那就是了、那麽您別處還有房子麽。我別處沒房了、（沒有房子）我有個朋友、他有一處房子、要出租。在甚麽地方。在這北邊兒安福衚衕（巷子）。有多少間房子。有三十多間房子。三十多間房子太多、我住不了那麽些個（許多）。您若是住不了那麽些（多）間、您可以都租下、（下來）除了您自己住多少間數、下剩多少間、您可轉租給（與）別人住。那麽我就是包租了。不錯、您包租。我包租、我又怕一時租不出去、我每月得（要）如數給（把）房東房（租）錢。我想那層沒甚麽可慮的、脚下（眼前）房子往外租着很容易。那麽我租妥之後、除了我住多少間、下餘多少間、還要求你替我招租。那好辦、裡等您租妥之後、您可以告訴我說、你是勻出多少間來出租、我可以替你找住房房子的。那麼着的很好了、可就是您知道曉得一月是多少房租錢。我那個朋友告訴過我、每月是七十吊錢的房租錢。七十吊錢的房房租錢太多。您聽着這房房租錢彷彿是太多、您不知道曉得那房子可是實在頂好、院子又大、地勢又好、離大街也近、買東西也很方便。那麼我租那房子還有茶錢麼。那茶錢自然是有的。怎麼我起在您手裡租房、房子還得給要把茶錢呢。雖然您是起在我手裡租房、房子沒有別的中人、到底這茶錢、您也是得給、要把我告訴明白您納、您給的這茶錢、並不是我落上腰、也不是我那個朋友得、是給把我的那個朋友的底下人們、大家分的。那麼是幾分而茶錢呢。就是一茶一房租。那就是了、那麼我還得有要有鋪保保人罷。鋪保保人自然是得有必要的、您找得出鋪保保人來麼。是、我找得出鋪保保人來。您都是有甚麼鋪保保人。要甚麼鋪保保人有甚麼鋪保。保人那就行了、你打算多喒瞧麼早看那房子去。我打算過一兩天、我來同您看看去。那麼偺我們一兩天準見、相會是、一兩天準見。相會

第二章

您貴姓。豈敢、賤姓李、未領教您納。我敝姓趙。貴處是甚麼地方。敝處張家口。到京來有甚麼貴幹。我是賣貨來的了。您販來的是甚麼貨物。我販的是皮貨。您在那兒裏住着了。我在城外頭、店裡住着。在那個店裏住着了。呢在西河沿大成店裏住着了。呢今年皮貨的行情、市怎麼樣。今年皮貨的行情、市還算是平和。公道我聽見說前幾年皮貨的行情市很大。不錯、前幾年皮貨的行市、大的得很了。呢是怎麼個的緣故呢。總是因爲貨短少的緣故。您現在帶來的貨都賣完了麼。還沒都賣完了。咯您賣完了皮貨、是帶回銀子去呀、還是販貨回去呢。是販貨回去。都是販回甚麼貨物去

呢。竟是洋廣雜貨。您在張家口是有舖子麼。是、有舖子。寶字號。小號益泰。您向來往回裏(回轉去)帶貨、都是買誰(那)家的貨呀。那也倒不一定、誰(那)家的貨合式、我就買誰(那)家的。既是這麼着(的)、我現在有個朋友、他在哈達門外頭、新開了個洋廣雜貨棧(店)、他都是自己起(從)廣東買來的貨、價值(錢)比別的棧(店)裏全(都)便宜、您後來買甚麼貨、可以到他那棧(店)裏買去(去買)。令友那個棧房(店)、寶字號是甚麼(是甚麼寶字號)。字號是德發。那麼(的)我底下到那棧(店)裏買貨去(去買貨)、我提(提起)您(您來)就得(是)了。是、等底下我也可以同您去一趟。那更好了(更好)、我請問您納(您)、您當初、也做過買賣麼。是、做過買賣。您都(您)是做過甚麼買賣。我開過藥棧。是在城裏頭(裏)麼。不錯、是在城裏頭(裏)。現在那個藥棧還開着了(的)麼。沒有、關了有七八年了。那麼(那)您現在有甚麼貫幹呢。我現在是行醫。您行醫是瞧門脈呀(在家裏看)、還是出馬(出外)呢。早起(早晨)瞧門脈(在家看)、晌午(下午)出馬(出外)。您行醫總比做買賣強(好)啊。也到沒有甚麼別的強的(好處)、不過是不像做買賣那麼累/操心、就是了。您府上在那兒/裏住。舍下是在東四牌樓報房衚衕/巷住。等改天、我到府上望看您去/去奉看您。豈敢、我過兩天、還要到店裏望看您去哪/去奉看您呢。不敢當、您沒事的時候、可以到店裏去、偺們/我們談一談。是、那麼偺們/我們改天見。

第三章

老弟是起/從家裏來的麼。是喳、是起/從家裏來。老弟還沒定規日子起/動身哪。也就是這三五天就起/動身了、今兒個/天是特意/爲來見兄台辭行。這實在多禮了、老弟這邊是連家眷都去麼。可不是麼/不錯、打算連家眷都去。是和人搭幫走啊、還是自己單走呢。是和人搭幫走。搭幫走的那位、也是作/做官的麼。是作/做官的、他是新捐的通判、到外頭候補去/省去候補。想您這到省之後、就可以上任去罷。是、到省之後、大概就可以上任去了。您補的這個缺、是煩缺麼。不是煩缺、是簡缺。現在署您這個缺的那位姓甚麽。是一位姓周的。是補過實缺的麽。也是新近纔補的缺、這等我到任之後、他就交卸上新任去了。那麽老弟這幾天總在家罷。是、這兩天總在家。我這兩天還要到府上[給老弟送行去/去送老弟的行]哪。不敢當、我也要回去了。您回去了、到家裏都替我請安問好罷。是、回去都替您說。

第四章

回稟老爺、李老爺[給/和]您拜年來了。你去請進來、[讓/引]到書房裏坐。兄台[新喜了。/恭喜恭喜]老弟[新喜了。/恭喜您]兄台請上、我[給/同]您拜年。不敢當、[一說就是了、/說了是一樣]老弟請坐喝茶。兄台請坐。老弟[今兒個/今天]是頭一[天出來/出方]麽。我是[起昨天/昨天]出[來/方]的。[得/要]拜幾天哪。也不過五六天、就拜完了。打算多[咱/早]到省裏去呀。我打算初八日進省。[得多咱/要多早]回來。[得/要]過了節、回來罷。老弟[起頭/從舊]年封了印、總沒到衙門去罷。封印之後、還去了兩盪、辦了幾件零碎的事情。（趕／到）開了印之後、就該忙了罷。（可不是麼／那是的）、（趕／到）開了印之後、（就所／那就）沒有甚麼閒工夫了。是、老弟請再喝盃茶罷。不喝了、我（該／要）走了。忙甚麼（了／呢）、天還早哪。是、因爲該去的家數多、去晚了不像事。那麼勞老弟的駕、到家裏先替我請安、道新喜罷。是、回去都替你說。

第五章

老兄、我昨（兒個／天）聽見說、您現在陞任太守了、所以我今（兒個／天）特意（給／和）您道喜來（了／的）。不敢當、實在勞駕得很了。老兄大概（得／要）多（喒／早）上新任去呀。還不能預定了、總（得／要）等上司派委員來接署、纔能交卸了。您交卸之後、是就上新任去呀、還是（得／要）先進省裏去呢。是、先（得／要）到省裏去。請問老兄貴科分。我是辛酉科的舉人。會試是那科呢。會試是壬戌科。原來老兄是連捷、實在是才高得很了。承過獎了、不過是一時的徼倖、就是了。 老兄太謙了、請問老兄都是榮任過甚麽地方。 我是做過一任上元知縣、後來俸滿、蒙前任撫台保陞今此職、數年以來寸功未立實在慚愧得很了。 那兒裏的話呢、老兄如此大才、無怪上游司器重、況且又愛民如子、如今陞了太守、實在是彼處百姓之福也。 不敢當、不敢當。 那麽等老兄行期有日、我再過來送行、就是了。 那實在當不起、這就勞駕得很了、等改天我再到貴衙門謝步去。 豈敢、豈敢。

第六章

老弟我聽見說、前幾天晚上、有幾個人、到東街上一個銀號裏搶去了、了是有這件事麽。 不是搶銀號去了、去的、是和銀號打架來着。來的。 是爲甚麽打架呀。 是因爲有一個無賴子、撿了一張銀票、到銀號裏取發銀子去了、去的。 銀號裏人說、這是一張失票、已經

有人掛了失票了、你等一等、我們把那個丟掉銀票的、那個人找來、你們倆兩人當面
一說、他也不能白了你、總得要謝和與你幾兩銀子。那個無賴子、不答應、說是這張銀
票是我各人自己的、我就知道只曉得拿銀票來取發銀子、你們說是別人丟掉的銀票、那都不與
我相干、我通不管那些個事、你們就是給只要把我銀子、沒別的話、銀號裡不肯給把他銀子、
這麼着這麼樣他要把那張原銀票拿回去、銀號裡把那張銀票也扣下住了、不肯給把他、這麼
着樣他就走了、趕到晚上下那個無賴子、又約了四個無賴子、到銀號裏打架去來了、
趕他們他們到了銀號、就這麼先這麼一罵、把櫃上的一個夥計、他揪出來給被他打了、把欄
櫃上擱着的算盤、也給被摔了、這個工夫兒、汛官聽見說了、當是搶銀號的了、就帶
兵去把他們五個人都拿了去了、送了縣了、後來查明白了、他們是打架的、就把
他們五個人、都枷號在東街上了、半個月之後纔能放他們了。

第七章

院子裏坐着的那個拿着包袱的人、是幹做甚麼的。他是個賣琺藍的。你認得他麽。我不認得他。你不認得他、怎麽知道曉得他是賣琺藍的呢。我剛纔問他來着、的他說是作琺藍的人。那麽他那包袱裏包着的、就是藍貨麽。大概是的罷。那麽你出去、把他叫進來。掌櫃的老板、你進來罷。你是賣琺藍的麽。是。你這包袱裏包着的、是甚麽藍貨呀。這是一對琺藍瓶。你打開包袱我看看。您看這對瓶好不好。這對瓶太大、有比這對小一點兒沒有了呢。我們局子裏有一對比這個小點的、是做樣子的、不是賣的、您要買多大尺寸的、那都可以定燒。我白不過問一問、像這對瓶得要多少塊錢。這對瓶得要一百多塊錢。你們有甚麼小物件沒有。您問的是甚麼小物件哪。就像甚麼小筆筒、小印色盒子、小蠟燈、燭台這些個樣小物件。

您說的這幾様兒的小物件、現在做着好了還沒燒得成功了。那麽要多嗜就早纔燒得好了。過個四五天、就可以燒得好了。等這小物件燒得好了、你可以拿幾様兒來、再把你們局子裏那對瓶様子拿來我瞧瞧看看若是合式、我可以照様兒的定燒一對。是、我過幾天、給和您拿來罷。你們局子在甚麽地方。我們局子在後門大街。寶字號。小號廣成。你們先頭裏也來這公館裏賣過東西麽。我們先頭裏沒來這公館裡賣過東西。這對瓶、我嫌他太大、你可以拿回去罷。是、我失少陪了您納。你回去了。

第八章

你們老爺在家裏麽。是、在家裏家裏了。你進去告訴你們老爺、就提說我在後門住、姓徐。來見你們老爺、有話說。是、我們老爺請您進來、到書房裏坐。老弟久違。彼此彼此。這一向倒好(好)啊。好啊、您倒好(好)啊。托福托福。老弟偺(我)們這一向沒見、是上(到)甚麼地方去了麼。可不是(那倒是)麼、我是出了一盪外(門)。上(到)甚麼地方去的了。出口收租子(谷)去的了。是的了。大哥我今兒個(天)特意(爲)來和您商量一件事。是甚麼事情。我有個朋友他在京西住家、他有幾頃(百畝)地、有一處果木園子(園)、一處菜園子(園)、因爲他現在等錢用、託我把他這地畝園子(和園)給(替)他典出去、所以我來間間您納、若是您願意典過來、我可以給(替)您辦辦。這個地畝現在是他自己種着哪、還是有佃戶種着呢。是他自己種着的了。他打算典多少銀子呢。他打算要典一千兩銀子。他若是打算典一千兩銀子、我怕是湊不出那麼些個(許多)來。那麼您可以湊得出多少來呢。若湊個六七百兩銀子還可以行。那層(麼)您等我回去和他商量去罷(着)。可是(實在)他打算典多少年呢。這層我也間過他來着、他說是不用寫典多少年、就寫錢到回贖就

得是了。不寫典多少年、總不大妥當、因爲這幾年、我若是放下了外任來我就得要用這
個銀子、所以總還是說明白了典幾年纔好哪。是、那我還可以和他商量、您約模想着
您大概還得要幾年、可以放下出外任呀。我約模想着還得要過個五六年罷。我想和他
商量寫五六年、他也沒甚麼不願意的。還有那地契、您都看見了麼。我都看見
了。是幾張紅契、幾張白契。兩張紅契、兩張白契。那麼您就回去、和他商量去
罷、他若是願意、就這銀數兒辦、願意寫五六年、偺我們就辦。趕等這事定妥的時候、您
還得要先照回點看地去哪。那層是這麼着樣、您若肯出切實的保、保這事決不錯的、那我
就不必先照看地去了呢。這事是決不錯的、那我可以落做切實的保。既是這麼着的、那我
就憑您一句話了、趕等偺我們把事情辦完了之後、我再同他到地裏看一看去、就得是了。

第九章

回稟老爺、大恒布鋪的徐掌櫃（老板）的來了、說是要見您有話說。您出去請進來、讓（引）在客廳裏坐。是、我們老爺請您到客廳裏坐哪。徐掌櫃（老板）的、您怎麽這麽閒在呀。我是來找您說句話。是、您請坐。您坐下、您這幾天沒出門（去）麽。沒有、因爲我這幾天有點兒不舒坦（服）、所以沒出去。現在倒大好（可全安）了。是、大好（全好）了。我來找您是和您借一項銀子。是用（要）多少呢。總得（要）五百兩銀子。是又買著甚麽俏貨了麽。不是、是因爲我頂倒過一個鋪子來呢。倒（頂）過一個甚麽鋪子來呀。倒（頂）過一個錢鋪呢（來）。是幾間門面。兩間門面。在甚麽地方兒（呀）。在偺（我）們這城外頭、八寶街路西裏。原先是誰的鋪子。原先是一個南邊人的鋪子。怎麽是關了之後、纔倒（頂）的麽。沒關、是因爲那鋪子的東家、是候選知縣、新近選上了他、得（要）出去作（做）官去、他又沒有弟兄本家、可以照應買賣、所以得倒（要頂）出去。您是多少銀子倒（頂）過來的。一千銀子的倒（頂）價。

連傢俱都在其內麼。是、連傢俱一包並在內。倒頂價都給把完了麼。是都給把完了。那麼您現在就是用要銀子作買賣了。不錯、我手裏現在還有五百兩銀子、不彀週轉的、還得要有五百兩銀子、纔行哪。是、我可以借給把您五百兩銀子、就是了。費心費心、您可以作項個甚麼個利息。這是甚麼話呢、偺我們這樣兒的交情、您用這點兒銀子、還提甚麼利錢哪、您若是給把利錢、我就不借了。是了、那麼我從命了。豈敢、那個錢鋪原來是甚麼字號。原字號是德合、您倒頂過來還改字號麼。是、改字號。打算改甚麼字號呢。打算改稱成字號、您想好不好。這個字號很好、這錢行的買賣你也通達麼。那錢行的買賣、我不通行、我們舍姪學的是錢行、我打算把他安置在那鋪子裏、了事。這倒很妥當、打算多喒幾早開市張呀。總得在下月初間、纔能開市張哪。等開市張、我過去給和您道喜去。不敢當、我也要回去了。您忙甚麼了呢、再坐一坐兒罷。不咖（坐）了、我鋪子裏還有事哪。那項銀子明天晚上我給（與）您送到鋪子裏去罷。就是、就是。您回去了。您請進去罷。

第十章

回稟老爺、劉木匠來了要見您。叫他進來。劉師傅（司務）、我們老爺叫您進去哪。老爺您好啊。好啊、你好啊。好啊您納。怎麼這程子（些時）我總沒見您呀。我是回了一盪家、幹（爲）甚麼回家去了（的）。回家收莊稼去了（呢）。今年你們那兒（裏）年頭兒（歲）怎麼樣。轂（有）八成年歲呀。你種着（的）有多少畝地呀。我種着（的）有一頃（百）多地。今年打了有多少石（担）粮食啊。今年打了有一百石（担）粮食。你這回來、應着（做倒）甚麼活（工）了沒有。還沒應着（做倒）活了、（事呢）我今兒（天）來見您是因爲有一處活（事）我要應、（做）就是沒有薦主、我打算求您給（替）我舉薦舉薦。你要應（做）那兒（裏）的活（事）呀。西城江老爺那兒（裏）不是要蓋房子麼我打算要應（做）那個活（工）。

我聽見說江老爺找了好幾個人看過了、可（却）不知道（曉得）有人應妥了沒有。不錯我聽見說、有三個人看過了、有倆要了（兩個要他）八千兩銀子、有一個要了（要他）七千五百兩銀子、江老爺都不願意、所以都還沒定規呀了。那麽、若是你包那個工活、自然總比別人家便宜點兒啊。那是自然的、我若是包那個工活、不但比別人家便宜幾百兩銀子、工程準定還要堅固、一點兒也不能含糊（麿昝）。我給（替）你說說那到容易、可（却）有一層、我聽見說江老爺的意思、打算說定規了之後、立合同的時候、先給（把）一半兒銀子、下剩那一半兒銀子總得要等完了工活、纔能給（把）呢、你可以先墊辦得的起麽。是、我也知道（曉得）是先領一半兒銀子、我也打算了打算、可以墊辦的了、因爲我有個朋友開着個磚瓦窰、用多少磚瓦、他都可以供、不用給（拿）現錢、趕（等）完了工活、再給（把）錢很可以行、還有我的個小舅子、現在開着個木廠子、他存着的木料很多、我可以隨便用、也不先給（把）錢、我領這一半兒銀子、不過是預備着買石頭買灰開發大家的工錢、算了一算也不差甚麽穀了。既是這麽樣很好了、趕等明天我就見江老爺去給替你說說。那麽賈老爺的心罷、我多噜幾早來聽老爺的信哪。你後兒天來聽信罷。是了、那麽我就回去了。你回去了。

第十一章

老弟是甚麽時候來的。我先來過一回遛了、聽說是您沒不在家、這麽着的我又上往別處去了、這剛纔我回來、聽他們說、您還沒回來呢了、所以我在這兒裏竟等着您回來哪。那麽叫老弟受等。好說、您納、您是上到那兒裏去了一回遛。我是出城去、到莊稼地裏看了一了看。現在的莊稼所都長起來了罷。是、都長起來了。那麽今年秋收有望了。按着脚目下看、今年準可以豐收的。您到莊稼地方、看見他們種地的做活工了麽。是、我去的時候、他們正在地裏鋤地了、(趕晌午/到中午)的時候、他們就都回去吃(晌午/午飯)去了、這麽(着、/的)我就找了一棵大樹、在樹底下(凉决了半天、瞧了一會子/乘了半天凉看了一會兒)放牛放羊的、(趕/等)凉决彀了、我這纔(溜打/遊蕩)着回來了。您倒眞是會高樂的。甚麽會高樂呀、不過是在家裏坐着、也是悶得(慌、睡晌覺/很睡中醒)起來、也是不舒服、莫若出外(溜打溜打、/遊蕩遊蕩)倒好。你這倒也是養身之法。(那兒/那裏)的話呢、老弟今(兒/天)到舍下來、是有甚麽話說麽。大哥、我來是有件爲難的事、要求您替我辦辦。是甚麽事情。是因爲我兄弟現在忽然要分家。你們弟兄們素日不是很和睦麽、怎麽他忽然想起要分家來呢。我也不(知道/曉得)是甚麽緣故、我想他大概是受了人的挑唆、所以纔要和我分家。莫非(偺/我)們這些親友裏頭、(誰還能/有那個)離間你們弟兄麽。(偺/我)們這些親友裏頭、自然(誰也/斷乎)不能挑唆他分家呀、我(知道/曉得)他近來交了幾個新朋友、都不是很好的人、我想必是他們挑唆的。那麼、您來找我打算是怎麼個辦法呢。我來、是因爲我兄弟、素日平素和您對勁、合式我打算求您這幾天把他找到您家裏來勸勸他、總是能叫他不分家、纔好哪。我把他找來勸勸他、那到沒甚麼不行的、可有一層、我們倆兩個平常雖然對勁、合式無奈令弟的那個左怪皮氣、我也不敢保包他準聽我的話、倘或他不聽勸、又該當怎麼辦呢。他若是實在不聽勸、那沒法子、只可由着他分家、就是了。若是他一定要分家、您打算是怎麼個樣的分法呢。我們的房產是兩處住房、兩處鋪面房面西城那處住房、和城外頭那處鋪面房、面那兩處的房契、全都都外頭押着了、現在就是我們住着的這處房、和我們鋪子那個房子、這兩處的房契沒有押、我可以分給把他這兩處房產、就是了、其餘、我們家裡的傢具業東西、他愛甚麼、都可以拿了去、我決沒甚麼不願意的。您這麼辦、是公道極了、親友們決不能有甚麼議論你的了。

第十二章

老兄怎麼這程子(些時)我總沒見您哪。我回家收莊稼去了。今年收成的怎麼樣啊。今年收成的還算好啊。你種着(的)有多少地呀。我的地不多、纔一頃(百畝)多地。今年你打了有少擔(多少)糧食啊。打了有一百多擔糧食。那麼今年您打的糧食、比去年多。是、去年纔(剛)打了六十担糧食、今年比去年多打着(的)有四十多担糧食了。您去了的日子不少了罷。可不是麼(那待是啊)、我去了有倆(兩個)多月了。怎麼您這盪(回)回家、去了這麼些日子呢。我是和人家打了一塲官司、又賣了一回地。您是和誰(那個)打官司來呢着。是和我一個地鄰打官司來呢着。是爲甚麼事情。是因爲我有十幾畝縴地、每年夏天一下大雨就淹了、所以這幾年、我也沒種、竟荒着了、我那個地緊挨(靠)

着一個姓于的地畝、這幾年我不是沒種那個地麽、[可/却]就叫那個姓于的、零碎佔了有幾畝地去、我常在外頭、所以也不[知道/曉得]這個事、[趕/等]我這[盪/回]回去、聽見我們長工說、我就親自到地裏去一查、[可不是/果然是][叫/被]他佔了我的地去了麽、這麽[着/的]、我就找那個姓于的去問他這件事、他一定不認、我[可/却]就到衙門去把他告下來了、[趕/等]知縣查明白了、就叫他把佔去我的地、都[給/和]我退出來了、這麽[着/的]、我就都把他賣出去了。是了、像您每年打的這個糧食、都是留着自己吃啊、還是賣呢。不是都留着自己吃、我們家裡也就是留個三四十担糧食、下剩的都就賣了。您的糧食都是賣在甚麽地方啊。離我們住的那個地方有幾里[地/路]、有個大鎭店、每五天一集、我們都是拿牲口駝上糧食、到那個鎭店上賣去。到了鎭店上、是賣[給/把]糧食店哪、還是賣[給/把]客人呢。都是賣[給/把]客人的時候多。是您自己賣[給/把]客人麽。不是、都是經紀給替賣的。那經紀都是奉官的麽。是奉官的、他們都是得有官給把的牙帖纔能當經紀了呢。賣粮食用的斛斗、那也都是官定的麽。是、那都是官定的。那麽、那經紀掙賺的、都是甚麽錢呢。那經紀就是得用錢。那粮食的行情、是經紀定的麽。不是經紀定。是誰那個定呢。沒人定、大概是這麽着的、若是這天粮食來的多、自然行市往下落跌、若是這天粮食來的少、自然行市往上長、這是一定的理、並不是有人先定出一個行市來。是了、您這麽說、我就明白了。

第十三章

老弟、我來是問你一件事情。您是問甚麽事情。你西山裏不是有一處果木園子麽。不錯、是有一處果木園子。是多少畝地的園子啊。五十多畝地的園子。每年你那園子是自己收果子賣呀、還是把樹包給與別人呢。前些幾年、我都是自己收果子賣、這幾年、我可却是把樹包給與別人。你都是包給與誰那個呢。我都是包給與海淀順義、雜貨鋪。我今兒天個來見你、是因爲我有個相好的、他現時今在西城開了一個乾果子鋪。他再三的求我替給他辦這包果子的事情、我知曉道得你有果木園子、所以我來問問你、若是你願意過年把樹包給與他、我可以替給你們拉這縴。他若是願意包、那也沒甚麼不行的。他還叫我問問這包果子、都是怎麼個規矩。那麼您這個相好的他是外行麼。可不是麼、不錯 他本是外行、他這是頭一回作這果行的買賣。那包果子也沒有多麼規矩、就是結果子的時候、我同他到園子裏看一看、然後就商量包價是多少、趕等說妥了、把銀子給兒了、這一年的果子就是他的了。趕等包妥之後、還得要有個看果子的了人罷。那是自然的、總得要找一個人黑下夜白日在園子裏看着纔行哪。這個看園子的、是借給我們替他找啊、還是他各人找呢。那是隨他、若是他託偺我們給替他找、偺我們就給替他找、若是願意他自己找、也使得可以。 那看園子的人不至於偷果子賣呀。 那是這麼着的、若我給替他找的人、那自然我得要保下、若是有偷果子的事情、有我一面承管了。 那看園子的、每月就是給把他工錢、沒別的麼。 是、就是給把他工錢、不過還有搭窩歇棚用的席木板繩子桿子、這些個東西、都是包果子的給替他買、趕等後來拆窩歇棚的時候、可那也是那包果子的、把這些個東西拿回去。 那麼、若是樹上掉下果子來、該當怎麼樣呢。 若是平常掉下來的果子不多、那就在地下擱着、等包果子的多咱幾早去了、告訴他就是了、若是偶然遭大風、或是遭雹子掉下來的果子太多了、那個看園子的、應當趕緊的去告訴那包果子的、叫他好去收那掉下來的果子。 是了、我回去就照着你所說的這話告訴我那相好的。 等他有甚麼話、我再來見你罷。 就這麼樣罷。

第十四章

劉才。喳(唯)。書房裏那架坐鐘、不走了、你回頭到祥盛鐘表鋪、把許掌櫃(老板)請來、給(和)我收拾收拾。是了。辛苦衆位。您來了、您請坐。我們老爺打發我來請許掌櫃的(司務)、到宅裏(公館)、有一架坐鐘、給(要)收拾收拾。您在那宅裏。我在富宅裏。是棉花衚衕(巷)富宅(家)麼。不錯、是棉花衚衕(巷)富宅(家)。您貴姓。我賤姓劉、未領教您納。我賤姓許。啊您就是掌櫃的(老板)、您照應點兒罷。彼此彼此。你那宅(屋)裏還是那位姓朱的管事麼。不是、換了人了。換了那位了。換了一位姓范的。怎麼那位姓朱的擱下了麼。可不是麼(不錯)、散(走)了。是爲甚麼散(走)的。是因爲病散(走)的。是得了甚麼病了。他本來是個弱身子、又吃烟、今年他忽然一戒烟、烟也沒斷成、可(却)就得了病了、一天比一天重、後來簡直的成了癆病了、甚麼都不能幹(做)了、這麼着(的)、他就把事情辭了、回家養病去了。是了、可是都是您知道曉得是覓收拾鐘呵、是還收拾表呢。我們老爺就說是收拾鐘、可却沒提還收拾表。到底據我想、您把收拾表的傢伙帶上去、萬一收表了也不定。那麼我們這將就走罷。掌櫃的老板、您先請在書房裏坐一坐、我進裏頭告訴我們老爺去。是了。許掌櫃的老板、這一向好啊。好啊、富老爺倒好。好啊、您納買賣好啊。托您福、倒還好。現在打夜作了麼。是打夜作了。現在鋪子裏有幾位夥計。脚下目下是四個夥計。幾個徒弟。兩徒弟。都可以上案子坐桌子做活工夫了麼。有一個可以上案子坐桌子做活工夫了、那個是新來的、還不行哪。您見天每天也在鋪子裏做活事麼、我是不能整工夫在鋪子裏做活事、總是在外頭辦事的時候多。脚下目下您那鋪子裏、每月做多少錢的手工啊。現在每月也就是做個四百來吊錢的手工。四百多吊錢的手工、也就算不少了。不過算可以的、就是了、到底比上從先可差多了。先頭裏每月可以做多少錢的手工呢。早先每月總做七百吊錢的手工。敢情（當眞）先頭裏、每月做這麼個（些）手工啊。是那個時候、每月總有這麼些個（些）。今兒個（天）我請您來給瞧瞧（和我看看）這架坐鐘、是怎麼個（甚麼）緣故不走了。我瞧瞧（看看）這個鐘、是縧子（練子）折（斷）了。那麼要得（要）換一根新縧子（練子）罷。不用換新的了、我把這根縧子（練子）、拿到鋪子去釘上、再拿回來安上就得（好）了。那麼更好了。您請喝茶罷。您喝罷。我請問您納、像您這貫行、都是學幾年哪。我們做行都是學六年。是還得（要）寫個字據麼。是得（要）寫一張字據。這張字據是徒弟剛一上鋪子就寫麼。不是、先得瞧（要看）一年、若是徒弟好、纔寫字據哪。那麼趕（到）他學滿了之後、是還在本鋪子裏要（做）手藝啊、是就上（到）別處要（做）手藝去呢。那都是隨他的便、若是他還願意在本鋪子裏要（做）手藝、也是給（替）他開出（發）工錢來、按（照）着夥計一個樣、若是他不願意在本鋪子裏要（做）手藝、願意上（到）別處當夥計去、也使得（可以）。那就是了、還有上回我託您給替買一個醒鬧鐘、您納買了沒有。是、我在這城裏頭各鋪子裏、都給替您找了、沒有、新近現在有我們一個同行的人、下天津買貨去、我已經託他到洋行裏、給替您找一找、若是有、他回來的時候、就給替您帶來了。那實在費心的很了。那兒的話呢、我也該回去了、我偺們改天見罷。您回去了、累肯煩您納。好說、好說。

第十五章

老弟、是解從家裏來麼。喳、是解從家裏來。怎麼這幾天我沒見你呀、是幹做甚麼來着。我是出外打圍獵去了。是同誰那個去的。是同着我們一個街坊鄉舍去的。是上那兒打圍到那裏打獵去了。上往東山打圍獵去了。多喒多早回來的。昨兒日晚上回來的。打了些個甚麼野牲口來。打了些個野雞、野貓、兎子、還打了一個野猪。那麼、你們這盪圍回獵打的不錯呀。不錯、可到是不錯、到底受的累也不輕。受了甚麼累了。我們倆兩人是一個人騎着一匹馬去的、趕等到了離東山還有幾里地路、有個鎮店、我們可却就在那個鎮店上找了個店住下了、趕到第二天、我們就在店裏吃完了飯、把那兩匹馬寄放在店裡了、我們倆兩人就揹着鎗、溜打着遊蕩、上山去了、趕等到了山上、我們先是竟打了些個些野雞、野貓兎子、趕等天有平西的時候、忽然跑來了個野猪、我們倆兩個就拿鎗一打、可却就打死了、那個地方又偪不出人來抬那個野猪、這麼着的、我們倆兩人就把那個野猪拉回店裡去了、趕等回來的時候、我們就用一匹馬馱着野猪、我們倆兩人替換騎着那一匹馬、趕等到了家、就累的得動不得了、您說受的這個累還輕麼。您們雖然受了些個些累、到底還打着野牲口了、我們有個親戚前幾天打圍獵去了、不但沒打着甚麼、倒把他的一匹馬丟掉了。

怎麼打、圍獵去、會把馬丟掉了呢。他告訴我說、他騎着一匹馬、上北山打圍獵去了、他把他的那匹馬、就拴在山底下一棵樹上了、他就揹着鎗、上山找野牲口去了、他找了半天、連一個野牲口也沒找着、這麼着的、他就下山來了、起等到了山底下一瞧看、他的那匹馬、沒不見了、這個工夫兒一會兒天忽然下起雪來了、他就頂冒着雪、各處找了會子兒、所都沒有、這個時候天就黑上黑來了、他就找了個破廟、將就着的住了一夜、起等到第二天早起、他就覺着身上很不舒服、他沒法子、就扎掙着勉強的到衙門裏去、報了官、那個官、把他丟掉馬的緣故都問明白了、可却就和他說、我這就派差到各處給和你找馬去、若是這本地人偷了你的馬去、終久總找的得着、若是過路的人把你的馬偷了去了、那可却就難找了、你先回家去就是了、這麼着的、他就雇了一匹驢回來了、到了家病更利害了、到如今還沒好呢了、你瞧看他這運氣、有多麼背閉呀。

第十六章

兄台、您沒聽見說、偺我們那個朋友、馮子園、死了麽。 我沒聽見說呀、他是多喒早死的。 今兒起（天早晨）有人說、他是昨兒（天）晚上死的。你知道（曉得）他是甚麼病死的麼。我聽見說他不是好死的。是怎麼死的。說是吞烟死的。他爲甚麼吞烟死了呢。我聽見說、是這麼件事、他有一個朋友是外鄉人、去年到京裏來、有幾千兩銀子、交給（把）他收着、那個人可就回家去了、趕（等）到今年、那個人又上（到）京來了、可（却）就和他要那幾千兩銀子、子園就不認了、這麼着（的）那個人到衙門去、就把他告下來了、趕（等）官把子園傳到衙門去一問、子園說、並沒這（一）麼件事、又說若是我存着他的銀子、必有個憑據、如今他一點兒憑據沒有、這是他訛我了、這麼着（的）官就問那個人有甚麼憑據沒有、那個人說、因爲相好、當初並沒立憑據、官說、你既沒有憑據、竟憑口說、我不能給（和）你辦這個事、這麼着（的）就散了、那個人起（從）那麼一氣、可（却）就回家去了、到了家、不多（過）幾天、就吊死了、趕（等）知縣去驗屍的時候、起（從）死鬼套褲裏頭、翻出一張陰狀來、上頭寫的、都是告子園的話、這麽着(的)、他聽見這個風聲不好、他一(就)害怕、就吞烟死了。你提這件事情、我想起來了、今年春天我恍惚聽見人說、他和人打官司來着(的)、巧了(恰巧)就是爲這件事。光景就是這件事罷。還有一件事。你管保(包管你)知道(不曉得)、在偺(我)們沒認得之先、他已經就作個一件屈(虧)心的事。作過一件甚麽屈(虧)心的事。他先頭裏不是開過一個錢鋪麽。不錯、他是開過一個錢鋪。他開錢鋪的時候、有一個外省人、和他相好、就在他那鋪子裏借住、後來那個人得了重病了、臨死的時候、可(却)就和他說、我那箱子裏有一千多兩銀子、偺(我)們俩(兩)相好一塲、我死之後、所有我那銀子、和東西、都求你給(替)我寄回家裏去、他當時就都答應了、趕(等)那個人死之後、他就變了心了、他竟把東西給(替)那個人寄回家去了、可(却)就把那一千兩銀子、味(瞞)起來了、後來那個人家裏給(把)他來信間他、死鬼留下銀子沒有他就寫了一封回信、告訴人家說、沒留下銀子、趕(等)後來他忽得了一場病、他在家裏養病的時候、他鋪子裏有一個夥計、就偷了他幾百銀子跑了、趕他病好了、就把買賣也收了。您這都是聽誰（那個）說的。 我這都是聽有在鋪子裏學過買賣的一個徒弟說的。 像他先頭裏既然做過一件屈心的事了、就該當悔改纔是的、怎麼後來又做這麼件屈（件虧）心事呢、到如今還是各人把各人的命要了。 你不知道（曉得）、凡這宗沒良心的人、大概都是這麼着（樣）、若是一見錢、立刻就把天理報應、全都忘（都丟）在九霄雲外了、他現在吞烟死了、這簡直的、就是遭了報（報應）了。

第十七章

老兄、剛纔那個姓馬的進來找您、是說甚麼話來着（的）。 他說他現在要贖（取）當、托我給（替）他借幾拾吊錢、另外還托我給（替）他找個跟官的事情。 他托您這兩件事、你都應了麼。 是我都應了、我這麼告訴他的、我說現在我手底下沒錢、等我上（到）別處給（替）你借去、若是借着了、你就使喚（用）、若是借不着、你再另打主意就是了、至於說找事這層、等底下有跟官的事、我就必給（替）你舉薦。依我勸你、他托的這兩件事、您都別（莫）給（和）他管。怎麼。您若是給（替）他借錢、他一定不還您。您怎麼知道（曉得）他一定不還我呢。他向來借人家的錢、都沒還過、所以我知道（曉得）他如今借您的錢、將來也是一定不還您。我想這幾十吊錢、他不至於不還我。別（莫）說幾十吊錢、就是幾吊錢、他也是不還、況且他借這個錢、也不是真拿去贖（取）當。他不是拿去贖（取）當、是拿去幹（做）甚麼呢。他是拿去要（賭）去。怎麼他還要（賭）錢麼。他最愛要（賭）錢、他整天家（的）、竟在寶局上（廠裏）。他家裏都是有甚麼人哪。他母親早死了、現在就是他父親還活着（在）了。他沒有弟兄姐妹麼。他沒有哥哥、也沒有兄弟、就（只）有一個姐姐、早就出了門子了（嫁出去了）。他還沒成家了（麼）麼。他沒成家了（家）。他父親有多大年紀了（年紀）。他父親今年總有七十多了。是個做甚麼的。是木作的手藝、先頭裏開過一個小木廠子、後來也關了、如今是竟仗着給人家做活（生活）掙錢來過日子。他這個人會幹（做）甚麼呀（呢）。他任甚麼都不會幹、就（做、只）會花錢。他沒學過買賣麼。他學過一回買賣。他學過甚麼買賣。他在一個藥鋪裏學過買賣、去了有一個月、掌櫃的（老板）就不要他了。是爲甚麼不要他了。是因爲他又饞又懶不守鋪規、所以就不要他了。那麼他後來沒作別的事麼。他後來跟過一回官。跟過甚麼官。那一年有一個外任的官進京引見來的了、住在城外頭會館裏了（裏）、有人把他舉薦了去當跟班的、那個官見（每）天就叫他出去給（替）買古玩玉器各樣兒的（的）東西、他就撒開（胆）了一賺錢、兩月的工夫他就賺了有好幾百兩銀子、後來那個官知道（曉得）他這個毛病了、可（却）就把他辭了、現在那幾百兩銀子巧了是都花完了、所以纔來找您給（替）借錢、依我勸您也別給（莫替）他借錢、也別給（莫替）他找事、您若是給（替）

他借錢、他必不還您、若是給替他找事、他必不能給替您作臉顧、索性不管他的事倒好。那麼據你這麼說、將來他父親死了、他可却就要遭了。我早給和他斷算就了、他父親死之後、他一定抱沙鍋抃棍兒。那麼他託我的那兩件事、我怎麼回復他呢。您就告訴他錢是借不出來、找事是沒有、就得是了嗎。這麼着樣我就照您這話告訴他、免得他、來了。

第十八章

李起。唯喳。你把拿這套書給把琉璃廠寶文堂書鋪裏送了去、告訴俞掌櫃老板的說、叫他給和我配一個書套、還有這個單子也交給把他、叫他按照着這個單子上所開的書、每一部先拿一套、交給把你帶回來我看看。是、老爺若沒甚麼別的事、我現在就去罷。我沒別的事、你這將就去罷。辛苦衆位、俞掌櫃老板的在鋪子裏了麼麼。是、在裏頭了、您請進來坐罷。辛苦俞掌櫃老板的。李爺、你起宅從公館裏來的。是、起宅從公館裏來。您來是有甚麼事麼。可不是麼、是有事 我們老爺、打發我拿這套部書來、叫您給和他配個套、這兒裏還有一個單子、你照照看看 我們老爺說、叫你按照着這個單子上所開的書、每一部交給把我拿回一套部去先看看。這個書套、我們給和他配一個就是了、這個單子上所開的書、我們這鋪子裏就有兩部、下餘的那幾部、我還得要上到別處去找去。那麼、您就先把鋪子所有的這兩部、交給把我帶回去、下餘的那幾部、您上在別處給去找找去、過幾天我再上到您這兒裏取來罷。我想您不用上到這兒裏取來了、趕等幾天、若是我找着了、我就親自給替送到宅裏公館去罷。那更好了。這兩套部書給和您包好了。那麼我失少陪了。您回去了。回老爺知道、那套部書、我交給把俞掌櫃的老板了、告訴他給要配個套子、您要的那幾部書、他們那館子裏就有兩部、叫我先把那兩部、拿了兩套部來給把您看看、下餘的那幾部、俞掌櫃的老板得上要到別處找找去、趕等過幾天、他若是找着了、他親身自給和您送來。是了、您先把這兩套部書、擱在書槅架子上去罷。辛苦李爺。俞掌櫃老板的、你纔進城麽。可不是麽、不錯的纔進城。您這拿來的、都是甚麽書啊。這就是上回老爺叫找的那幾部書、我都找着了、拿來了。我們老爺下往天津去了。多咱早走的。昨兒天早起晨起的動的身。是有官差去的麽。不是官差、是辦自己私事去了。得要去多少日子。連來帶去、總得要十天罷。那麽、我拿來的這書怎麽樣呢。我們老爺留下話了來、說是、若是您拿了書來、就先留下罷。那麽、您瞧這是六部書、那個原單子上開的是八部、上回您拿了兩套部來、我今兒個天每一部又拿了一套部來、前後共總拿了八套部書來、還有這個單子、也託您交給把老爺、所有這幾部書的價值錢都在這個單子上寫着了。是了、還有配套的那套部書、您給已配得好了沒有。配得好了、我今兒個天忘忘記了帶來了、等底下我再來的時候、給再帶來罷。那就是了。您想可以多咱早來好呢。我算計着我們老爺總得要月底纔能回來了、這麽着的罷、趕我們老爺回來的時候、我出城請您去罷。那倒不用勞動您納、我月底月初還有別的事進城來了、我可以順便到這兒裏來打聽打聽就得是了。那麽也好。那麽我失少陪了。您回去了。偺我們過幾天見。

第十九章

老兄、怎麽我來找您好幾盪、您都總沒不在家、您是忙甚麽事了。我是給和人說合事情呢了。您是給和人說甚麽事情來着呢、告訴得我告訴不得。沒甚麽告訴不得的、是我們舍親認得的一個朋友和人打了官事了、我們親戚託我出去、給和他們說合說合。是爲銀錢賬目的事情麽。不是銀錢賬目、是爲買貨的事。爲買貨怎麽會打了官司了呢。是這麽件事、我們這個親戚認得的這個朋友姓沈、他是在保定府開着個大洋貨鋪、字號是信義、他今年夏天到這兒裏來的、就住在這東關外頭福盛店裏了、在偺我們這大東街、泰和洋貨棧裏、批了六十包洋布、批單上寫明白的是兩月交貨、趕等到上月就到了日子了、沈掌櫃管事的就到泰和棧去問貨到了沒有、他們說還沒到了、呢、這麼着樣沈掌櫃管事的、又等了些日子、又去打聽、貨還沒來了、趕等到前幾天、沈掌櫃管事的到西街棧房裏、有別的事情去了、的聽見說、新近近日有一個客人、買妥了泰和棧裏的、六十包洋布、是起在一個姓王的經紀手裏買的、聽那個客人買的那個價錢值、比沈掌櫃管事的原定的價錢值貴、銀子可却還沒兌了、貨也還沒起哪、沈掌櫃管事的一想、這一定是他定的那六十包洋布、泰和棧於今是貪多賺錢、又轉賣給與別人了、心裏可却就氣的了不得、這麼着的他這天晚上、就到泰和棧裏、問這件事情去了、泰和棧不認、說是沒這麼件事、後來沈掌櫃管事的、指出那個王經紀來了、泰和棧沒法子、可却就認了、就說是下月還有六十包洋布來哪、叫沈掌櫃管事的等那六十包洋布來、沈掌櫃管事的不等、說是就要這現在有的那六十包洋布、泰和棧不肯給把、說是、若實在不能等那六十包洋布、只可把原給交的定銀退回去、把批單一燒、就算沒這麽件件事了、沈掌櫃管事的不答應、說是覓退定銀不行、還得要包陪賺利纔行哪、泰和棧一定不肯認包陪賺利、這麽着的沈掌櫃管事的就寫了一張呈詞、粘連那張批單、在縣裏就把泰和棧告下來了、前兒個幾天知縣過堂、把他們兩造、大概問了一問、就吩咐叫他們下去找人、先說合和若是和合和不了、再補一張呈詞、再說就是了、這麽着的我們親戚找我幫着他、出去給替他們說合和、咋天晚上算是纔給替他們都說合完妥貼了。您怎麽給和他們說合完妥貼了的呢。我們給和他們這麽說合和的、還是叫泰和棧、先把這現在有的那六十包洋布、給付沈掌櫃管事的、叫他們和那個客人說、等下月那六十包洋布到了、再給把那個客人就是了、這麽着的大家都答應了、昨兒個天的晚上、把貨也起了去了、銀子也兌了、就等明兒個天沈掌櫃管事的、在縣裏遞一張和息呈子詞就結了。

第二十章

兄台、您這是由解鋪子來麽。不是、我是到天盛當鋪、估封貨去了纔回來。您用過飯了麽。我吃過了。您若是沒吃飯、我可以叫廚子、和給您快預備飯。我眞吃了、我是同着一位相好的、在外頭吃的。那就是了、今兒天過天盛當鋪貨多不多。古玩玉器少、衣服銅錫多。您都估封了些個甚麽貨。我就估封了兩個倆表、沒估封別的。我看估封貨得便宜少、總是上檔的多。那也是碰運氣、若是走紅運的人、他去估封貨、就許遇見俏貨、趕等他估封了、當鋪就賣漏給把他了、他就可以賺了好錢了、若是走閉背運的人、他一估封貨就打眼、當鋪本就當打了眼了、他又封打了眼了、不但不能賺錢、倒還要得賠出好些的個錢去。您說的這話、實在不錯、我們這鋪子、前幾年估封了好幾回貨、沒一回

不賠錢的、所以現在不論那個當鋪裏、請我們決不去封估貨了。我告訴你、去年有
一個封估貨得了宜便的、這個人是我們一個遠親、去年十月裏、西城恒順當鋪、請他
去封估貨、他封估了一個銅表、四兩銀子、當鋪就賣給把他了、趕等他拿回家去一細瞧、敢情那曉得
是個金表、後來拾收掇拾好了、賣了四十多兩、賺了有十倍利、這就是遇見俏貨、得了便
宜了。

第二十一章

大哥、剛纔我到棧裏找您去了、夥計們說您上往西街去了、所以我迎蹭着轉頭身找碰您來了、可恰
巧就遇見了、您作甚麼、這麼上往西街去了。今兒天早起晨火輪船到了、我們棧裏、給和一
個客人雇小車子、運行李來着、推小車子的、給和客人運錯了兩隻箱子、客人不答
應了、夥計們沒了主意了、打發人到我家裏找我去了、我纔起來聽見這個事情、

我就趕緊的洗了臉、到棧裏見了客人一問、那個客人說他姓陳、是福建人、在江蘇作官、如今是要上進京去、今兒早起天早晨火輪船到了、他就下船住在我們棧裏了、他就叫我們夥計、給和他雇了兩小車子、叫他一個跟人、帶着到船上去、把行李起下來、趕等把行李運到棧裏來了、他一瞧看他短少了兩隻紅皮箱、這裏頭又有兩隻白皮箱、不是他的、那白皮箱上寫着徐子芹三個字、他就問他那個底下人、怎麼會遲錯了兩隻箱子呢、那兩跟人說、不是他們的錯、他們兩人在船上歸着零碎東西來着、是那兩推小車子的、自己上船、把箱子搬下來的、所以纔搬錯了、這麽着的那個客人、就告訴我們棧裏的夥計、叫那兩推小車子的、快去把他那倆紅皮箱給找回來、那兩推小車子的去找了半天、也沒找着、客人是所定不答應、要定了箱子了、夥計們也都着看了忙了、就趕緊的打發人找我去了。 您給和那個客人找回那兩隻箱子來了麼。是、我已經找着那位姓徐的客人了、姓陳的那兩隻紅皮箱、是在他那兒裏了、我現在回棧裏先雇一個小車子、把姓徐的那兩白皮箱、給和他推了去、把那兩紅皮箱就換回來了。您怎麼找着那位姓徐的客人了。我先在咱我們那條街上、各棧都問了、並沒有姓徐的客人、這麼着我就到了西街、挨着各棧一問、趕及問到永利棧了、他們說是有一位姓徐的客人、是剛纔到的、這麼着樣我就進那個客人的屋房裏去了、一問他的號、別號他說是叫子芹、我就把運錯了箱子事告訴他說了、他說我的行李、是纔運來的、還沒查點了、等我現在一查就知道了、趕等他一查點、可却就說是錯了兩隻箱子、我這兒裏短少了兩隻白皮箱、多出兩隻紅皮箱來、我一聽這話對了、這麼着樣我就和他說回頭、我就打發小車子、把您那兩隻箱子送來、您把這兩隻紅箱子、就交給把他們帶回去就是得了、這麼着樣我就回來了、你這麼早忙着找我、是有甚麽要緊的事情麽。因爲我們今兒個（天）有點兒要緊用項、找您摘給（撥把）我們幾百塊錢用。有、您跟我到樓裏取（拿）去罷。

第二十二章

老弟、我聽見說、你們那位令親王子泉被參了、是眞的麽。不錯、是眞的。你知道（曉得）是爲甚麽事被的參。我起（從）去年就聽見說他要被參、我還不很信、如今果然眞被參了、前幾天我見了子泉他（的）哥哥、據他說是因爲兩案的事壞的官、一案是前年秋天、縣城裏頭有一個錢鋪、被刦搶了、有幾百兩銀子贓去、他連一個賊也沒拿着（到）、那個時候、撫台就出了參了、把他的頂戴摘了、給他幾個月的限、還留在任上、叫他趕緊的拿賊、趕（等）到滿了限了、還是一個賊也沒拿着、這麽着（的）他又展了好幾限、直展到去年冬天、那一夥子賊、始終也沒拿着、偏巧今年春天、縣城裏頭有一個人、半夜裏進了一個人家兒屋裏去、殺死了倆兩人、兇手逃跑了、又添上了這麼一件棄兒逃走的案、這麼着樣撫台就把他參革了。那麼他現在已經離了任了麼。是已經離了任了、在省裏住着了。宦囊怎麼樣。他有甚麼宦囊啊、他現在是两袖清風。他既是宦囊羞澀、何必還在省裏住着呢。他倒願意回來哪、就是一時回不難回來。怎麼回不難回來呢、是沒有盤費麼。倒不是沒有盤費、是因爲他革職之後、撫台派委員、到他衙門盤查倉庫去了、查出他虧短空有四千多兩銀子的錢糧、委員問他怎麼會虧短空這麼個麼些的錢糧呢、他認了、是他挪用了、這麼着樣那個委員就稟報撫台了、撫台就派員、把他寓所裏的東西都封了、把王子泉調到省裏去、給把他兩月的限、叫他把虧短空國家的這個錢糧、都交還上出、若是過了限期不交還、就要請旨抄他京裏的家了、這麼着樣他急了、就寫了一封信、打發他一個家人、到京裏來見他哥哥、叫他哥哥、不論怎麽想法子、趕緊的替給他湊五千兩銀子、交把給這個家人、把給他帶回去、他哥哥見了着這封信、着急得的了不得、找我去了、託我把他城外頭那處鋪面房、和給他賣了、這麽的着我就趕緊的一替給他賣還、算好、賣了五千兩銀子、前幾兒天個他哥哥、交把給來的那個家人、替給他帶了去了。那麽他若是把虧空短的錢粮、如數都交還了上、他寓所裡封着的那些東西怎麽樣呢。等趕他把這銀子交還之後、上司自然派官到他寓所裡去取封、就把東西照舊還把給他了、那他也就可以回來了。

第二十三章

大哥、我問您一件事、令友錢輔臣、那個當鋪現在止當、候贖了、是爲甚麽呀。那個買賣不行了、快收了。怎麽聽說那個買賣、不是很好麽、怎麽會不行了呢。你止知其外、不知其內、當初他開那個當鋪、並不是都是他自己的銀子、他有一個親戚、是個作(做)官的、有一萬多兩銀子、白借給(把)他使喚(用)、不要利錢、他自己不過有幾千兩銀子、就這麼把那個當鋪開了、這幾年買賣倒很好、賺的錢也不少、趕(等)到前年、他那個親戚放下知府來了、可(却)就把那一萬多兩銀子、要回去了、雖然撤出那一萬多兩銀子去、他那個買賣、還可以支持得住、忽然他無故的、想做洋葯的買賣、起初還不過買個一兩箱子洋葯賣、偏巧賺了錢了、膽子可(却)就壯了、這麼着(的)又買了七八箱子洋葯賣了、又賺了錢了、所以膽子更大了、趕(等)到了去年、快封河的時候、有一個廣棧裏、來了一百箱子烟土、他聽見說沒有別的火輪船來了、他一想、他若是把那一百箱子烟土買下、留着冬天賣、必賺好錢、這麼着(樣)他就到了那個廣棧裏、和那個廣棧的掌櫃的(管事)一商量、願意把那一百箱子烟土都留下、倆(兩)月之後付銀子、那個廣東人也答應了、趕(等)他買妥了、過了有兩三天、忽然又來了一隻火輪船、裝了有五六百箱子烟土來、這個行市、就直往下這麼一掉跌、他沒法子了、就趕緊的都賣出去了、賠了有好幾千兩銀子、可却就把那個當鋪、也拉淌下了、這都是他放着穩當買賣不做、妄想發財、所以纔壞了事了。大哥您看獨做那洋葯買賣的、沒有長久富貴的、就是有起在這上頭發了財的、也不過是眼前歡、不多要幾年、自然的就敗了。那是一定的理、那本是損人利己的買賣、怎麼能長享富貴呢。我們本鄉有一個恒原土局子棧、買賣很大、四遠馳名、那個東家姓郝、都是自己下天津、起從洋行裏買貨、一回總買幾百箱子的貨、鋪子裏總有幾十個夥計、這些年所數發了財了、家裏蓋的房子很多、上下有數百多號口人、騾馬成羣、這麼樣兒的財主、趕等到去年會一敗塗地了、我先還不知曉道得、是怎麼敗的這麼快、趕到後來我細一打聽、纔知曉道得、敢想情是這幾年的買賣發了財了、東家所就不上到鋪子了、竟在家裏納福、也老總沒不算大帳、鋪子裏那些個夥計們、見天黑下（晚上）、往外偷烟土、東家是一概不知道（曉得）、趕（等）到去年還是那姓郝的、有倆（兩）朋友、知道（曉得）他鋪子有了毛病了、可（却）就叫他上（到）鋪子算帳盤貨去、這麼着（的）他纔到了鋪子裏一算帳、虧空有好幾萬兩銀子、又一盤貨、剩了不過有幾箱子土了、他就問夥計們、帳怎麼虧空的、貨怎麼短的、那些夥計們都說不知道（曉得）、這麼着（樣）他沒法子了、就把房子牲口都賣了、算是把該洋行的銀子都歸上（還）了、然後把鋪子也關了、他起（從）那麼一口氣（氣）得了一場病、就病死了、家裏底下人們、也都散了、就剩了他們本家的人了、脚（目）下是吃一頓挨一頓。這麼樣兒的苦法、你瞧（看）這就是賣洋葯的收場。

第二十四章

老弟你是多咱（時）回來的。我是新近（剛纔）回來的。你這是解（由）江西回來麽。不是、我是起（從）江蘇回來的。你當初不是上往江西去了麼、怎麼如今是解由江蘇回來呢。我是原本上本來往江西去了、後來又到蘇州去了。你這幾年在外頭事情怎麼樣。在江西那幾年、事情到很好、就起從到了蘇州之後、事情就所是不順了。你既在江西很好、作甚麼又到蘇州去呢。因爲我們那位舊居停、去年調任雲南了、打算要邀我一同去、我是嫌路太遠、不願意去、打算要回京來、他勸我不叫要我回來、他說他有一位同年的在蘇州、是候補道、姓和、他要把我舉薦、到那兒裏去辦書啟、我也願意去、這麼着麼樣他就寫了一封薦書信、打發我到蘇州去了、趕等我到了蘇州、纔知道曉得和公那兒裏還有兩位師爺、那倆兩人都是浙江人、見我去了都很欺生、我是諸事掣肘、他們倆兩人若是打起鄉談來、我是連一句也不懂得、若是偶然我問他們一件事、他們都和我粧不知道曉得、不肯告訴、我就連出去走走逛逛蕩蕩、他們倆都兩擠撇着我、我看他們那光景、是過於咬羣欺生、我一想、我們若是再往下混可、〔同他過却〕就要生分了、這麼樣我就辭了館回來了。那位和公待你怎麼樣。那位和公待我到還罷了、得〔却〕就是這回辭館的時候、他還問我是爲甚麼緣故辭館、我也不便提我和同人不合、我就說我京裏有緊的事、得〔要〕回去一盪〔回〕、他還說若是我到京裏辦完了事、還請我回去哪。就麼你這盪〔回〕回來、還打算出外去、不出外去呢。我這盪〔回〕回來、原打算是要考供事着〔的〕、比〔如〕若是考上〔得〕了、我就要在京裏當差、不出外去了、趕〔等〕我到京裏、一打聽已經考過去〔完〕了、現在我的意思是這麼着、〔的〕若是有合宜〔式〕的事、我就可以出去、若沒有相當的事、我就先在京裏那是了。現在可〔却〕有個出外的事、不知道〔曉得〕你願意就不願意就。是怎〔甚〕麼個事情呢。我有個至好的朋友、他新近〔近日〕放下〔了〕山西太原府遺缺、知府來了、前兩天他託我給〔代〕請一位書啟師爺、我現在意中也是沒人可薦、如今你囘來了、若是願意就、我可以給〔替〕你舉鸛舉鸛。此公怎麽稱呼。他姓常號叫春圃。是在旗麽。不錯、是旗人。他那個人怎麽様。是個極忠厚、極和平的人。既是這麽着（様）、您就給（替）我說說罷。束脩這層、你打算怎麽様。那層到好說、您給（就）作項（主）就是了、只要人對勁、錢多多少少的、甚麽要緊。他那個人、我管保（包管）你們倆（兩）人準可以對勁、那麽明兒個（天）我就見他、給（替）你說去。費心費心。、好說好說。可（却）是你現在沒當甚麽差使麽。沒有、我就起（從）那年告病回來。到如今舊病還是時常的犯（發）怎麽能當差呢。好天的時候、可以找（會）朋友談一談。颳風下雨的時候、就是在家裏看書。那麽您到是很清閒哪。甚麽清閒哪、不過是虛度歲月就是了。

第二十五章

老弟、我告訴你一件可笑的事。甚麽可笑的事。月裏頭（這個月）有一天月裏頭（下裏）、有三更多天、我剛睡着纔睡、就聽見我們後頭院子裏、咕咚的一聲、跳進一個人來、把我嚇醒了、我當是有了賊了、就趕緊的叫底下人們起來、快打着燈籠照照去、這麼着的那幾個底下人們、聽見說有了人了、就都趕緊的起來、點上着了燈籠、拏上着了棍子、就往後頭院子裏去了、這個工夫兒我也起來了、開開了屋房門、就往後頭院子裏瞧看去了、趕及我到了後頭院子裏、就聽見底下們人說、拏住了一個人、身上可却穿的得很體面、又不像個作做賊的、又聽見那個人說、你們別莫拉我、我的脚踒子很疼、我不是作做賊的、我是避難的、我聽見他說他是避難的、我可却就往前去一看、長的得很體面的個年輕的人、我又一細瞧看、認得他是個念書的人、他姓蔣、在城外頭住、我們倆兩在城外頭、一個古玩鋪裏、遇見個兩回、彼此到還很相得、這麼着的我就叫倆兩底下人、攙着他趕走了半天、可動一會却就好了、然後我就把他讓請到書房裏去了、趕及到了書房、他一瞧看是我、臉上很不得勁(下不去)、我就問他是遇見甚麼事了、他說他是在我們房(屋)後頭寶局裏要(賭)錢來着忽然有一個官、帶着兵去抓局(賭)去了、他先跑出來了、因爲沒地方藏、所以他就扒到墻上去、跳到這院裏來了、這麼着(的)我勸了他半天(會)、叫他後來改了、別要(莫賭)錢了、留他住了一夜、趕(等)到天亮回去的、昨天他給(和)我到謝來了、他告訴我、說他現在已經起(發)下了誓、從此決不要(賭)錢了。像這個人、能彀聽您一勸、他立刻就改過了、這就是個有志氣的、我先頭裏、有一個相好、他吃大烟、因爲我勸他忌(戒)烟、他到惱了我了、不和我來往了。你們這個相好的、也眞別致(古怪)、怎麼你勸他忌(戒)烟、他到惱了你了。他那人實在的是糊塗、他原本(起頭)不吃烟、後來是因爲他挨着(相與)一個吃烟的朋友、慢慢的兒的可(却)就吃上癮了、先吃的還不算多、後來是一天比一天吃的多、到了去年、他臉上所(已)帶了烟氣了、精神也不佳了、我看他那光景很不好、我就和他說依我勸你把烟忌戒了罷、再要往朝下吃、可却就怕不好了、我可以起由上海給替你買忌戒烟葯來、見每天你就按照着那個方子吃葯、慢慢兒的自然就把烟穩斷了、他聽我這話、就答應了一聲、這麼着的我就托朋友、起在上海買了好幾塊錢的忌戒烟葯來、給和他送了去了、趕等又過了些日子、我遇見他的底下人了、我就打聽他忌戒了烟了沒有、他的跟人說、他並沒吃那忌戒烟葯、現在他吃的比先頭裏更多了、這還不要緊、後來我聽見他在一個朋友家裏、說我多事、無故的勸他忌戒烟、他很不喜歡、我給和他送去的那忌戒烟葯、他也不敢吃、說是怕裏頭有毒葯害他、這麼着的那個朋友、聽不過他這話了、個話就說他、你說的這話不對、在理人家勸你忌戒烟、不是好意麼、人家和你又沒仇、作做甚麼拿毒葯害你呢、你說這話實在是不說理、起從那麼連那個朋友也惱了、趕及到今年年下、他也沒給和我拜年來、我知道曉得他是和我絶了交了、您說像這樣兒的人性、天下還有麼。

第二十六章

老兄、我告訴您一件可氣的事。甚麽可氣的事。我認得那個相好的、姓江的、他前幾天和別人、夥同一氣、哄騙我好幾千吊錢去。他怎麽會哄騙你這些個(許多)錢去呢。那天、他到我家去了、他說他認得一個人、脚下(現今)在家裏弄局(開賭)、約我去耍(玩)去、我就跟他去了、提(及)到了他家兒(裏)一瞧(看)、有七八個人、都坐在那兒(裏)耍(賭)哪、我連他們一個人也不認得、他這麽一給(和)我引薦、他告訴我說、都不是外人、都是他認得的、這麽着(的)我就坐下一耍(賭)、可(却)贏了幾十吊錢、然後就散了、提(到)下回我本打算不去耍(賭)了、他一定約我去、我沒法子又去了一盪(回)、可(却)就輸了好幾百吊、他就和我說不要緊、再去幾回、就可以贏他們幾千吊錢、我就信了他的話了、又跟他去了五六盪(回)、又輸了四千多吊錢、他們把局(賭廠)也收了、見(每)天總有兩三個人、到我家裏去要賭帳、我找姓江的去、他躲藏起來不見我了、這麼樣着我當了兩箱子衣服、纔把賭帳還了、到了昨天、有一個朋友告訴我、說是那個姓江的、和那幾個人商量好了的、哄騙我、你說可氣不可氣。那個姓江的自然是可惡到底、也怨你自己不好、你若不跟他要賭錢去、他也不能哄騙你。這話也不錯、到底他旣和我相好、又幫着別人賺我、他也太不是人行了。你提起這設局誆騙來、我告訴你一件事、我們那本鄉地方、有一年有幾個本地的無賴子、開了一個賭局、廠竟打算哄騙人上了他們的檔的、可却也不少了、並且都兇橫的了不得、誰那個若是輸給了他們錢、還不起他們、就得要把房產地產折給把他們、就這麼樣兒不說理、我們本地有一個財主人、很聰明、待本地的人也很好、他聽見說了很有氣、這麼着樣這天晚上、他就坐着自己的車、到那個賭局廠去了、趕等他進了那個賭局、廠見了那幾個無賴子、就提他是誰、特意到這兒要裏賭錢來了、的大家聽說、都知道曉得他是本地財主、可却就歡喜的了不得、他們那幾個無賴子、就背地裏一商量、說他這乍初來、偺我們先叫他贏幾回錢去、後來他就肯來了、等着抽冷子不防備一天、叫他輸個一萬八千的、偺我們可却就發了財了、趕等都商量好了、就坐下了一要賭、果然那個財主贏了、他們當時就把錢給交了、後來那個財主、又去了兩盪回、又贏了、又給把的是現錢、趕等到天晚上、那個財主又去了、就起從定更天要賭起、直要賭到天快亮了、那個財主輸了有一萬多吊錢、趕等到大天大亮了、那個財主就和他們說、我先回家去、把錢給和你們預備出來、趕等到晌午、中時你們可以到我家裏取去就是了、他們都答應了、那個財主就回去了、趕等到晌午、中時他們就去了、倆兩人、到那個財主家取錢去了、底下人回進去了、那個財主就把他們叫到書房裏去、就問他們倆兩你們是來幹甚麼的、到我這兒裏來作做甚麼、那倆兩人說您怎麼不認得我們了、我們是在某處開賭局廠的、您忘了您昨兒天夜裏、不是在我們那塊兒要賭錢、輸了一萬多吊錢、叫我們現在取錢來麽、那個財主聽見這話、立刻就生了氣了、說你們倆兩人別胡說、我一個財主和你們無賴子要賭錢、你們眞是發昏了、你們打算訛我來、你們可却是瞎了眼了、你們倆兩人、快走、是你們的便宜、不然我把你們倆兩人送衙門、辦你們訛詐、那倆兩人聽這話、嚇的也不敢言語了、就趕緊的跑回去了。

第二十七章

老弟、你是怎麽了、臉上這麽刷白的。我是不舒坦服了幾天。是怎不舒坦服了。我是給替人管了件閒事、受了點兒氣、把肝氣的勾起來了。給誰替那個管閒事來着的、受了甚麽氣了。上月偺我們那個相好的温子山、託我給和他買地、我認得有個京東的姓孫、他有一項百多畝地要賣、這麽着的我就把那個姓孫的帶了去、見了温子山、然後他們倆兩人到了京東、把地都瞧看了回來、就請我作中人給和他說合、價值錢說妥了的是一千兩銀子、兩下裏都答應了、定規是大前兒個天立字據、過錢了、趕等大前天、我一早和那個姓孫的、到温子山家裏去了、趕及到了他家裏、他還沒起來了、我們倆兩人就在他書房裏、等了他半天、他這纔起來、趕及他見了我們、他說那個地他不能買了、我們就問他是怎麼不能買了、他說他湊了會了、不穀一千兩銀子、我們問他湊了有多少銀子呢、他說他湊了有九百五十兩銀子、那個姓孫的聽這話、就說那麼九百五十兩銀子、就九百五十兩就是了、這麼着的就立了字據、過了錢價了、鬧得我好對不過住那姓孫的、他是果然湊不出那五十兩銀子來、那還倒情有可原、他那麼個財主、別莫說是五十兩、就是五萬兩、也現成、我可却恨他、他安心佔人家便宜、叫我不對住人、趕及我那天回到家裏去、越想越可氣、就因爲這個勾起引得我的舊病來了、就不舒坦服了。你不知道(曉得)溫子山、他那個兄弟比他還可惡了、先頭裏他常和我夥辦買賣、凡經他手賣的貨、到了分賺帳的時候、他總短(少)分給(把)我、這麼三千兩吊、也知道(曉得)我也不好意思和他要、他嘴裏可老(却又)說、我這回短(少)您是兩吊是三吊、過兩天我給(和)您找補、起(從)那麼可(却)就永遠不提了、趕(等)擱得日子多了、我也忘了這件事、就算化(完)了、他就這麼小取(器)、那幾年、我吃了總有幾百吊錢的虧、再若是論外頭交朋友、走親戚的道理、他是一概不懂、他就是上炕(床)認得女人、下炕(床)認得錢、就這麼道人、去年他家裏辦白事、(喜事)再三的求我、給(和)他約兩位朋友、在他家裏幫着他熬熬夜、我就請了兩位至好的朋友去、幫着他熬了五六夜、人家還是眞盡心竭力的、給(替)他照應、趕(等)辦完了事之後、他並沒到人家裏給(和)人道乏(謝)去、後來有一天在街上遇見人家、他一低頭就過去了、簡直的沒理人家、你瞧(看)他這宗人性、有多麼(這樣)可惡、近起(日)來我聽見說更好了、他在家裏放重利息錢了、誰那個借他的錢使喚使用、都是八分的利錢、外頭已經有了重利盤剝的名聲了、我早就看透了、他那個財主不久就敗、古人說的、刻薄成家、理無久享、這是一定的理。

第二十八章

老弟、我聽見說你們令弟、不是回來了麽、怎麽還沒見他出來了。　他回來就病了。　是怎麽了、在道兒路上受了熱了麽。　倒不是受了熱了、是受了一點驚恐。　受了甚麽驚恐了。　是在船上遇見賊了。　你告訴我說、是怎麽遇見賊了呢。　他是和一個朋友搭幫回來、兩人帶着一個底下人、雇了一隻船、這天晚上船灣在一個地方了、趕等到夜靜的時候、忽然起從岸上來了十幾個賊、都拿着火把刀槍、就上船上來了、拿刀把艙板砍開了、就進了艙裏頭去了、就拿着刀、指着我們舍弟問、都是有甚麽東西、我們舍弟說、我們東西都在這艙裏擱着(放的)了、別處沒有了、這麼着(的)那羣賊、就把箱子和包袱現錢都拿了去了、就是把鋪蓋給留下了、幸虧我們舍弟身上有一個銀兜子、裏頭裝着有幾十兩金子、還有十幾兩銀子沒丟、趕(等)到天亮了、他們到了一個馬頭上、我們舍弟就和那個朋友商量、打算下船、起旱路走、那個朋友也很願意、這麼着(的)他們就把鋪蓋搬下來了、碼頭上雇了兩輛車、就起旱回來了、趕到了家、可(却)就病了、請大夫(郎中)來瞧(看)、說他是驚嚇、夾着點兒時令(症)、現在吃着藥了(的)、還沒好了(呀)。

第二十九章

老弟、你提你們令弟走路、遇見賊了、我也想起一件事、告訴您說、有一年我們先伯、同着一位朋友上甘肅去、雇了兩輛車、帶着倆(兩個)跟人、一個人坐着一輛車、就起了身了、有一天走到一個地方、那倆(兩個)趕車的路都不熟、可(却)就走岔道(錯路)了、直走到掌(點)燈的時候、也找不着一個鎭店、大家很着急、沒法子就這麼瞎走、趕及走到快定更了、就走到了一個大樹林子裏、就看見樹林子、那邊兒露出一點兒燈光來、這麼着的他們這倆兩車、就奔了那個燈光去了、趕等臨近了一瞧看是個店、外頭、掛着倆兩個幌子麪招牌、店門關着了、臨對街是個戶窗子裏頭、可也點着燈了、這麼着樣他們就叫開店門了、把車趕進去了、趕及到了裏頭一瞧看冷冷清清、連一個客人也沒有、這麼着的他們就挑揀了三間屋房子、把行李都搬進去了、然後就叫店家打洗臉水、沏茶弄飯吃、我們先伯就見那幾個店家、都那麼賊眉鼠眼的、心裏可却就有點兒犯帶疑、趕等吃完了飯了、那位朋友在炕鋪上拾掇收拾行李、這個工夫兒就進來了一個店家沏茶、我們先伯就見他不住的拿眼瞧炕看鋪上的行李、我們先伯看他這分樣光景、更疑惑了、可却不敢說、恐怕那位朋友知道曉得害怕、趕等喝完了茶、我們先伯就到後頭院裏出恭去了、趕等他納到來後頭院裏一瞧看、有三間屋房子、一間是茅房、那兩間是堆草料的屋房子、趕等我先伯進到茅房裏去正出恭了、這個工夫兒、就聽見起前頭院裏來了倆兩人、把堆草料的那屋裏的門推開了進去、拿草料去了、就聽見這個和那個說、剛纔掌櫃管事的把你叫了去、到底是怎麽商量的呢、就聽見那個說是這麽商量的、趕等到夜靜的時候、偺我們倆兩人去殺那倆兩趕車的、他們三人去殺那兩客人和那兩跟人、我已經和掌櫃管事的說開好了、事完之後、就把那兩輛乘車分給把偺我們、倆兩人一個人一乘輛、不論那倆兩客人、有多少銀子、偺我們倆兩人全不管、我的意思是這麽着的、偺我們倆兩人把這兩輛乘車分到手、明兒個天早起晨偺們打我們把買賣一辭、一個人趕着一輛乘車回家去了、從今以後、偺我們倆兩人改邪歸正、再別莫作那害人的事情了、你想這麽辦好不好、那個人就說不錯、這麽辦很好、說完就聽他們倆人兩個上往前頭去了、我們先伯心裏說、怪不得我看那幾個店家、那麽賊形可疑的、故情想情氣是個黑店、這麽着的可却就出了茅房、到了自巳的屋房裏、就把剛纔聽的話、都告訴那個朋友說了、那位朋友聽這話、就害怕的了不得、大家正在屋房裏爲難、沒有主意了、忽然聽見來了好幾輛乘車、直叫店門、趕等店門開開了、就見趕進六輛乘鏢車來、是倆兩個客人、四個保鏢的、我們先伯就說這可却不怕了、咱我們回頭可以放心睡覺罷、這麽着的又打發一個跟人過去問了、問鏢車他們說、是明兒天早起五更天起身、這麽着樣我們先伯他們也睡到五更天起來、叫趕車的套上了車、就跟鏢車一塊兒搭幫走了、這算是纔免了那個大難、你說險不險。

第三十章

大哥、您聽我告訴您一件事、我們那個村莊兒裏、住着有一個小財主、素日人很嗇刻、向來他不帮人、不作做好事、前幾天他有一個出了門子嫁出去了的妹子、頂着雨到他家來、說是他男人現在找了一個海船上管帳的事情、前幾天巳經開船出海去了、現在家裏沒有飯吃、所以頂冒着雨來、要借一石米、和幾兩銀子、等着他男人回來、必都還的、這個人聽這話、和他妹妹說、他米也沒有、錢也沒有、辦不了及、叫他妹妹另上到別處借去罷、他妹妹聽他不管、可却就哭了、趕及他見他妹妹哭了、他就賭氣子的出去躲開了、他同院子住着的有一個街坊鄰舍、是個爽快人、聽他不管他妹妹的事、很有氣、這麽着樣就把他妹妹請過來、借給把他一石米、還有幾兩銀子、另外又給替他雇了一匹驢、可却就把他送回去了、趕等這個人回來了、聽見他家裏人說、是他街坊鄰舍借給把他妹妹錢米回去的、他也不說長、也不道短、粧作做不知道曉得的樣子、可恰巧這天夜裏來了一個賊、起從他後墻上挖了一個窟窿、進他屋裏去、偷了他幾十兩銀子、和幾件衣裳去、趕等到第二天早起晨、他知道曉得鬧賊丟偷了東西了、他怕是他妹妹聽見說他失了銀子衣服了、又不趁很願、又不找他來問、他所以他沒敢到衙門去報他家裏失盜賊、他還囑咐他同院住着的這個街坊鄰舍、外頭不用要告訴人說他家裏鬧被賊丟失東西的事情、誰知道那曉得那個賊、那天夜裏偷了他的東西去、偏巧走大街上、叫下等查夜的兵給拿住、捉倒了送了到衙門去了、官就問那個賊、那個銀子和衣裳、是起在誰那家偷出來的、那個賊就招了、說是起在某村莊兒裏某家偷出去來的、這麽着的官就打發衙役來叫事失主領贓去、這個人聽說這話、就爲了難了、不到衙門去領贓不行、到衙門領贓去、又怕他妹妹知道曉得這件事、這麽着的他就想了個主意、託他同院住的那個街坊鄰舍、頂他的名到衙門替他領贓去、那個人就應了替他去了、那個人因爲那天他不幫他妹妹、很瞧看不起他、就有意要收拾他、趕等起從在衙門把銀子和衣服都領出來了、那個人就都給把他妹妹送了去了、趕等回到家裏來、見了他就撒撒了一個謊白話說、我剛纔從解衙門出來、走到街上、正遇見令妹、他問我是上(到)那兒(裏)去了、我說是到衙門替你領銀子衣服去了(的)、這麼着(的)他就叫我把那銀子和衣服給(交)他罷、我因爲他是你的親妹妹、不好推辭不給(把)他、這麼着(的)我就都給(把)了他了、這個人聽這話、不但不敢生氣、倒還得給(要與)那個人道謝、現在大家聽見這件事、都說那個人實在是快人作快事。

第三十一章

你提起這慳吝客人遭報來了、我也告訴你一件事、那一年我在南邊一個客店裏住着的時候、同店裏住着一個山西買賣客人、這天忽然來了一個窮人、也是山西人、身上穿的衣服很襤褸、到店裏找那個買賣客人來了、店家可(也)就把他帶進來、趕(等)見了那個買賣客人、就說如今我流落這兒(裏)了、因爲沒有盤費、不能回家去、苦的(得)了不得、昨兒(天)個有偺(我)們一個同鄉的朋友、告訴我說您到這兒(裏)辦貨來了、住在這個店裏(的)了、我聽見說很喜歡、所以現在我來找你、求你念其咱們倆（我兩個）舊日的交情、借給（把）我一百兩銀子、我作（做）盤費回家去、等我到了家裏、再設法還你、那個客人聽這話、就說我的銀子已經都買了貨了、現在我手底下連一兩銀子也沒有、你另打主意罷、我實在不能為力、那個窮人聽他說不能為力、可（却）就掉下眼淚來了、這個工夫兒、那個買賣客人就上（往）裏間屋（房）裏坐着去了、可（恰）巧有同店裏住着的一個四川人、到那屋（房）裏找那個買賣客人閒談去了、（的）見那個窮人坐在椅子上掉眼淚、可（却）就問他是為甚麽事傷心、他說這個買賣客人、原先在本鄉和我是緊街坊（鄰舍）、他當年窮的時候、我常幫他錢米、後來我又借給（把）他銀子做買賣、如今他發了財了、我是在這本地（裏）做買賣了、虧空了、沒盤費回家去、找他來借給（把）我一百兩銀子回家去、他不肯借、所以我很傷心、那個四川人聽完了這話、就進裏間屋（房）裏去問那個買賣客人、你們這個貴鄉親、他說他當年幫你的話是眞的麽、那個買賣客人說、那倒是眞的、無奈我現在錢沒借給(把)他、那個四川人就說着、比(比如)我現在給(把)你一佰兩銀子你給(把)他作(做)盤費回去、你一個月之後還我、寫給我一張借約(寫一張借帖把我)、我也不要利錢、你願意不願意、他勉强說是願意、那個四川人就起(往)自己屋(房)裏拿了一百兩銀子來借給(把)他、叫他給(把)了那個窮人拿了走了、那個四川人就叫他寫了一張借約收起來了、趕(等)過了兩天、那個四川人也搬了走了、又過了些個(好些)日子、那個買賣客人打開箱子一瞧(看)短(少)了一百兩銀子、他原先寫的那張借約在箱子裏擱着了、他這纔明白那個四川人是個術士、會搬運法、搬了他一百兩銀子來、給(把)了那個窮人拿了走了、後來還是那個買賣客人的一個跟人洩漏出的、大家聽見、都很趁願(意)的。

第三十二章

老兄、我聽見說令弟和人打官司來着(的)、是真的麼。不錯、是真的。是和誰(那個)呀。哦、是和偺(我)們這本鎮店(市)上一個無賴子。為甚麼事情。是因為那天我們舍弟在這鎮店(市)外頭北邊兒一座樹林子裏頭、拿鎗打鴿子來着(的)、趕(剛)他放了一鎗、知道誰(那曉得)樹林子外頭、有一個人拉着一匹馬站着了、那匹馬冷孤丁(忽然)的聽見一聲槍響、嚇的可(却)就一個驚、下(走)去了、那個人就不答應了、揪住我們舍弟叫他賠馬、我們舍弟就和他說、你不用着急、那匹馬是往那麼(裏)跑下去了、他說是往西北跑下去了、又問他那匹馬是甚麼顏色的、他說是紅顏色的、我們舍弟就說這事好辦、我現在同你到鎮店(市)上對給(把)你一個鋪保、你就先去找馬去、若是將馬找不着、真丟(掉)了、我賠你馬就是了、他聽這話也很願意、這麼着(的)我們舍弟就同他到了鎮店(市)上、對給(把)他全順糧食店了、他就先找了馬去了、我們舍弟就回家來了、趕待(等過)了一會子(兒)、那個人回來了、到了全順糧食店裏、他說他的馬丢掉了、沒找着、要見我們舍弟、這麼着的糧食店就打發徒弟到家來、把我們舍弟找了去了、趕等他見了我們舍弟、就說我去找了半天、我的馬所總沒找着、我那匹馬當初是六十兩銀子買的、如今我見做個情、你賠我五十兩銀子就得是了、我們舍弟說、竟你那麼大概隨便找了一找沒有、那還不算是準丢掉了、你等我再各處給和你找一找去、若是過一兩天、那匹馬所實沒下着落、那便是眞丢掉了、到了那個時候、我再賠你還不運哪、那個人不答應、他叫立刻就賠他、我們舍弟就和他吵翻起來了、大家給就勸開了、誰知道那曉得那個人就到巡撿衙門去把舍弟告下來了、衙門裏來人把舍弟傳了去了、他到了堂上、就把這件事據實的說了、巡撿給把了舍弟五天的限、叫他給替那個人找馬去、這麼着的我們舍弟就到各村莊一打聽、後來打聽着了、偺我們這鎮店市西北地方有一個村莊兒住着有一個姓趙的、前兩天買了一匹紅馬、這麼着的舍弟就找那個姓趙的去了一問、敢情那曉那個人前些個好幾天日子、就把他那匹馬賣給得那個姓趙的了、說妥了的八兩銀子、就定規是那天他給和姓趙的送馬去取銀子、趕正那天那匹馬聽見槍響、不是驚了走了麽、後來隨後他追上了、給和姓趙的送了去了、把銀子也取來了、他回來可却告訴舍弟說他的馬丟掉了、叫賠他五十兩銀子、這麽着的舍弟就約了那個姓趙的拉着馬、同他一塊路兒到衙門作見證去了、趕及那個人見有了見證了、就沒話可說了、自己認了是訛詐了、巡檢因爲他過於狡詐、就打了他四十板子、把他放了。

第三十三章

老兄、昨兒個天我到榮發棧裏去、聽見說棧您那裏給替他們發了一百包棉花去、說是短少了一包棉花、是怎麽短少的。你提起這件事來、倒是個笑話兒、昨天我們給和他們發棉花之先就預備出一百根籌來、趕等後來發一包棉花、我們就交給把抬棉花的帶根籌去、趕等這一百包棉花都發完了、待了好大半天、榮發棧王掌櫃管事的、打發一個人到我們棧裏去來了、問我們為甚麼少給和他們發了一包棉花去、我們就說我們發了去的是一百包棉花、怎麼說少發了一包去呢、那個人說他們棧裏是收了九十九包棉花、短少一包棉花、我聽這話很詫異、這麼着的我就同着那個人到他們棧裏去了、趕等王掌櫃管事的見了我有氣的樣子、就說你們棧裏的夥計們太不留心、怎麼會給和我們少發了一包棉花來呢、我就問他你怎麼知道曉得是少發了一包棉花來呢、他說我們收完了棉花、一掐籌是九十九根籌、這不是少發了一包來麼、我就問他們、剛纔你們這棧裏是誰接那個收的籌、就見傍邊兒站着有一個夥計答應說是他接收的籌、我就問他、你方纔接收籌的時候、沒上往別處去麼、他說我並沒上往那兒裏去、就是忽然我肚子疼、到茅房/厠去出了一回恭、這麼着/的我就和他說、偺/我們倆/兩人先到茅房/厠裏找一找去再說、趕/等我同他到了茅房/厠裏一瞧/看、地下有一根籌、我就撿起來拿着見王掌櫃/管事的去了、我說到底是誰/那個的夥計不留心哪、你們的夥計掉了/在茅房/厠裏一根籌、你可/却說是我們少給/把你們發了一包棉花來、其實這也不要緊、不過你未免的太冒失些了/個、他聽這話、臉上很不得勁/下不去、一句話也還/回不出來、我又說雖然把這根籌找出來了、到底偺/我們再把貨盤一盤看、看短不短/少不少、彼此就可更放心了、這麼着/的我就叫他們那幾個夥計、把棉花包起/從棧房裏又都盤到院子來、細細兒的數了一數不錯、是一百包棉花、我說你們都看明白了不錯了、他們說都看明白了、對了、這麼着/的我就回來了、你說可笑不可笑。　我先頭裏和您說過、那個王掌櫃/管事的人糊塗、您還不大很信、那兒/裏有他竟掐籌不盤貨的、就說您少給/替他們發了一包貨去的理呢。　你還不知道/曉得咧了、去年有這麼（樣）件事、我們買了他們棧裏一百兩銀子的貨、給（把）了他們一百兩一張的銀票、過了兩天、他把那張銀票拿回來了、說是假的、我一看銀票、並沒圈着、我就問他、既是假的、怎麼沒圈呢、他說沒到本舖子去、所以沒圈、我又問他既沒到本舖子去、怎麼知道（曉得）是假的呢、他說他們管帳的瞧着（看了）像假銀票、我聽見這話很荒唐、就說我們倆（兩個）拿着這張銀票到銀號裏取（發）銀子去看、看是假的不是、這麼着（的）我們倆（兩個）到了銀號、竟自不是假的、把銀子取（發）回來了、那個時候、他臉上很磨不開、就羞羞慚慚的、把銀子拿回去了。

第三十四章

掌櫃（管事）的、這兒（裏）有一張退票、給（和）打回來拿（了）。 來我瞧瞧（看看）、這張票不是我們給（把給）的。 怎麼不是您們給（把給）的呢。 因爲這張票子上沒有我們的收號。 我記得可（却）實在是你們把給的、怎麼如今你們說不是你們把給的呢。我告訴你、若是我們把給的票子、必有我們的收號、我們的戳子、如今這張票子上、又沒我們的收號、又沒我們的戳子、怎麼是我們把給的呢。你說沒有你們的收號、我這票子上可收的是你們了。光竟是你收的是我們不行啊、總要得有我們收的人家纔行了。就是有你們的收號、你們如今不認、我也沒法子呀。沒有不認的理、若是我們把給的、我們也是給人家往回頭退打、我們又不賠甚麼、做作甚麼不認呢。想是他許這張票子你們忘記了收了、沒有的話、我們決不能忘了收、這裏頭還有個緣故、我告訴你、說是一張母錢鋪的票子、我們這鋪子向來不用使母錢鋪的票子、所以更曉得知道不是我們把給的了。你們若一定說不是你們把給的、那沒法子、只是可我吃認這個虧苦子就是了。依我說、你拿回去、再想想是那個把誰給的罷。你把這個十吊錢的票子分給破、五張個一吊、一張個五吊。一吊一張的

沒有我們本舖子的、給和你磨別處的行不行。磨別處的也使得可以。你點點對不對、

不錯對了、這票子上你們都收着了號了。都收着了號了。

第三十五章

大哥、我剛纔在鎮店市上看了一個熱鬧。看了一個甚麼熱鬧。看見一個南邊人、楸着一個本地人上到巡檢衙門打官司去、後頭跟着好些個許多的人、我也不知道曉得是為甚麼事情、這麼着的我就跟着他們到衙門去、瞧看他們到底是為甚麼事情、就見他們倆人兩個到了衙門、那個南邊人就告訴衙役說、他們倆人要兩個打官司、那個衙役就把他們倆人兩個帶進去了、我也跟進去了、就見巡檢坐堂、他們倆人兩個到了堂上、就都跪下了、巡檢就先問那個南邊人、你叫甚麼名字、是甚麼地方人、是為甚麼事情來打官司、就見那個南邊人磕了一個頭、說小的名字叫俞配、是江西臨江府的人、在這本地

開着個成衣（裁縫）鋪、因爲小的去年在這兒（裏）買了一個妾、就在這個鎮店（市）上燈籠衚衕租了兩間房住家、剛纔小的在鋪子裏做活（生活）了、打發一個徒弟到家裏取（拿）東西去了（的）、他回來說小的家裏坐着一個年輕的人、他不認得是誰（那個）、小的聽這話很犯（起）疑、就趕緊（急）的到家裏瞧（看）去了（的）、小的到了家一瞧（看）街門對（關）着了、小的推開了街門、進到屋裏去一瞧（看）、就見這個人在屋裏坐着喝茶了、和小的的那個妾又說又笑的、小的就問他、你是誰（那個）、到我家來作（做）甚麼、他回答說、他是到小的家裏打茶圍去了（的呢）、小的聽這句話氣急了、就打了他一個嘴巴、他回手就把小的的臉抓了、這麼着（的）小的就把他揪來打官司、求老爺問他到底到小弟家裏是幹（做）甚麼去了（的）、這麼着（的）巡檢就問那個人、你叫甚麼名字、在那兒（裏）住家、你是幹（爲）甚麼的（事）到俞配家裏、是作甚麼去了（的）、那個人說、小的名字叫王安、在這鎮店（市）上紅竹衚衕住家、平常是放印子爲生、俞配這個妾、當初和小的在一個院子裏住過、因爲前兩個月他的這個妾、借了小的十兩錢子的印子、每月小的到他家裏取收印子去、今兒個天又到了日子期了、小的拿摺子到他家裏去的了、這個讓叫小的進裏頭喝茶去、小的就進去了、他把印子錢給把了小的了、然後又給和小的沏了一壺茶、小的正坐在屋裏喝茶了、這個工夫兒時候俞配家去就回了、見了小的就一腦門子頭子的氣、瞪着倆眼睛問小的你是誰、那個到我家裏來作做甚麼、小的見他說話太沒禮貌、可却也就上起了氣了、就說是到他家打茶園去了、呢他聽這話、就打了小的一個嘴巴、小的急了、回手就把他的臉抓了、這麼着他就揪着小的打官司來了、他說完了、就把取收印子錢的摺字拿出來給把官瞧了、看巡檢就說旣是俞配不願意你到他家裏去、你後來每月就到他成衣鋪裁縫店裏取收印子錢去就是了、不准你再他到家裏去了、你若是再到他家裏去、俞配來告你、我可却是必要治你的罪的、這麼着（樣）就叫他們倆人（兩個）都回去了。

第三十六章

老弟、我告訴你一件事情。甚麼事情。新近（近日）我起（在）外頭回來、有一天我住在一個大鎮店（市）上客店裏了、聽見那個店裏掌櫃（管帳）的說前些個日子、那個鎮店（市）上有一個德成錢舖、這天去了一個人、拿着一隻鐲子、到那錢鋪裏賣（換）了去、那個錢鋪的人、剛拿過一個戳子來邀（平）那隻鐲子、這個工夫兒（時候）、又進來一個人、就和那個賣（換）鐲子的人說、剛纔我到您府上、給（和）您送銀信去了（的）、您家裏人說您上街來了、這麼着（的）我就到街上找您來了（呢）、可（恰）巧瞧（看）見您進這個鋪子來了、說話之間、就起（從）懷裡拿出一封信、一包銀子來、說、這是起（從）浙江來的銀信、那個賣（換）鐲子的人、把銀信就接過去了、給（把）了那個送信的人一百個錢、那個送信的就走了、然後那個賣（換）鐲子的人、就和錢鋪的人說、現在是我兄弟起從浙江給替我帶了銀子來了、我不賣換那隻鐲子了、我可以把這銀子賣換給把你們罷、還有一件事、我是不識字、求你們把這封信拆開、念給把我聽聽、這麼着的那個錢鋪的人、把那隻鐲子又給把了他了、就把那封信拆開了唸把他聽、前頭不過說是在外頭很平安、請放心、後頭說現在先帶了十兩銀子來、請您先用着、等後來有順便人再多帶銀子就是了、這麼着的那個人就說你們把這個十兩銀子拿下去平一平、都給可換了現錢罷、那個錢鋪的人就拿下過去一平、是十一兩銀子、心裏很喜歡、可却就打算昧瞞起他一兩來、就按照着十兩銀子合好算正了現錢給把他了、那個人就拿了走了、趕等待不大的工夫兒一會兒又進來一個人、拿票子取發錢、可却就和錢鋪的說、你們上了檔了、剛纔那個賣換銀子的人、是過騙子手、他賣換給把你們的那是假銀子、你們怎麼會叫等他賺忽了呢、那錢鋪的裏聽這話、就趕緊急的拿夾剪把銀子夾開了一瞧看、可却不就是假的、這麼着的錢鋪的就問這個人、你認得那個騙子手的家麼、這個人說、你們若是肯給把我錢、我就可以帶你們找他去、這麼着的錢鋪的掌櫃管帳的、就給把了這個人一吊錢、叫他帶了他們找那個人去、這個人接過那一吊錢來、就帶着錢鋪的兩個人走了、趕等他們走到了一個點心鋪的門口兒、這個人就和錢鋪的那兩人倆個說、你們瞧看那個騙子手、在點心鋪裏吃點心哪、你們各人進去找他去罷、這兩個錢鋪的人就拿着那包假銀子進去了、見了那個騙子手、就說你賣換給把我們的這包是假銀子、那個人說、我也不知道曉得那銀子是假的不是、那本是我兄弟解從外頭帶來的、既是假的我還你們錢就是了、這麼着的那個人求點心鋪裏的掌櫃管帳的替給我平平那包銀子是十兩不是、趕那個掌櫃管帳的把銀子接過去、擱在天平上一平、說這是十一兩銀子、那個人聽這話、就和那倆兩個錢鋪的人說、我纔賣換給把你們的那是十兩銀子、如今這假銀

是十一兩、那怎麼是我的呢、你們這是拿別的假銀子來訛我來了、的錢舖的那倆人兩個
聽這麼說、也還不出話來了、這個工夫時候兒有幾個別的吃點心的人、聽這件事都
不平、全都要打那倆兩個錢舖的人、那倆人兩個沒法子、就趕緊急的拿着那包假銀子跑回去了。

第三十七章

提起這騙子手來了、我告你一件事、前些幾年我們本鄉地方、有一個出名的大夫郎中姓方、
他身頭上也有功名、家裏也算是個小財主、見每早起晨上瞧門看脈的、總有幾十號、有一天
早起晨來了一個人、打扮的是宅門子公館裏跟班的樣子、見了方大夫郎中就說我是在某
宅公館裏、因為現在我們老爺、和我們太太都病了、打算上到您這兒瞧裏看病來、請您明
兒早起日早晨在家裏等着、方大夫郎中說是了、趕等到第二天早起晨、就見那個底下人又來了、
還同着一個人手裏那着一個包袱、那個底下人進來就問方大夫郎中說、請問您納是

老爺先瞧(看)是太太先瞧(看)、方大夫(郎中)說、那自然是太太先瞧(看)、這麼着(的)、這個底下人、就起(從)那個人手裏把那個包袱要過來、就拿着出去了、那個就坐在一個凳子上等着、起(等)大家都瞧(看)完了病走了、方大夫(郎中)就問那個人、您也是瞧(看)病的麼、那個人就說我不是瞧(看)病的、我是估衣鋪的人、在這兒(裏)竟等着您的跟班的、給(替)我拿出衣裳來哪、方大夫(郎中)聽這話很詫異、就問他我那個跟班的呀、是拿了甚麼衣裳來了、那個人說、剛纔和我一塊(路)兒進來的那個底下人、您不是告訴他說是太太先瞧(看)麼、他就把衣裳拿到裏頭去了、方大夫(郎中)又問他那個人、他怎麼告訴你們說的他是我的底下人、到底是拿了一件甚麼衣裳來、那個估衣鋪的人說、那個人今兒(天)早起(晨)、他到了我們鋪子裏、他說他是您的底下人、說是您要買一件女皮襖、拿來先瞧瞧(看看)、合式就留下了、叫我們跟一個人來、這麼着(的)我就跟他來了、方大夫(郎中)說、我告訴你、那個人不是我的跟人、我也不認得他是誰、那個他昨兒天來告訴我說、他是在某宅公館裏、因爲他們老爺和太太都病了、要上往這兒裏瞧看病來、叫我今兒天早起早晨在家裏等着、剛纔他進來問我是老爺先瞧看、是太太先瞧看、我當是他們老爺和太太來到了、所以我說是自然太太先瞧看、我說的是先瞧看病、我並不知道曉得甚麼衣裳的事情、你如今快找他去罷、這個估衣舖的人聽這話、纔明白那個人是個騙子手、把他的衣裳騙了去了。

第三十八章

郭福。唯喳。你去請先生來。先生來了、在外間屋房裏坐着哪。啊、先生、歇過乏來了。是、閣下也歇過乏來了。我倒不覺很乏、我今兒天個打算和先生斟酌一件事情。甚麼事情。就是偺我們這盪回出外、我作做的那本日記得想把他修飾好了、找人抄出來。那麼您把那本草稿兒拿出來我先看看。這裏頭我還有件事忘忘計了、求先生給替我想想。甚麼事情。就是偺(我)那天在三和鎮店裏打早尖(吃早飯)的時候、聽見有一個客人說是有一個人在甚麼地方的廟裏住着、自己吊死了、帶累的(了)那廟裏的和尚、也打了官司了、我記不清是怎麼件事情了、您還記得不記得了(呢)。啊、那件事我記得。那麼您再說給(與)我聽聽。那個打(歇)腳的客人說他們那本鄉地方、有一個水神廟、裏頭住着一個客人、這天半夜裏吊死了、趕(等)到天亮、和尚就報了官了、知縣就帶着仵作去驗了一回、那個仵作、沒驗明白、說彷彿是勒死的、這麼着(的)那個知縣、就把和尚帶進衙門去、問那個和尚是爲甚麼把那個客人勒死了、那個和尚說我和那個客、往日無仇、近日無寃、我怎麼能勒死他呢、知縣不信、就動刑拷打和尚、叫他招定了、和尚白說不招、這麼着(的)知縣究把和尚押取來了、那個和尚有個徒弟急了、就進省裏去在院上告了、撫台就派鄰封(鄰縣)帶着幹練的仵作、到那廟裏又驗了一回、那個死屍。果然是吊死的。那個鄰封鄰縣就據實的禀報撫台了。現在巡撫把那個原審的知縣叅革了。把原驗的仵作也治了罪了。把和尙也放了。就是這麽件事。不錯。對了。是這麽件事。請先生把這件事也叙在那日記裏頭。你想好不好。那也好。趕等我修飾好得了。是叫那個誰謄呢。我打算請雇人抄寫。請雇人謄寫。怕是給抄錯了。那麽怎麽辦好呢。閣下若是不忙。我得空兒謄出來罷。若是先生肯代勞。那我感情不盡了。那裏兒的話呢。

第三十九章

咱我們今兒天這麽空喝酒也無味。莫若咱我們都斟滿了滑划幾拳罷。可以。咱我們倆兩個先滑划一拳。你那拳不是白給的麽。你先別莫誇口。不定誰那個輸贏哪。來。四季發財。六六順。對手。五金奎。你瞧如何。還是你輸了。你這贏也不過是瞎貓碰着死耗子老鼠罷哪。你先喝酒回頭再批評（駁）。我已經喝了。你多咱（早）喝了、我沒瞧見、你問大家我喝了沒有。衆位瞧見他喝了酒麼、我們沒理會。大家都沒看見、這足見是你混酒了、快喝罷。我已經喝了不能再喝了。你不喝我們大家動手灌你。眞利害、這麼着（樣）罷、我的酒眞不行了、罰我說個笑話兒罷。那也可以、你若說的不好、還是要罰的。你聽着罷準好。快說。這個笑話是刻簿御史的、好在僧（我）們在坐沒有當都老爺的。你竟管說罷、沒人不答應你。聽着、有一個鄉下人很窮沒落子（着落）、心裏盤算打算要上（進）京當老公（太監）去、又尊貴、又弄（賺）錢、這麼着（的）他就到了京裏、拜在一個老太監門下當徒弟。你先等等（且慢點）說、你這話就不通、就憑這麼個咳鄉下老兒到京裏、就能進宮裏去麼、好容易事啊。你聽我說呀、他也是託人把他引進去的。那麼你爲甚麼不把這層先說明白了呢。你別（莫）混挑字眼兒、聽我快說罷。你快說、底下怎麼樣了。

他既然拜老太監爲老師了、他就求老太監諸事指教他照應他、老太監就派他在大內裏管事、這一天內裏傳旨用膳、這個鄉下人就說萬歲爺要吃中飯哪、老太監聽見了可（却）就喝呼他說、你別（莫）胡說、你說萬歲爺要用御膳哪、他聽這話記下（倒）了、有一天又傳旨大宴羣臣、這個鄉下人又說萬歲爺要擺宴哪、老太監可（却）就又說他、你說錯了、你該當說萬歲爺要擺御宴哪、你後來切記着、假（好）比大內裏的花園子叫御花園、那護衛的兵丁叫御林軍、這個鄉下人聽這話、恍然大悟、心裏說怪不得皇上眼頭裏的東西、都添上一個御字呢、我如今可（却）明白了、打這兒（從今後）我也算是老手了、這麽着（的）這一天他解（從）御花園門口兒過、忽然蹦了一腳屎、他很有氣、剛要罵、他一想又怕是皇上出的恭、這麽着（的）他就拿手指着那灘屎說、我若不看你是御史、我一定罵你一頓。今兒個（天）幸虧沒御史在坐、若不然你的嘴叫人搽（打）

腫了。我的嘴沒腫、你也該說一個了。我這個笑話兒是挖苦典史的。這個有趣兒、我們大家要聽聽、這叫典史十分。甚麼叫十分、你快說一說。聽着一命之榮稱得、兩塊板子拖得、三十兩俸銀領得、四鄉地保傳得、五個嘴巴打得、六路通詳出得、七品堂官靠得、八字門墻開得、九品補子綵得、十分高興不得。可笑那九句都好、就是末尾這一句壞了。今兒個（天）若是有典史聽見、只要饒得了（着）你。

第四十章

你這兩天竟在家裏過年了、老（總）沒出來麼。我見（天）天晚上上出來。那麼你怎麼不上（到）我這兒（裏）來呢。我這兩天是同着幾位朋友、晚上到存古齋古玩鋪門口兒打燈虎兒（謎）去了（呢）。是誰（那個）出的。是一個舉人出的。作的好不好。作的還算可以的。你猜着了幾個沒有。我揭了幾個。都是甚麼。我猜的一個沒點的言字打四書四句。打那四句你說一說。一句是是何言也、一句是吾與點也、一句是前言戲之耳、一句是誠哉是言也。這個好難爲你猜。我還猜了一個是三句話打一個字的。你快說、是怎麼三句話打一個字。你聽着、子路曰是也、顏回曰似也、孔子曰非也、直在其中矣、打一個乜字、還有一個是四句話、猜着一個字的、是十字口中擡、莫作田字猜、無頭又無尾、悶死一秀才、我猜的是魚字揭了來了、這兩個作的也很好。我昨兒個天晚上又猜了兩個、一個是累朝事蹟過龍門、打四書人名、是史魚、一個是節孝祠祭品、打四書一句、是食之者寡。這兩句都洽。還有我一個朋友打了一個、是圍棋盤內下着象棋、猜四書一句、是子路不對。這個更洽了、我告訴你、前幾年我打了一個燈虎謎兒是東街淘溝、西街不乾淨、打兩句小孩子的語話是這邊兒有水、那邊兒有鬼。這個是更妙了、據我看、像現在那位舉人作的這幾個、也就算在好的一路了。我還告訴你一件事、頭年我有個朋友、他是當鈌的、託我給和他寫春聯。我給和他寫的上聯是等因前來辭舊歲、下聯是須至咨者大有年。你有多麽這樣可惡、怎麽說起他們行話來呢、他大概準不肯貼這副春聯罷。那自然他不肯貼、他說的也好、這副春聯我雖然不貼、我可却要收着、因爲這是我們的本色、將來也算是一件傳家寶。你別瞎咧咧了莫多談了快穿衣裳、偺我們出去溜打蕩蕩會子兒去罷。你等一等兒、我就換衣服同你走。

官話指南第三卷

使令通話第三章

誰那個呀。是我呀。你進來。老爺、您上回叫我找的那十幾歲的小孩子、我找來了、現在您若有工夫兒夫、可以帶他進來老爺先看一看、他若是願意、就留下他了。那是

自然的。這就是鄭老爺，你請安罷。他是甚麼地方人，姓甚麼，今年多大歲數兒（年幾）
了、他行幾。我是山東人姓張，今年十八歲了、我排大（行一）。他在京裡有好幾年了、他
說話不像是外鄉（別處）人。他原是我們的街坊（鄰舍）人很聰明、可是（却）向來沒當過跟班的，所
以得（要）叫他慢慢兒歷練歷練纔行哪。那好辦，可是（却）我是新近（初次）到這兒（裏）來的，還沒使
喚過人了（的），可知道（却不曉得）要保人不要。那是隨老爺的意思。那麼就這麼辦罷，既然
是你舉薦他來的，你就作保（做保）可以不可以。可以，那麼叫他解（從）多咱（早）來伺候您哪。哼，
今年是二十八，離月底還有兩天，索性叫他趕（從）下月初一那天再來倒好。是。還
有他的舖蓋甚麼（麼用）的，也都叫一塊兒（起的）拿來罷。喳，還得（是要）定規他住的屋子（房子）哪。我
想院子儘溜（灣）頭兒，那白墻兒後頭，挨着洗澡房的西邊兒，向陽的那一間屋子（房），叫
他住怎麼樣。那敢自（竟是）很好了、這兒（裏）某老爺打發個人來拿了個字兒來給您瞧瞧（把您看看）。

現在某老爺請我、我這就要去、那麽這事就按照着那麽辦就是了。

第二章

來。 喳。 給替先生沏泡茶。 老爺是要沏泡甚麽茶、是嘎啡是紅茶。 兩樣兒的都不用、沏泡日本茶罷。 老爺、這錫鑞鑵兒裏的茶葉都沒有了。 那麽裏間屋房裏的那櫃子上的第二層槅子板上、不是有個洋鐵灌子麽、就拿那個罷、往後你瞧看着多咱麽早這鑵子裏頭的茶葉完了上來了、就是我不告訴你沒對你說、你就續上裝些罷。 是。 你趕緊的拿茶葉去、我自各己兒沏泡上罷。 請先生瞧看那盃茶圩就喝那盃罷、可是却你昨兒個日曆迷迷糊糊眉留的擱了有多少幾多茶葉那個茶沏泡的彀多麽釅、苦的得簡直的喝不得了、你沒瞧看昨兒個日㚖少爺喝茶的時候苦得的直皺眉麽。 是、往已後小的沏泡茶的時候、留點兒神就是了。 你把那茶机兒上的茶盤兒裏擺着的那茶壺茶婉茶船兒都拿過來、你再瞧瞧看看這火盆裏有火沒有了。喳、火快滅息了。那麽你快拿開水去、就手兒帶點兒熟炭來。老爺甚麽叫熟炭哪。你眞是糊塗人、連熟炭都不知道曉得、我告訴你、沒燒過的炭、叫生炭、燒紅了的炭、就叫熟炭。喳、是老爺開水來了、你沏上罷。哼、現在這痰盒兒裏的吐沫痰都滿了、你拿出去涮洗乾凈了、再拿來。是。

第三章

誰那個叫門了。老爺天不早了、你快起來罷。哼、你打洗臉水來罷。洗臉水打來了、漱口水也倒來了、胰子盒兒在臉盆架子上擱着哪。刷牙散在那兒了裏呢。是在那張桌子的抽屜裏、和刷牙子牙刷子在一塊兒的了。把擦洗臉手巾拿來。是。你忙甚麽、你現在先不用擦地板了、等叠好了鋪蓋再擦罷、今兒得日還要換換枕頭籠布、和被單子哪。喳老爺這就要點心麽。哼、就拿來罷、雞子兒蛋不要像昨兒個天的那麽老、越嫩越好。是、今兒個天的丏包是抹上黃油烤麼、不用了、可別却莫烤煳了。是、這兒裏還短少把匙挑子和鹽盒兒哪。是和您拿來了、白糖彀不彀。彀了、這個雞子兒蛋煮的是筋觔兒。我問你一件事、我聽見說這京裏賣的牛奶裏頭、總攙多一半兒少的水、這話是眞的麼。平常住家兒的的買的牛奶、也許或者有這個事、偺我們這公館裏用的、他們可却不敢那麼胡攙亂對的。這個地方買牛奶、是論斤哪、還是論瓶呢。是論瓶論碗、大槪的價錢總在九百錢一瓶、弍百錢一碗、老爺還要嘎啡不要了呢。得了、彀了、撤了去罷、我現在要上往某老爺屋裏去、若是有人來找我、你給和我送信去。是。

第四章

老爺、您的跟班的來說飯得好了、請老爺吃飯去。知道曉得了、就去。來。喳。你請我來吃飯、怎麼還磨蹭着不擺台、是幹甚麼來着的。因爲剛纔送煤的送煤球兒來了。我了邀邀、稱了稱又因爲他開來的帳錯了、小的查了一查摺字、瞧瞧看看他是送了多少回了、就爲這個可却就耽悞了擺台了。那就是了、煤球兒原來是多少錢一百斤。四吊多錢罷。那麼現在你開飯罷。是。你告訴廚子、昨日晌午中時他做的那雞湯不好吃、明兒日再做湯的時候、叫他留點兒神、把油撇淨了纔好。是。盛飯來。喳。這不是我的飯碗、是少爺的。啊、這是拿錯了、把您的換來罷。不用換了。你瞧看這兒裏還短少一件要緊的東西、你想一想。是是、這兒裏刀子、鍤子、匙挑子、七星罐子、碟子、盤子、筷子、都有了、我直想不出是還短少甚麼東西來、呢求老爺提醒我罷。還短少酒盃哪。啊、不錯、小的是眞忘死記了。這是甚麼。這是芋頭和雞肉做的湯。這樣兒是眞合我們的口味。巧奇了、是廚子擱了木魚了罷。大概是罷。這個牛肉很好。遞把給我芥末和白鹽。是。哎喲、你瞧瞧看看你的袖子把這個碗拐躺下了、快拿搌布來擦擦罷。是。你幹（做）事老（總）是這麼忙忙叨叨（碌碌）的、你瞧（看）把湛新的台布都弄成（壞）了、這麼哦嗤半片的了。啊、老爺饒恕小的罷、往（以）後我幹（做）事一定要留神的。拿鹹菜來。今兒（天）沒有醃白菜、這兒（裏）拿了醬豆腐和醃黃瓜來、黃瓜裏頭已經擱了醬油了、還招（加）點兒醋不招（加）了呢。不要醋、現在都吃完了、你都拿下去罷。老爺給（把）您牙籤兒。哼、把茶拿來你也吃飯去罷。

第五卷

今兒（天）是初九、老爺不上（往）隆福寺逛（蕩）廟去麼。哼、我已經約會了吳老爺一塊兒（路）逛（蕩）去、你去打聽打聽鄭少爺在屋裏沒有。我剛纔瞧（看）見他出門去了、巧（奇）了、是沒在屋裏。那麼你拿出我的衣服來罷。是要甚麼衣服。要西國的衣裳。您是穿氈子的好、是穿布的好。今兒（日）天氣凉一點兒、可以拿那件原青的絨褂子、和那條藍白線兒的布褲子來罷。是、老爺看一看、坎肩兒汗褟兒是要這兩件不是。啊、這副鈕（扣）子我很不愛、你換那副水晶的來罷、這個領子漿的得領得這麼軟、而且這上頭的泥也沒洗掉、又是翻過來熨的、明兒天洗衣服再來的時候、你告訴他說得要留點兒神洗、還得要多用點兒粉子漿、噴上水、叫他好好兒的拿熨斗熨一熨、那纔能周正了的、靴子是拿那雙短靿子的來罷。是。襪子這兒裏破了一點兒、叫丫頭找一塊補釘給你將他補上。是。你先別莫走、在這兒裏服侍照應我穿上了衣裳、你現在要上往那兒裏去。給和老爺雇車去。去雇車。不用雇車去、去雇車離這兒裏不遠、我可以走着得去罷。坐車去到是體面些兒。那麼等我穿好了衣服、再雇去去雇還不晚晏哪。是。拿鞋拔子來、把褲腳兒給彳往下襯拉一襯拉、拿一塊個手帕子兒和那個金表來。老爺要煙荷包不要。要、你回頭把我脫下來的東洋衣裳、快疊起來、可知別莫拿刷子刷。是、老爺再略等一等兒、這兒裏有一塊縱着綳倒了、得要拉一拉。都舒展開熨貼的了麼。都舒坦熨貼了。那麼、我在某老爺屋裏坐着去、竟等着你雇車來罷。是。

第六章

回老爺車來了。你告訴他說、先到交民巷、起那兒上（從那裏再往）玻璃廠、我要買點兒古玩去。（去買點兒古玩）

是、老爺若是在那兒（那裏）有耽悞兒、（的）我想莫若就雇一送兒（送去的）倒好。還是雇來回的好、免得又累贅、你雇的這個車乾淨不乾淨、車箱兒大小、（是大是小）騾子好不好。都好、今兒（天）雇的不是那站口子的車。那麽是跑海的車麽。也不是、是宅門兒（公館裏）的車。宅門兒（公館裏）的車、怎麽能拉買賣呢。是因為他們老爺沒差使、怕牲口閒出毛病來、所以叫趕車的套出來拉一天買賣、老爺不信回頭瞧、（等下兒看）不但騾子肥、車圍子車褥子都是應時對景的、而且還有傍帳兒。呵那敢（想）情是很好的了、還有一層、那趕車的若是個力把兒頭、趕到了門前、走到石頭道上可（路上却）就把車竟往跐窩裏趕、把人碰的（得）頭暈眼花、連坐車的屁股蛋兒、都可以給（被他）撴腫了。現在這個是個好手趕車的、決不至於

這麼樣。是多少錢雇的。 跟他說妥了的、是六吊錢、連飯錢也在其內、趟等老爺坐
回的時候、若是天太晚了、再賞給把他幾個酒錢也可以的、小的不用跟老爺去麼。
哼、你可以跨在車沿兒上跟了我去罷。 是、 你先把那塊花洋氈子、拿到車裏
頭去鋪好了罷、你不是有兩頂官帽兒子麼、你可以給把趟車的一頂戴罷。 是。老爺上
車不要板凳兒麼。 哼、要你拿脚把板櫈那頭兒踹住了罷。 啊、你快把棍子取拿來。
小的拿來了、遞給把您、您就掖放在氈子底下就得好了。 哼、你快上車罷。 吆喝罷。

第七章

來。 喳。 今天我有一點兒不舒服、先生來了、告訴他說我今兒天不用功、因爲我不舒
服、也不用讓請他進來坐着呢了。 是。 你把那機子拿過來、把烟盤兒擱在上頭、今兒天
早晨起我不吃點心、竟拿嘎啡來就得是了、再去吩咐廚子、不必給和我預備飯、就給和我

熬一點兒粳(粘)米粥、要爛爛兒的、可別(却莫)把米粒兒弄碎了、要不稀不稠、勻溜(勻勻)的纔好。　是。
你給(替)我把被窩再往上蓋一蓋。　是。　老爺這陣兒好點兒麽、剛纔您叫買的那花兒、已經買來了。　插在那個汝窑花瓶裏好不好。　可以的、現在我的腦袋還是覺着沉、(沉重)又有點兒惡心、你趕緊的拿我的名片、到我們公館、快請用吉大夫(醫生)去(來)。　那位用吉大夫(醫生)是出馬(也出街)麽。　不出馬(街)、這是交情的事情。　而且他的醫道是最高、到這兒(裏)日子雖不多、在這京裏可(却)是很出名的。　不錯、我也聽見中國老爺們說過、用吉大夫(醫生)醫藥靈極了。　可(却)有一層、中國人和他有交情的、常請他出去瞧(看)病、所以在家的時候少、就怕你這個時候去撲空(跑空)。　好在老爺的病也不重、若是他不在家、就請別的大夫(醫生)來瞧瞧(看看)罷。　哼、那時候、你請個中國大夫(醫生)來也使得(可以)。　我們的大夫(醫生)都是行本地的醫道、不通外國的醫術、您請施醫院的德大夫(醫生)來治、那不很好麽。　哼、那麽也好。回老爺巧極了、用吉大夫望着(醫生看看)您來了。這實在是造化了、快請進來、你可以預備酒和點心。老爺開甚麼酒。開三賓酒罷、紅酒若有、也拿來罷、點心和菓子瞧(看)有甚麼就可以拿甚麼來。是、老爺、那把酒鑽是老爺收着了麼。是、在那櫃子裏頭槅板兒上、和起錐在一塊兒了、(的)拿茶來。喳。斟酒。是。拿烟捲兒來。你替我送送這位老爺罷。是大夫(醫生)走了、叫我告訴您說那麪子藥、叫分三回吃、務必要臨睡時候吃纔好、還說要忌生冷。怎麼剛纔他沒告訴我說呀。怕大夫(醫生)是纔想起來罷。那麼起(等)晚上你服侍(照應)我吃就是了。是、老爺喝粥不喝呢。得了(好了)就拿來罷、把梨也拿來。老爺、大夫(醫生)不是叫忌生冷了麼。哼、那麼就不要了。是。

第八章

過兩天我要上(往)居庸關去、回頭的時候、就順便遶到西山去逛(玩)一逛、(玩)那一帶如有好景綴的地方、然後再回來、你願意跟我去麼。怎麽不願意去呢、就是老爺赴湯投火、我也要跟了去的。你從前上那兒到那裏去過沒有。是去年跟着別位老爺去過一盪回、老爺是打算坐轎子去呀、還是吃牲口去呢。我是怎麽着麽的都行、這盪回打算要帶太太逛玩去、所有應用的各樣兒的傢伙、你先都說給把我聽聽。既然太太也要去、那實在得要多帶些個東西、怎麽呢、從這兒裏起身、一住店、有一件老爺想不到得要用的東西、爲太太可却是很要緊、就是太太忽然若是走動的時候、怕是沒有個方便地方。那個怎麽着的好呢。我們這兒裏的娘兒婦女們走路、都是自己帶着馬桶、所以這盪回也得要帶着那樣兒東西、若不然就帶上一塊很寬很長的布、再拿上四根竹杆子、趕等到店裏往下之後、可以在院子裏搭起一個帳房來、當茅廁也使做得。啊、敢情原來還有這麽件不方便的事情哪。我還告訴老爺說、別莫說是舖蓋傢伙得要帶上、就連太太喫的東

西也得要多帶些個的去、倘或老爺要上往湯山洗澡去、那就得要多耽悞幾天工夫了、在
那兒裏住着用的東西、自然是更得要多了。那麼明兒個天你先雇停當了一頂轎子、和
一頭匹騾子、回頭你再細細兒想一想、得要帶甚麼吃的、你就都預備出來、裝在一個簍
子裏爲得的是帶着方便。是、這帶東西那層、老爺倒不必操心、有小的了、該帶去的
東西和吃食、趕等都歸着好了、小的雇一輛車、都裝在車裏頭、小的又照看着東西、
又坐車、了車那就都很妥當了。

第九章

啊、好容易我今兒天纔租妥一所兒處所房子、本來是一個小廟、那個屋子裏可却很乾淨、錢也不
大。多是在甚麼地方、有幾間屋房子。在齊化門外頭、日壇西邊兒、我可却不知道曉得那個地
方的地名兒叫甚麼、那房子是三間正房、有四間廂房、還有兩間倒座兒、東邊嘎

拉兒裏有廚房、和你們住的屋子茅房、是我搬了去之後、我必得找個地方盖一間。那麼老爺打算多咱早搬呢。我打算今天就趕緊的挪過去、爲的得是到那兒裏把給房錢的時候、從解月頭兒起好算。那麼小的今天趕緊的把東西先歸着歸着罷。嗻、您先把這零碎東西挪到院子裏、把地毯拿、茶箒条葉掃一回、捲起來、拿繩子綑上、好後來那書槅子、和櫃子、還有其餘的那些個的粗重的東西、你挑揀那皮剌的、都裝在那個劉二雇來的大車上罷。是、老爺外頭的那些個的小物件、是我想要裝在一個大傢伙裏、叫苦力挑夫挑了去倒妥當。很好可却是那些個的磁器可得却要好好兒的拿紙包上、正那床若是不好搭、可以卸下來、等拿過去到那兒裏再安上、然後再把帳子照舊楷上掛起。老爺、從先掛那些對聯和匾幅的那個釘子、是都要得拔下來麼。嘿嘿、嗐嗐你留神、看牆上的土掉下來、你怎麼不拿鉗子拔呢、倒拿鎚子打呢。是。嗳、你和苦力挑夫說、小心出大門的時候磨傷莫碰了棹子。是、那麼我也跟着東西一塊兒去、先把東西照舊擱好了罷。那先不必、等那兒裏掃得過了之後、鋪上地毯、那棹子椅子就先暫且擱着、等我過去再調度安置、若你一個人兒弄不了、找個夥伴兒幫着也使可得、務必儘這一天挪搬過去纔好哪。是。

第十章

今兒天天氣好也沒風、把衣裳可得曬曬。是、老爺連那被窩一塊兒起的都曬麼。哼、你先拿根繩子、起從這根柱子拴在那棵樹上去、趕等拴好了、把衣裳搭在繩子上曬一曬。是、那麼那皮箱和箱子都得搭要拿出院子裏去罷。哼、給把你鑰匙、你自各兒自己去開罷那衣架子上掛着的那些個的皮襖皮褂子斗篷、是得要在背陰兒地方晾晾。是、老爺我已經把衣裳都抖摟好了、曬上倒了、請您去看看。哼、那麼我去瞧瞧看看罷、這是怎麼了、的我不是說過那皮衣裳是得要晾麼、怎麼你和別的衣裳都掛在一塊了、難道你不知道曉得皮東西一晒毛稍兒就焦了麼。　喳、是那麼着的小的找根棍兒穿上掛在那釘子上罷。　那就對是了、回頭你還得要好好兒的料晾料晾。　是。　那些個的衣服、也得要分出來的和棉的來。　這是棉衣裳。　你從這一頭兒搭起、一直的搭到那一頭兒去。　是、我想到了响午中時都翻一翻、把那晒過的也倒一倒、把那背陰兒的的都叫把向陽兒來、您說好不好。　那都很好、你現在都把他弄完了。　把那箱子磕打磕打罷。　是、老爺想晒到甚麼時候就得可收起來呢。　等太陽壓山兒的時候、不差甚麼幾多、就都得要收起來了。　可却是你還得要把那根繩子、拴在屋裏來、叫他們他透透風、是要緊的、不然、那羊毛織的東西、若是把暑氣藏在裏頭、往箱子裏頭一擱、顏色就掉了、那可却就好糟了。　是那麼着的、綢子緞子的呢。　那也是一様、所以今兒天晚上就這麼先擱着罷、等到明兒天早起晨再照舊的擱在箱子裏、用一層一層兒的都墊上紙、下（加）上潮腦、拿包袱蓋上、四周圍都掖嚴了、再蓋上蓋兒（子）、不然、潮腦就走了。 是。 來把那繩子還照着舊的繞（挽）起來、掛在那堆房裏樑上去。 是、老爺、我忽然想不起來、那東洋衣服的疊法了。 啊、你眞是個廢物、我那麼用心的教給（告把）你、怎麼又忘（忘記）了、太沒記性了、你瞧（看）是這麼疊、你先把左底邊疊上、再把右底邊折在上頭、然後再把衣裳一攏把領子合上摩挱平了、倆（兩）袖子往兩邊兒外頭一拆、然後再一合就得（是）了。 承老爺的指教。

第十一章

來。

喳（唯）。 明兒個（天）我要請客、你出城定地方去（去定地方）。 您打算看請多少位客。 我想請十位客罷。 這麼說飯莊子（包席館）比飯館子好。 這兩處有甚麼分別呢。 飯莊子（包席館）是成棹的、飯館子是成棹的也有、零要也可以、若是請的客多、倒是飯莊子（包席館）好。 成棹的是甚麼。 成棹的是八大碗、四冷葷、另外愛添甚麼小吃兒、那是隨便再要、那麼零要呢。那是人喜歡吃甚麼東西、隨便叫現做弄。那麼還是成棹的爽快、可却是定的菜要清淡的不要油膩的。老爺想是那幾樣兒的菜合衆位的口味呢。那些個麼菜名兒、我可却叫不上出來、你總要挑那不油膩的斟酌着定就得是了、總要一百吊錢一棹的纔好、酒是要黃酒、不要燒酒。打算聽戲不聽戲呢。聽說中國人請客、總是要聽戲的多、我也要照那麼辦。官座現在立刻定還怕沒有、若是沒有的時候、定棹子行不行。那也使可得。定官座兒、可却總找那不吃靠柱子的地方纔好。是、那麼上場下場都不論罷。總是下場好、上場那個羅討厭、還有我這兩天聽戲、瞧看見對面兒那官座兒裏、有一個人吃東西、那也可以麼。怎麼不可以呢、那總是有相公陪客坐着的時候吃東西的多。甚麼叫相公。您沒瞧看見常在戲台傍邊兒站着的小戲子、長得那麽很標緻的麽。啊、我想起來了、不錯、有這麽項人、那是幹甚麽的。他們也唱戲、也陪酒、若是老爺要看、明天到飯館子裏、可以發一個條子、叫他們一兩個來陪酒、那也很助酒興了。這也倒有趣。老爺若是喜歡聽武戲、就聽梆子、喜歡文戲、就聽二黃。還是聽二黃好。那麽聽三慶啊、是聽四喜呢。聽四喜罷。那麽我這就定去（去定）罷。啊、還有那跑堂兒的酒錢和戲價、明兒個（明天）就起（由）你手裏給（把）他們就是了。是。

第十二章

那十塊錢換來了麽。是、都換來了。換了多少錢。換了一百一十四吊四百錢。合多少錢一塊。合十一吊四百四一塊。怎麽比昨兒個（昨日的）倒換多了。是、今兒個銀盤（今日的銀價）兒長了。怎麽又長了呢。是因爲行市下來的大（疊下來了）。這是誰定的行市呢。老爺您不知道（不曉得）、這前門外頭珠寶市、有一個銀市、見天一清早、所以京裏錢舖的、都到市上買銀子賣銀子去、若是這天市上的銀子多、行市就落登、若是銀子少、行市就長、趕等他們買賣定規了、合多少錢一兩、這錢數兒就算今兒天的行市。那麼一塊洋錢合多少銀子呢。通行都是按照七錢銀子一塊、合說的可却是那貿生易的洋錢和鷹洋是一個樣、那一圓的少換一點兒、在平常用的時候、可却也沒甚麼分別、那麼給把您這票子這都是和豐本出的。這票子上的錢數兒怎麼這麼宗寫法呢、我簡直的不認得。是、這是五拾吊一整張、這是十吊一張的、這是零的、五吊的、四吊三吊的、兩吊的、這是那四百四十錢的零零頭。是了、我各人點點這票子。您點了對不對錯不錯。不錯、都對了、可却是這個五十吊一張的不好使換用、你拿去取發五吊錢的現錢、下剩的破拆了零的來。是、還要他本鋪子的麼。若是他本鋪子沒零的、磨別處的也使可得以、總要那字號靠得住的要緊。那是自然的、都磨四恒家的、可却就妥當了。那麼你就辦去罷。

第十三章

你上到那裏去了。 剛纔有小的一個本家的哥哥、從鄉下來找小的、說是小的的母親病得很重、他把小的搭叫出去、說了會子兒話、所以就悞了這麼半天、沒得來稟知老爺。 你這都不像話、無論出去多大少工夫兒、你都應告訴我說曉得。 是、小的後來再不敢這麼大意了、還有一件事、小的要告幾天假、回家瞧看我母親的病去。 眞是你母親病了麼。 不是告謊假呀。 小的天大的胆胆不敢兒我母親有病。 旣是眞的、你打算告幾天的假呢。 若是我母親病不碍事、小的三兩天就回來。 萬一小的的母親有個好歹、那就怕是得要多就悞幾天呢。 你走了有替工沒有呢。 小的有個朋友、他在法國府裏當過跟班的、小的可以把他找來替幾天。 那個人怎麼樣。 他沒別的不好、就是吃幾口烟。哼、我不要吃烟的、這麽辦罷、你不用找替工了、可以叫吳老爺的跟班的代替幾天罷。那更好了。你打算多咱早走呢。若是老爺肯放小的去、我就今兒天晚上趕出城去。你既打算今兒個天趕出城去、現在天不早了、你就別莫挨着了、快歸撿着東西罷。還有一件事、求老爺把下月的工錢支給把小的。我沒那麽些個的錢、不能都支給把你、先給把你三塊、另外我賞給把你一塊錢。謝老爺的恩典。那麽你現在把吳老爺的跟班的找過來、把這屋裏事都交代明白他、再把昨兒個天破的那個燈罩子找出來、交給把他、叫他明天照樣兒配一個來。是。

第十四章

明天有一位客人要來、你帶着苦力小工把上屋房裏拾掇收拾出來。是、那三間有一間棚都破了、棚架子也掉下來了、墻上的紙因爲犯有潮、都搭拉下來了。哼、不錯不錯。那麽可得叫裱糊匠來糊糊罷。是、老爺您收撿着銀花紙了不是。有好幾刀了。底半截兒墻可得糊外國紙、棚上四面兒都拿藍條紙鑲上。喳、哦還得要買十幾根秫稭竹棍紮架子哪。那麽一天可以報結完工麽。現在天長、一天總可以完了罷。那搭交手、還得以偕是要我們給和他預備杪槁麽。那是他們各人帶來。還有甚得要買的。就是還得要買打攪糨子的麪、灰麵和竹籤子、還有蔴繩兒、這三樣兒東西。現在你先把外頭屋裏那兩間好好的掃掃、棚上若有蜘蛛網、可得却要掃乾净了、把墻上的土都胡拉弄了下來、把槅扇都撣净了把窗戶子上的玻璃也擦一擦、然後拿撴抹布蘸上水擰乾了、把地板都擦了、可小心着別的莫拿撴抹布臢了墻、你就辦去去辦罷。是。來。喳。現在來了信了、不行了、客人回頭一會就到了。那麽棚還沒糊了、可是怎麽好呢。這麽着的罷、你就趕緊的先拾掇收拾出來就讓請客人先將就着的住罷。是、你聽大門頭車跕住了、光景是客人來了。回老爺知道可却不是客人來了麽。我先迎接出去你就叫苦力小工快打掃屋房子、你出去搬行李去。行李搬進來了、請客人點點件數對不對。客人說都對不錯了。還有趕車的說還繳找他兩塊錢的車錢哪。把這兩塊錢給和他拿出去罷、你去瞧瞧看看若是屋房子拾掇收拾出來了、你把這行李挪搬到那屋房裏去安置好了、再來沏泡茶、打洗臉水。

第十五章

怎麽了、燈罩兒又炸了。可却不是麽、又壞了一個。我常告訴你說、剛點上着的時候、燈苗兒要小、趕等慢慢兒再往大裏捻、你老總聽不進去清楚、太沒記心了罷、去年就幹過這麽一回了、老總改不了、不來總是你沒把我的話擱在心上、這是怎麽個理呢。也是小的一時沒留神的緣故。你不止一時沒留神了、永遠向來沒小心過、就拿去年冬天說罷、爐子永遠向來沒乾淨過、趕等今年撤了火了、爐子裏頭的剩煤、也不弄出來、爐子也不刷上黑色、就扔丢在那堆房裏了、趕等後來日子多了、全上了銹了、還有那個煤、就在院子裏那麼堆着、不定那一天就許着了。那是我不知道曉得。莫非你是瞎子麼。那是苦小力工的事情、不是我應管的。你別莫滿嘴裏胡說、你不會叫苦力小工收起來麼。我告訴過好幾回了、他老總不聽。你別莫混遮掩、你向來是嘴硬。我怎麼嘴硬呢了。那麼我聞你、我昨兒個天回來你往上那兒裏去了。我是任那兒裏沒去呀。那麼我這屋裏瓢朝天、碗朝地的招引了好些個的蒼蠅、你也不管、那是怎麼了呢。是因為我有個朋友來了、就悞了一會兒的工夫、沒能收拾拾掇。我不管那些個許多、從起今以兒往後、我出去的時候、你總要把屋子房拾掇收拾倆儸了、把衣服給該疊好了、小爐子裏燒上炭、那灰培上、瞧看有甚麼使用不得的東西、該倒的該扔丢的就都倒了扔丢了、那纔是有眼裏兒見哪、竟等着挨說纔幹做那還算人麼、還有你常愛砸喫東西、也不是事、近起日來又添了一樣兒毛病、你有朋友來、我的各樣兒的東西拿出去用、這還像事麽。我多咱（早）拿你的東西了（呢）。你別（莫）不認帳。昨兒個（天）你拿我的茶葉、我悄悄的進來瞧（看）見了。我沒拿。你說你沒拿、我現在到你屋裏搜一搜去（房裏去搜一搜）。您竟管去搜。你瞧瞧（看看）這是甚麽、你還狡情（嘴硬）麽。那是我各人（自己）買的。這兒（裏）有眞贓實犯、你還不肯認帳。你滾出去罷、我不要你了。老爺別（莫）生氣、是小的拿老爺的東西了、求您寬恕罷。你既認了、我還要你就是了、後來再若有這些兒毛病一定立刻就走（趕）出去。是、給（和）老爺請安、謝老爺恩典。

第十六章

回老爺知道、馬籠頭壞了。是那個地方壞了。是嚼子那兒（裏）壞了。那麽你拿到鞍韂舖裏去收拾收拾。是。還有近起來（近日裏）所有鞍子、馬鐙、帶肚、這些傢伙、都髒（腌臢）的了不得、怎麽你也不拾掇（收拾）啊。沒有的話、那天都拾掇（一天不收拾）。那麽那上頭的鐵活（圈）、怎麽會上了銹呢。那是沒有磚麵子瓦灰擦的緣故。我這幾天騎馬出去、馬的脚底下彷彿是發軟、總愛打前失、那是怎麽個緣故。不錯、我也覺着得是有那麽點兒毛病。我想光景是馬掌掉了、或是釘錯了也未可定。那麽我今兒個天拉到獸醫椿子上去、再從新釘一回罷。也好、還有一件、馬怎麽老總不上膘呢。怎麽不上膘、老爺瞧看不出來就是了。我很瞧看得出來、我知道曉得你是夜裏不餧的緣故、若是馬再不長肉、我可却就不叫你包餧了。老爺、別莫這麽說、所有麸子、黑豆、紅高粱、棒子草、沒不餧足了他的。我今兒天早起晨瞧看見馬棚外頭地下汪着好些個多的水、那是甚麽水。那不是我弄的水、那是管洗澡房的他幹弄的。那麽你把他叫來。是、我就找他去罷。老爺現在要洗澡麽。我先問你一件事、你怎麽把澡盆的臟裏的水、都倒在馬棚外頭了呢。不是倒的、是因爲溝眼堵住了水漾出來了。那麽你得要把那溝眼開通纔好哪。是我回頭就通去（去通）、可（却）是今兒（日）不是您洗澡的日子麼。你燒得（好）了洗澡水了麼。是、都倒在洗澡盆裏預備好了。那麼、你拿着手巾和胰子跟我去罷、你先前頭走一步、等我解過完了手兒就去。是、你可（却）要把澡房的地板、都刷乾淨了、別（莫）弄的（得）那麼溜滑的。是、老爺水熱（滾）不熱（滾）。熱（滾）一（了）點兒、再對一點兒涼水、你給（和）我搓搓澡（背）。是。油泥多罷。不算很多。那麼你給（和）我擦乾淨了罷。是。

第十七章

我現在要上（往）上海去、你把東西都歸着（齊）起來。老爺打算多早晚兒起（動）身呢。一兩天就要動身。那麼這粗重的傢伙也都帶了去麼。不哪、我打算託朋友都把他拍賣了、等我今兒（天）晚上連夜把拍賣的、和留着的分出來、再打點（算）罷。我先把這箱子騰空了、把零碎兒都插在裏頭好不好。好是好、趕（等）插在裏頭之後、可（却）要拿滑藉（東西）或是棉花揎磁棠結實了、別莫叫他在裏頭搖晃動纔行哪。那是自然的、還有那些衣服怎麼樣呢。那等着歸在那皮箱兒裏軟片一塊堆兒打包。那就是了。那書槅子板上的書、和字帖條幅都拿紙裹上包倒就行了。那匾額竟把字撤出拆下來、那架子不好帶、可却怎麼樣呢。那就先擱着罷。老爺箱子都裝好了、那麼把蓋兒蓋上、可以就先釘死了鎖起來罷。可以可以、你把那張紅紙遞給把我寫個籤子、貼在箱子上。那皮箱還要上鎖、拿馬連包包上好、然後拿繩子綑上倒、可却就省得車上車磨了。不錯、那繩子扣兒務必要勒死剔緊了、看上車之後、晃蕩開。你快打發苦力小工去買兩張油紙來包那綢子。喳那軟帘子摘取下來、捲上倒不好麼。也好、還有那旱布傘、也套上罷、再把這些文具、都裝在白拜匣裏。現在把您的鋪蓋、也都捲起來罷。把夾被棉被都疊起來、裝在褥套裏、那褥子明兒個日是還要鋪在車上哪。是、明兒個日把那個馬連包的箱子、煞放在後車尾兒上、您想怎麽樣。使得可罷、那器得要拿紙蘸上水糊上、再裝纔妥當。這個法子更妙了。

囘老爺知道、某老爺打發人給和您送了送行的禮物來了。拿進來、把給他拿出個片子去、叫他囘去道謝就是了。

第十八章

你幹做甚麽來着的。我在花園子裏澆花兒水來着的。那花兒開的怎麽樣。現在正是盛的時候、開的好看極了。怎麽你這手上這麽些個的呢。我是在花園子園弄土來着呀。你囘頭吃完了飯、我要打發你送禮去。是給和那宅裏一家送禮去。是給送後門徐老爺送禮去。那麽小的這個工夫時候兒、先剃頭去罷。哎、你別莫竟先剃頭還得只須打辮子哪。剃頭和辮子那是一回事。你還得要換上淨點兒的衣裳、平常在家裏做粗活事、那原不講究、到別人的宅家裏去、總得要撒俐纔是成樣子哪。靴子帽子小的可却沒有。你可以

和夥伴兒們借一頂帽子、一雙靴子、就得是了麽、你就快拾掇去去收拾罷、別磨稜莫覓挨了。老爺

小的拾掇收拾完了、有甚麽話請老爺吩咐罷、還有那禮物、您都打點辦正出來了麽。你瞧看

這是四匣子東西、這是我的職名片子。那麽小的得可雇一輛乘車去罷。不行、這裏頭有

嬌嫩東西、怕車撤、若不然、就叫苦力挑子挑着跟了你去罷。喳、那也好。趕若你到那兒裏、就

說是我們老爺新近近日打從外頭回來、帶來的土物、奉送這兒裡的老爺用、務必把職名片子給

留下、然後你就回來。是、那麽小的這將就去罷。啊、還有、你到花園裏去掐摘朵花兒、拿

着順便到吳宅家給和那老爺送了去。老爺、小的回來了。徐老爺在了家家麽。是、在家

了、裏把小的叫進去了、說是老爺起從外頭大許遠的帶了點兒東西來、留着自己用就結算

了、又何必費心惦記罣記着我呢、實在我心裏不安得很、這麽着的就給把了我一個囘片子、

給和老爺道費心謝。是了、你手裏拿着的那紅封兒是甚麽。可是正是小的還要稟老爺

哪、這是那兒裏的老爺給把小的一個賞封兒、小的原不敢接、徐老爺說、你只管拿着、若是不接、我就有了要發氣了、小的這纔免强接過下來了。好好、你歇歇兒去罷。

第十九章

你洗完了臉了麼。洗完了。我要叫你買東西去去買東西。我要買甚麼東西去去買甚麼東西。我要買口蘑大蝦米和掛麪。是買四牌樓的麼。別莫買四牌樓的、那個鋪子的東西連一個好的也沒有。那麼我出城買去罷去買罷。你出城要買前門大街、路東那個海味南京店的纔好哪。不錯。那兒裏的東西可却好、就是貴一點兒。貴一點兒也有限的。你是要買多少幾多呢。我要買一斤口蘑、斤半大蝦米、十仔兒掛麪、可却是那口蘑多兒幾多錢一斤。有六吊四的、有四吊八的。賤便宜的東西總次差罷。那是自然的。那麼買那貴的罷、分兩可却叫他們邀稱足了。他們不敢短少分兩的。那些買賣人的習脾氣、都愛說謊價虛頭、你也別莫竟聽他們要、總要還個價兒錢。老爺不知道他們那大字號、都是言無二價、不敢要說謊假的。那就是了、另外你打從城外頭再給帶些帶幾個鮮菓子來。老爺打算要買甚麼鮮果子呢。杏兒子和李子還有沒有了。呢那兩樣兒的果子、現在可沒有了。都那麼就買梨桃平果莎果檳子脆棗兒葡萄、這幾樣兒罷。一樣兒買多少幾多呢。買一斤葡萄、一斤棗子、下剩那些個樣果子、每樣兒買十個就得是了。是。你帶這四十吊錢的票子去、除了買這些個的東西剩下錢、的錢想着想再買冰糖和藕粉來。是、那麼小的現在就去麼。等一等、這兒裏還有十吊一張的退票、你給和珠市口兒那個萬順皮貨鋪裏帶了去、告訴他們、這是一張假票子、叫他們立刻給換上、掉換交給把你帶回來。老爺怎麼知道曉得是他們的退票呢。我收着他們了、的並且這是前幾天到他們那兒裏買東西去了、時候他們找給把我的。老爺打從那麼沒別的事了麼。還有事、你回頭的時候、順便到那個熟裁縫鋪裏間一間、我定做的那件衣服得（有）了沒有、若是有了、你就那包袱包上（倒）帶回來了（喇）。

第二十章

張福。唯喳。你來、我有話和你說。是、老爺有甚麼話吩咐。在有一位老爺、陞到廣東作（做）領事官去、要找一個跟班的、我打算把你薦給（與）他、你願意去不願意去。蒙老爺的擡愛、小的願意去、可不知道得去幾年（却不曉得要去幾年）。那位老爺大概要得在廣東三年、他願意你跟他去、在那兒（裏）三年、你的意思怎麼樣。那到可以的。可（却）有一層、若是將來滿了三年、那位老爺陞到別處去、他可給（把）你船價、把你打發回來、若是不到三年、他不要你了、也是他給（把）你船價、叫你回來、倘或沒滿三年、你自己不幹了、那可（却）就是自備盤費、他是一概不管。是、小的都明白了。還有工錢那層、那位老爺說、每月給（把）

你十塊錢的工錢、四季的衣服、都是他管、你想怎麽樣。　十塊錢的工錢、小的也倒願意、就有兩層、求老爺給說一說。　是那兩層呢。　一層是先求那位老爺支給個小的十塊錢安家、還有一層、每月小的工錢得起要從京裏兒給把小的家裏五六塊錢、就省得小的打從外頭往京裏帶錢囉瑣了。　那我給和你說一說也倒可以行、可却是先支給把你這十塊安家的錢、你想是每月是怎麽個扣法呢。　那是隨那位老爺的便、每月扣一塊兩塊、都使得可以。　那就是了。　若是那位老爺都答應這兩層了、小的願意每月起從老爺手裏兒給把小的家裏錢纔妥當哪。　那都好說的、趕等定規之後、我可以寫個取錢的執照給把你、每月初一、你們家裏可以打發人拿那個執照、到我這兒裏來取就是了。　費老爺的心、還有小的走之後、老爺不得要另找個跟班的麽、小的有個親戚、可以來伺候老爺好不好。　你這親戚多幾大了。　他今年十八歲。　當過跟班的麽。是他（他是）原先在俄國當過跟班的。那件事挨（等）一挨（等）兒再說罷。因爲現在有一位老爺給（替）我薦了一個人、一兩天可以來試一試、若是不行、再叫你那個親戚來罷。是、小的竟聽老爺的信兒就是了。你這兩天、先把我的東西都歸着齊截（全）了好交代給（與）新手兒、把外頭手尾的事情、也都要算清了。是、若是定妥了、小的可以多咱（早）上工呢。脚下（目下）離月頭兒（頭）還有八天、那總是下月初一上工罷。那就是了。

官話指南第四卷

官話問答第一章

這是我們新任的欽差大人、特來拜會王爺中堂大人們來（的）了。啊、久仰久仰、今日幸得相會、實在是有緣哪。我們大人問王爺中堂大人們好。啊、托福托福、請欽差大人上座。我們大人說不敢那麽坐、還是請王爺上坐罷。那如何（可使）得呢、大人是今日初到敝署、該當上坐的。我們大人說、既是那麼着的就從命了。理當理當。大人是幾時到京的。我們大人是貴國本月十六到的。我們久已就聽說這位大人處事公平、尤重和好、如今旣來駐劄敝國、遇事必能持平和衷商辦、於兩國商民均有利益、何幸如之。我們大人說、承王爺中堂大人們過獎、實在是自愧才短、謬膺重任、諸事還要求王爺中堂大人們指教。大人實在是太謙了、我們遇事還要請教大人哪。我們大人說不敢當。請問這位大人今年高壽了。我們大人今年六十一歲了。大人年逾六旬了、精神還是如此的强健、實在是養法好來呢。喳、來擺點心菓子快盪酒來。我們大人說、今日是初次到貴衙門來、那兒裏有就叨擾的理呢。大人這話說遠了、我們今日和大人雖是初會、如同故交一樣、況且這不過預備一點兒粗點心、爲得的是彼此可以長多談、請大人賞臉、不必推辭。我們大人說、叫王爺中堂大人們如此費心、實在是於心不安。 那兒裏的話呢、這實在不成敬意、請大人別莫見怪。 豈敢豈敢、我們大人說太盛設了。 這有甚麼、實在的不成格局的很了。 我先敬大人一杯。 我們大人說那實在不敢當。 大人請坐罷。 我們大人還要回敬王爺一杯。 那我可是眞當不起。 那麽我替我們大人回敬王爺中堂大人們一杯罷。 閣下是客、我們如何敢當、還是我們自己斟罷。 那麽我就恭敬不如從命了。 隨便隨便、請大人嚐一嚐這個點心。 我們大人說、請王爺中堂大人們別莫周旋了、還是自取倒好。 若是大人肯依實、老實我們就不佈動手了。 我們大人說、決不會粧假作禮的。 那更好極了。 請大人再用一點兒點心。 我們大人實在是彀了。 那麽請大人過那邊兒屋裏坐罷。 我們大人請問王爺中堂大人們、那國書可以幾時呈遞。 那層是等我們這一兩天之內奏明皇上、請旨定於何日、然後再照會大人就是了。那麼竟候王爺的信就是了。就是。我們大人現在要告辭回去。何妨再多談一會兒呢。我們大人是還有些緊要公事、要得趕緊回去料理、不能再此久坐了、還給和王爺中堂大人們道費謝心。些須微意、何足掛齒、實在是簡慢得很。那兒裏的話呢。等改天我們再到貴公館去謝步。不敢當、不敢當、王爺中堂大人們留步罷。請了請了。再會再會。

第二章

大人這一向好。托王爺的福、王爺近來倒好。托福托福。列位中堂大人們、這一向也都好。承問承問、大人那一天回來好啊。喳、是承諸位掛罣心。今日我們到這兒裏來、一來是給和大人賀喜、二來是謝步。不敢當、王爺和列位中堂大人們、實在是多禮了。大人恕我們來遲。豈敢、這位大人怎麼稱呼、我們還沒會過面了。可、啊是我們倒忘記了、你們二位大人見一見、這是新任的欽差某大人、這是我們劉大人。久仰久仰。彼此彼此。日前蒙大人光顧、我正告着假了、故此失迎、求大人原諒。豈敢豈敢。大人貴處是甚麼地方。敝處是江蘇。大人現在是那衙門行走。我現在是吏部侍郎、兼管總理衙門事務。是、大人科貴分。我是已卯科舉人、癸未科進士。大人都是榮任過外省甚麼地方。我沒作做過外任、自從癸未僥倖之後、就在翰林院供職、後來放過一次學差、又派過一次試差。都是放過那省的學差。放過一次四川的學差、後來試差派的是陝西。大人今年貴庚。今年虛度四十七歲。大人年歲紀未及五旬、已經榮膺顯秩、這足見是大人才高了。過獎過獎、我這不過是僥倖、實在是自愧無才、濫竽充數是了。大人太謙了、今兒個天我預備一點兒菓酒、請王爺中堂大人們在此多談一會兒。承閣下費心、我們理當討叨擾的、無奈今日是有奉旨特派的事件、必須趕緊回去辦理、我們心領就是了。既是如此、我也不敢强留了。那麽、我們改天再來領教、就此告辭。勞王爺中堂大人們的駕。那兒裏的話呢、大人留步罷。候乘候乘。磕頭磕頭。

第三章

請大人見一見這一位是我們新任的欽差大人、今日特來拜望大人來了呢。啊、久仰久仰。我們大人問大人好。哦、大人好。我們大人說托大人的福。貴國大皇帝一向聖體康泰。是、我們大人說敝國大皇帝一向倒很康泰、請問貴國大皇帝一向聖駕安康。是、敝國大皇帝一向倒很安康、請大人上坐。我們大人讓大人上坐。豈敢、大人到此理當上坐的。我們大人說、實在是膽大了。請坐請坐、請問大人是幾時由貴國動身的。我們大人是敝國上月初十動的身。一路倒都很平安。

是。我們大人說、托大人的福庇、沿途都很平安。 大人到上海住了幾日。 我們大人在上海住了不過兩天、就往這麼裏來了。 沿路上走着往這麼裏來也很遠哪、可却不知道曉得有甚麼新聞沒有、我們要請教的。 我們大人說沿路上的古蹟倒不少、但是關係現在國政的事情、倒沒甚麼新聞。 是、那麼大人上京、定規是那一天。 我們大人打算後日就要北上。 大人行期何必如此緊急。 是、因爲欽現將滿、不敢久延。 是由水路走、還是由旱路走呢。 我們大人是因爲行李太多、打算由水路走。 船隻都雇妥了麼。 今日已經打發人雇去了、大約明日可就雇齊了。 告訴大人說、我可以派兩個武弁、帶領二十名兵丁護送大人到通州。 我們大人說大人如此費心、實在是感謝不盡了。 豈敢、大人到此、我這是該當効勞的。 我們大人說實在領情。 那麼我今晚就發文書咨報總理衙門、就提欽差大人是後日由水路化上到京就是了。那好極了、我們大人今晚也有文書到京裏敝國公館去。那更妥當了。我們大人現在要告辭回去。請大人再畧坐坐兒多盤桓一會兒。我們大人還有點兒公事、得要趕緊回去辦理。那麼勞大人的駕、我明日再囘拜大人去去囘拜大人就是了。我們大人說、不敢勞動大人的駕。該當的。大人留步罷。候乘候乘。磕頭磕頭。

第四章

我今日來、一來是囘拜大人、二來是給和大人辭步。豈敢、大人實在是多禮。那兒裏的話呢。是該當的、大人榮行準在明日麼。是、明日準起身的。船隻想都齊備了。是俱已齊備了。那麼明早是在何時啓節呢。大約就在巳初罷。那麼明早晨正過來送行就是了。那實在不敢勞動了、今日偺我們一見、就都有可以了、等後來我再來之時、或是大人上京、偺我們可以再多盤桓幾日。既是如此、我就遵命不過來了。豈敢、大人約模大約可以幾時到京去呢。大概今年冬子月月底、可以到京去、彼時必當到貴館拜會的。倘或大人上京之時、請您先期賞我個信、我便當掃榻以待。豈敢、要去之先、必然要預先奉告的。還有一件事託咐大人。大人有甚麼事只管吩咐。豈敢、我們這個領事官人甚年輕、況且又是初次當差、尚欠歷練、有不到之處、求大人擔待些個兒纔好、並且還要求大人諸事指教、俾伊有所遵循、則我感同身受矣。大人太謙了、這位領事官、人雖年輕、才情敏捷、數月以來、我風聞所辦的交涉事件、均甚妥善。我心中實在佩服得很、不過是在敝國年分尚淺、於敝國制度風土人情恐還不能周知、倘有不甚明白的事情、問及於我、我必要詳細告知的、以副雅囑。大人實在是過加獎譽了、他不過是學習當差而已。我現在還有公事在身、就要告辭了。那麼偺我們、就等在京裏相會了。是趕等大人到京之後、還要求賞給發一信、以慰遠念。是、到京之後、必有信奉致大人。那麼明早我就派武弁、帶領兵丁、到此聽候大人指差使、就是了。豈敢、實在承大人的盛情了。該當的、大人請留步罷。請了。再會再會。

第五章

中堂大人們都好。承問承問、閣下這一向好。托列位大人的福這一向到很好。閣下請坐。中堂大人們請坐。這一向公事忙不忙。這一向到不甚忙。閣下今日到此有何公事見諭。今日我是奉我們欽差大人的委派、到貴衙門來有件面談的公事。哦、請說一說是件甚麼事呢。因為上前月有敝國一個繙譯官、領有護照、到某處游歷去、趕等他到了那個地方、就住在一個店裏頭了、誰知那兒裏的百姓、少見多怪、每月三五成羣、在店門口兒擁擠觀看、其中還有口出不遜者、並且敝國繙譯官風、聞那些個（的）百姓有意滋事、因爲那個店離汛官衙門不遠、於是他就到汛官衙門去、意在面見汛官、請他設法彈壓、免生事端、誰知那個汛官竟自托病不見、敝國繙譯官無法、就又到知縣衙門去拜會、趕（等）他到了知縣衙門、把名片投進去了、等候許久、門丁出來說知縣陪客說話哪、不能接見、這麼着（的）敝國繙譯官就回店裏來了、次日清早他又到縣衙門去請見、有一個姓王的書辦出來、把他讓（請）到科房裏去了、王書辦問他的來意、他就將百姓有意生事、打算請知縣設法保護的話說了一遍、王書辦說、因爲知縣現有公事在身、不能接見、敝國繙譯官就說、既是知縣公事煩冗、我也不便請見、不過求閣下將此事回明知縣、就提我請他趕緊彈壓、免生意外之事、是要緊的、王書辦滿口應允、然後敝國繙譯官就告辭回店裏去、誰知他在店裏、又等了兩日、並沒音信、百姓越聚越多、信口胡言、勢必要鬧出事來、他看情形不妥、就一面發稟帖稟報我們欽差大人、一面他就起身到府裏去、打算面求知府轉飭知縣妥爲保護、可不知道（却不曉得）到府裏去辦理如何、但是我們欽差大人接到他的稟帖十分詫異、因想各國人民到處歷既、領游有護照、地方官就應當照章保護纔是、此事不但載在條約、而且屢次奉旨、飭令各省督撫各地方官恪遵條約、保護洋人、何以各省督撫倒能遵手條約、而地方州縣、仍是以保護之責視爲無足輕重之事、令人實不可解、如今我們欽差大人就求王爺中堂大人們、再咨請各省督撫大人轉飭所屬、後來若是有外國人帶着護照到處游歷、地方官總應當加意保護、以符條約、是要緊的。是了、閣下囘去、可以告訴欽差大人說、這件事我們明日就行文到那兒（裏）去、請該省的巡撫要查問那個知縣、和那個洑官、究竟他們是爲甚麼不肯接見、及不設法彈壓的原故、若是查出他有辦理不善之處、必須將他們開叅的、並且我們還可以再行咨請各省督撫、嚴飭各州縣、日後若有洋人到各地方游歷去、去游歷總要按照條約加意保護、倘或有不肯盡力保護的、一定要指明名奏叅的。　是、中堂大人們如此費心、敝國的官民、實在感激不盡了。　那兒裏的話呢、這是我們該當盡力的。　那麼我回去、就遵照中堂大人們話、回明我們大人就是了。　閣下回去替我們問欽差大人好。　是、回去都替說。　請了請了。　再見再見。

第六章

今日我是奉了我們大人委派、到貴衙門來、和王爺中堂大人們說知一件公事。　啊、是甚麼公事呢。　因爲是上月有敝國的一隻火輪商船、船名風順、由上海往天津來、行至葛沽的上邊兒、撞壞了貴國停泊的一隻商船、候趕到風順輪船到天津之後、船主業將此事稟報敝國領事官了、並且稟明了那隻中國商船停泊的地方、有礙輪船往來之路、說是既然那隻商船不按河泊章程停泊、此次被輪船碰壞、便不應認賠的、後來敝國領事官接到貴國道台的照會、說是據中國船戶周立成稟報該商船正在葛沽水面上行走之間、敝國風順輪船由後面來、將該商船撞壞、船桅已經撞折了、船幫也撞壞了、彼時敝國領事官照復道台、就提風順船主已經稟明了、說是中國那隻商船是在河裏灣着了、因他停泊處所、有礙輪船往來之路、以致被碰、按照河泊章程、是不應賠的、但見現在兩國應當先彼此派員會同到碰船之處、查看一回、然後再議、應賠不應賠的事、這麼着的道台就派了一位委員會同敝國繙譯官、到撞船的地方查看了一回、那個船戶周立成原稟的是、把他的船舵碰折了、把船幫也撞壞了、等趕他們一看、不過將船舵撞折了、並沒撞壞船幫、這一節就先與原報不符、又據船戶周立成說、那天他的船實在是正走之間、被輪船碰的、然而據敝國的船主說、那天周立成的船、並沒在河內行走、實在是在河裏停泊、阻礙輪船之路、以致被碰的、道台總以敝國船主之話不足信、以中國船戶之言爲足憑、敝國領事官和道台辯論說、若是以中國船戶之話爲可信、那麽那個船戶原禀的是輪船將他的船舵撞折了、將船幫也碰壞了、及至一查、不過將船舵撞折了、並未撞壞船幫、只舉此一端、可見那個船戶的話不足爲憑了、道台雖然無話可答、到底還是堅請敝國領事官飭令輪船船主賠償修費、敝國領事官據輪船船主供說、那個中國船戶、既然不按照河泊章程停泊、致被碰壞、照例是不能賠償的、敝國領事官若強令該船主賠償修費、實不足以服其心無奈道台總不以敝國領事官之言爲然、彼此辯論不休、敝國領事官實無法可辦、所以詳報我們欽差大人、請示辦法、我們大人派我來請問王爺中堂大人們此案應如何辦理、方免彼此爭論。雖然今日王爺不在坐、依我們之見、這案兩造各執一詞、都不可憑信、總應由貴國欽差大人札飭領事官、由我們札飭道台、叫他們飭令兩造各尋見証、然後彼此會訊、自然就有個水落石出了、閣下回去將此節回明欽差大人、如以爲可、就請賜一信來、我們就給和道台行文去就是了。是、那麽我回去將中堂大人們所論的辦法回明我們大人斟酌可否、再寫信來就是了。是、就是這麽樣罷。那麽我暫且就告辭了。請了請了。

第七章

大人這一向好。托福托福、閣下一向可好。承問承問。閣下請坐。大人請坐。下一向公事忙不忙。公事倒不甚多。閣下今日光臨敝署、是有甚麽公事麽。是、今日是奉了我們領事官的委派、到貴衙門來商量一件公事。是甚麽公事呢。因爲有這本地一個商人、名叫劉雲發、由福州雇定了敝國一隻夾板船、裝載雜貨、運到此處、議定水脚是四千五百塊洋錢、在福州地方先付過一千五百塊、說明白的下欠那三千塊錢、是到此處付清、船主當時也都答應了、這其中並沒有中人行棧經管、俱是他們彼此對講的、趕至前四天船到了此處、次日一早劉雲發、用撥船將貨物起下來、裝上了運到海關門口候驗、然後他和船主說、他先到家去措辦水脚、晚上必回船上來、把下欠的銀兩都要交清的、他還開了他的住址、交給把船主收着、船主看他那個人是個正經商人、可却就答應叫等他去了、趕等到那天晚上、劉雲發並未回船、直等到昨日晚上仍未回船、船主就還按叫人照他所開的住址、到那個地方去找、並未找着、心裏就未免設疑、故此稟報領事官、函致稅務司、若是劉雲發完清稅項、暫且將貨物扣留、等他交清水脚銀兩、再爲放行、後來接得稅務司函復說、若是劉雲發完清稅項、海關沒有暫行扣留貨物之例、此事礙難照辦、領事恐怕劉雲發忽然交清稅課、海關將貨船放行、這項水脚銀兩、可(却)就無着落了、所以領事官派我來請大人函致稅務司、如若劉雲發完清稅項、暫且把他的貨船扣留、等他還清水脚、由我們領事官知會大人、轉致稅務司放行、請大人千萬費心、給(替)辦一辦、我們就感情了。這件事若以公事而論、劉雲發完清稅項、海關原無扣留貨船之例、如今領事官既然託咐我、我不過按(看)着私交情、轉託稅務司把劉雲發貨船暫且扣留就是了、趕(等)到他交清水脚銀兩、請領事官趕緊賜我回信、我好知會稅務司、把貨船放行、這不過是暫時通融辦理、後來不可以此爲例。大人如此費心、我們實在感謝不盡了。那兒裏的話呢、這回頭我就給和稅務司發信。那麼我要告辭了。請請。改日再見。

第八章

今日我是奉了我們道台的委派、到這兒裏來、是和領事大人說一件公事。是甚麼公事呢。因為前次大人照會我們道台、說是這本地慶長洋貨舖東家趙錫三、批定了貴國天盛洋行哈喇六十包、立有批單、趕等到上月貨到了、洋商催趙錫三起貨、趙錫三藉詞挑剔、不肯將貨物起去、大人請我們道台飭縣把趙錫三傳案查訊、後來據知縣稟復說、把趙錫三已經傳到案了、據他說去年封河之先、他在天盛洋行定了六十包哈喇、立了一張批單、他付過定銀一百兩、言明今年三月初間交貨兌銀子、兩無躭悞、趕等到本年三月初間貨到了、天盛洋行、遣人去給和他送信、他就拿着原樣去到洋行把貨包折開、拿原樣一比、內有十包貨樣不符、所以他不肯收貨、要把原給交的定銀退回、叫洋商將貨物另行出售、洋商不肯退還定銀、這麼着倆的兩人也沒說開就散了、不料洋商竟自將他稟控、他不肯起貨、實在是因有貨樣不符的緣故、並非是藉詞推托、我們道台據知縣的稟復、已經照會大人了、後來又接到大人的回文、說是趙錫三在縣署所供的情形是一面之詞、不足為憑、請飭縣仍舊叫趙錫三收貨兌銀子、我們道台說、雖然趙錫三所供的是一面之詞、無奈他既供出貨樣不符、他不肯起貨、如今若是勒令叫他收貨付銀子、實在不足拆服他的心、若是一定以趙錫三之言為憑、洋商又未必肯服、我們道台現在想了一個善法、遣叫我來和大人商量、打算定規本月某日、我們道台同大人在會訊公所、把原被兩造傳來、叫洋商僱人把六十包哈喇抬到公所去、大人和我們道台過一回堂、公同看一回貨物、孰是孰非、自然立判、不知道曉得大人的尊意以爲何如。此事我原無成見、如今旣然兩造各供一詞、難以定案、道台所想的辦法也很妥當、然而以我的愚見、由道台飭令超錫三約兩個華商、由我飭令天盛行的東家、邀兩個洋商、是日都齊集會訊公所、叫他們四個商人看明貨物、是否與原樣相符、以他們四個人爲憑據、若果他們四個人看明貨樣相符、道台便可飭令超錫三起貨付銀子、如果貨樣不符、彼時我訊明天盛行主、再和道台商議辦法、愚見若此、閣下以爲如何。大人所論的辦法更盡善盡美了、我回去將此節稟明道台再回復大人就是了。閣下再坐一會兒罷。今日是有公事在身不能久陪、等底下再給和大人來請安。豈敢豈敢。大人留步罷。改日再見。

第九章

今日我們領事官委派我來、和大人商量一件公事。是甚麽事呢。就是敝國寶昌行掌櫃（管事）的朱曉山、虧空銀兩的那一案。前日我已經照會領事官了、不知道（曉得）領事官以爲如何。我們領事官的意思是這麽着（的）、當初寶昌行聘請朱曉山之時、有祥立仁和、福順、晋昌、四家具的保單、言明嗣後朱曉山如有虧空等事、除將朱曉山家私變價賠還外、下欠若干兩、四家保人一律攤賠、各無異議。前日我們領事官、接到大人的照會、說現在除將朱曉山家私變價一千兩賠還外、下欠四千兩、應着落保家晋昌綢緞鋪賠出銀二千兩、其餘二千兩、着落祥立仁和、福順、三個洋貨鋪保家一律攤賠、我們領事官、看大人如此辦法、實有不解、所以打發我來請問大人、因何不照（按）保單上所說的、叫他們四家保人均攤、怎麽單叫晋昌號多賠、叫那三家少賠呢。我叫晋昌多賠、叫那三家少陪、這其中有個緣故、因爲前次我把那四家保人傳來審訊之時、據祥立仁和福順三家鋪東說、當初具保單時、雖然言明將來朱掌櫃(管事)的如有虧空的等事、除將朱曉山家私變價賠償外、下欠若干兩、四家保人一律均賠、然而這些年晉昌號時常有借用朱曉山銀兩買貨之事、其所借用之銀兩、並無利息、所以他這些年也頗沾朱曉山之光、我們這三家保人、這些年和朱曉山並沒有交往錢財的事情、向來沒有沾過朱曉山之光、如今若是叫我們都一律攤賠虧空、我們三家實在冤屈、這麼着(樣)我又問晉昌東家、他們那三家所說的是實有其事麼、據他供認這些年實有借用朱曉山銀兩買貨之事情、實沾朱曉山之光頗多、因此我纔將朱曉山虧空的這四千兩銀子、斷令晉昌號賠出銀二千兩、那三家保人分賠那二千銀子、他們四個人都情願具輸服甘結、此事我也並未十分勉強、閣下看如此判斷、還有甚麼不公平之處麼。　我斗胆說一句話、求大人可別却莫見怪。閣下有話不妨明言。據我看如此斷法、似乎不甚公平。有何不公平之處呢。大人之意是以爲晋昌號這些年沾過朱曉山之光、所以如今斷令他多賠、那祥立仁和福順三家、向來並沒沾過朱曉山之光、所以斷令他們少賠、依我的愚見斷此案、總應當據保單上所說的話爲憑、保單上既然言明將來賠補朱曉山虧空、應當四家保人一律均攤、如今若單叫晋昌號多賠、不但與保單原議不符、且恐那三家有幸免之詞、似乎不公、至於說晋昌號常借用朱曉山銀兩買貨、並沒利錢、這些年沾朱曉山之光頗多、因此斷令晋昌號多賠、然而晋昌號借用朱曉山銀兩、那是他們的私交情、與此案無涉、斷無因此案而牽涉伊等私情之理、在那三家保人希圖少賠錢、原可以任意混供、在大人原不必據他們之言而斷、設若這四家保人、内中有兩家沾過朱曉山之光、那兩家沒有沾過朱曉山之光、那麽就應當竟叫這兩家沾過光的賠銀子、那兩家沒沾過光的、就可以置身事外麽、所以大人總應當據保單斷令他們四個保人、一律均賠、不可有多賠少賠之分、方爲公允。 閣下所說的是據理而論、我所說的是隨勢酌情權變之法。 大人所說的隨勢酌情權變之法、那是據理判斷、有萬難之處、方可用權變之法、如今此案據理而斷、並無碍難之處又何必用此權變之法呢。 閣下既然看我所斷的不甚公平、請閣下回去之時、和領事官商量商量、然後我偺們再從長計議、也未爲不可。 既是如此、我偺們再議就是了、我現在要告辭回去。 忙甚麽、我偺們再談一會兒罷。 我還有公事了、我偺們改天再會罷。 請了請了。

再見再見。

第十章

今日我到貴衙門來、是和大人面商一件事情。哦、請教是甚麽事呢。就是因爲貴國信成洋貨鋪、欠敝國恒裕洋行的貨銀、那一案、因爲上回恒裕洋行稟控信成洋貨鋪的時候、我先把信成的東家王保山傳來問了一問、據他說、這本地富順雜貨棧、欠他有一萬多兩銀子的貨銀、屢次去催討、總也沒還、若是能把那項銀子追出來、除了還恒裕洋行貨銀五千兩、還富餘五千多兩銀子哪、他求我照會大人飭縣、先把富順棧的東家傳到案、把那項銀子追出來、他就可以歸還恒裕洋行的貨銀、我是恐怕恒裕洋行貨銀無着落、所以照會大人、飭縣傳訊富順棧的東家、把他該信成的貨銀追出來、爲得是好歸還恒裕洋行的欠欵、昨日大人遣委員楊大老爺到敝館去、說是此案恐怕是信成東家、託出恒裕洋行東家、捏詞代爲控追富順棧的欠欵、如果照辦怕是開洋商包攬插訟之端、請我細細的查問明白再議、這麼的着、我又把恒裕行的東家叫了去、細問了一問、據他說信成洋貨鋪實在欠他行裏的貨銀五千兩、有帳可憑、他並不知道富順棧該信成洋貨鋪銀兩的事、至於求我照會大人飭縣傳富順棧的東家訊追欠欵、那實在是王保山的主意、並非是他們倆（兩個）人商量的辦法、如今我既然查明白了、這其中並沒有毛病、那麼就還請大人飭縣照辦就是了。 大人雖然查明白了、這其中並沒有做病、總還該當由洋商控追信成、由信成控告富順、各清各帳、方爲正辦、隨若是便牽扯、雖然這案沒毛病、難保後來不滋生弊端、這也不可不預爲防範、大人尊意以爲何如。 我想大人所說的也很有理、不過有一層、請大人吩咐知縣、將來王保山到縣控告富順、知縣把富順棧欠信成的銀兩追出來的時候、先別（莫）叫信成領去、由知縣把信成欠恒裕洋行那五千兩貨銀扣下、其餘的銀兩再叫王保山領去、大人想這麼辦法好不好。這層我倒可以飭縣遵辦就是了。既是如此、我明日行文過來就是了、暫且失陪。那麼偺我們改日再見。請了請了。

第十一章

老兄大喜了。老弟同喜。因為昨日我看見京報、知道曉得老兄選上了、所以今日特來給和老兄賀喜。實在勞駕得很了、老弟請坐。老兄請坐。老弟、這一向官差忙不忙。這一程子這些時的公事很忙、總未不得暇空。何以如此之忙呢。是因為這一向竟辦秋審的事情哪。秋審也快辦結了了罷。是、也就在這個月底就可以辦結了了。是、老兄是幾時驗放。大概就在本月初十驗放。缺分怎麼樣呢。算是個中缺罷。老兄如此大才、不久便要調首縣的。那如何敢指望呢、我這初次作官、但願得一簡缺、免有竭蹶之處、若遇一煩難之缺、轉恐才不勝任、必至貽笑大方。老兄太謙了。那麼老兄行期大約得要幾時呢。　大約也就在冬子這冬月初間罷。　限期是多少日子呢。　限期原是三個月、若是有緊急的事、也還可以再告一個月的假、在我的意思看、若到臨時沒有甚麼緊要事件、也就無須告假了。　老兄此次攜眷去麼。　我想冬天路上太冷、若是攜眷去、諸多不便、我打算今年我先到任上去、趕等明年春天、再遣打發家人來接家眷去、倒方便些個好多。　是、老兄這麼辦倒很妥當、我現在要上衙門去、改天再談罷。　老弟有官差在身、我也不敢久留、等我驗放之後、再到老弟府上請安去就是了。　不敢當、老兄請留步罷。　老弟請走罷。　那兒裏有不送之理呢。　老兄請進去罷。　候乘候乘。　磕頭磕頭。

第十二章

老兄久違了。　彼此彼此老弟大喜了。　同喜同喜。　我是前日到的家、看見題名錄

了、上知道曉得老弟高中了、所以今日特來賀喜。勞老兄的駕。那兒裏的話呢。老兄請上

坐。老弟請坐。老兄一路上倒都很好。是、托福、一路都很平安。老弟此次中的

很高、足見是學問有素了。承過獎了、這不過僥倖如此就是了。老弟太謙了、此

次房師是那位。房師是張太史。都拜過了麼。是、前日座師房師都拜過了。令

弟此次抱屈的很。那兒裏的話呢。出了房了沒有。是薦卷了、就是因爲詩不妥、

批落了。這也是一時的科名蹭蹬遲滯、下次鄉試、一定要取中的。借老兄的吉言罷。

您此次進京來是有何公幹。我是解銅來的了。都交代完了麼。昨日已經都交

代清楚了。那麼您此次回省、就可以補缺了罷。今年回省署事、還可以補缺、大

概總得要明年罷、可却是覆試是多咱幾早晚。覆試是本月二十三。那麼等過了老弟覆

試、偺我們再談罷、我現在要告辭了。老兄何妨多坐一會兒呢。我是今兒個天還要

拜客去咖。去拜客那麼等過了覆試、我再到府上請安去罷。不敢當、老弟留步罷。偺們我們改日再會。

第十三章

今天到府上來、是有奉懇兄台的事情。豈敢、老弟有何見教。是因爲有我們一個敝鄉親、由四川運來有十數箱川土、托我給和他辦這上稅的事情、我也是一概茫然、所以特來奉懇兄台代爲辦理。大概貨物要幾時到呢。大約後日可以到京。此事容易辦。兄台可以托誰給那個辦呢。你們這位貴鄉親、現在到京了了京了麼。他是昨兒日晚上到京的的京、打算把這上稅的事情安置好了、他再出城迎貨去引貨來。是、我今天兒可以出城、託好了稅務司的經承、叫他派兩個人、後日一清早到您的寓所去、跟着您那位貴鄉親、一同出城迎貨引貨、然後叫那倆人兩個押着貨車到務、囑咐貴鄉親、可以先期開一清單、交給把我、是由我呈請查驗、趕等查驗之後、就可以先打印子放行、等科房把稅銀算清、告訴我說、我再和貴鄉親要出來給和稅務司送去、不過得給要把底下當差的些些微個飯錢就是了。我們那個敝鄉親倒不怕多花幾個錢、只要保其平安就是造化、如今聽您說的這個辦法、是妥當極了。請貴鄉親竟管放心、此事既是我承辦、我管保保管萬無一失。您不知曉道得我們那個敝鄉親、現在是驚弓之鳥。怎麽。他前年運來十箱子川土、趕等到了彰儀門的時候城關了他就在一個店裏頭了、趕車的起從車上把烟土卸下來了、被巡役看見了、報他私卸貨物、因此發罰了詐若干銀兩、所以此次他是膽戰心寒、故此纔託我預先安置。您告訴他萬安、決不能有差錯。那麽實在承您費心了、我明日在寓所候您的佳音就是了。就是就是。

第十四章

前次承兄台枉顧、今日特來謝步。　豈敢、老兄實在多禮。　那兒裏的話呢、這是該當的。　老兄這一向官差何如。　這幾日稍微的漸消停一點兒。　老兄是能者多勞。　承過獎了、不過以勤補拙就是了。　老兄太謙了。　今日兄弟來打算初五奉請兄台在同慶堂一聚會、求老兄千萬賞臉別莫推辭。　兄台何必如此費心、偺我們一見如故、似無須拘此形迹。　這不過是兄弟一點兒誠心、聊盡地主之情、況且同座的幾位、都是偺我們道義中人、又是和兄弟至好、大家不過聚在一處談一談就是了。　既蒙老兄抬愛、我就遵命了。　豈敢、這是兄台賞臉賜光了、那麼明日我備帖過來就是了。　偺我們今日既當面說明白了、老兄就不必送帖來了、不過請告訴我時辰就得是了。　那麼我就從命不送帖來了。偺我們初五午初、在同慶堂會面就是了。　我屆那時必要早到的。　那好極了。　還有一件事、我要奉懇老兄替我爲力。　兄台有何事吩咐、因爲我這是初次到京、舉目無親、現在要投供、無處找互結官、老兄若有素識投供的朋友、求給替我找一位互結官纔好。 此事甚巧、現在有一位朋友是舉人、他連今年會試、算是已過三科了、正打算要投供候選了、你們二位互具保結、倒是很好、偺我們初五這約、就有此公在座、那個時候便可當面商議。 這實在是萬分湊巧了。 此事全仗老兄爲力了。 豈敢、該當效勞的、我也要告辭回去了。 偺我們初五見就是了。 老兄回去了。 再見再見。

第十五章

你們二位見一見、這是朱小園、這是黄穀臣。 久仰久仰。 彼此彼此。 老兄請坐。 請坐請坐。 我常聽見這位李芝軒老兄提閣下學問淵博、實在仰慕得很、今日一見、眞是有緣有緣。 豈敢、兄弟才疏學淺、承芝軒兄台謬獎、實在是慚悔的了不得。

老兄太謙了。請問老兄是由幾時丁的憂。是由今年春間。老伯大人在的時候、都是榮任過甚麼地方。先父是由翰林轉御史、後來陞給事中、然後京察一等簡放廣東督糧道、去年陞運河南藩司、今年春間二月初五、在河南藩司任內出的缺。老伯大人今年高壽哪了。今年六十六歲。實在可惜可惜。伯母大人今年高壽哪了。家母今年整六十。六十歲整。身體倒還想必康健。是、托福倒很健壯。閣下是在翰林院供職麼。是、兄弟是癸未科僥倖之後、入翰林當庶常、去年散館授職編修、今年春間丁憂回藉守制來了。的了。貴昆仲幾位。我還有一個兄弟就是我們兩個。令弟原先榮任過甚麼地方。他沒當差、他是壬午科副榜、先父在的時候、他隨侍任所、現在是在家裏念書。是、兄弟這是初次到貴處、一切未諳、諸事總是求老兄指教。豈敢、老兄從先是在何處遊幕。前年曾就易州衙門刑席、去年冬間舊居停東家因案去任、兄弟脫館就回家去了提、等到今年夏間、我們這位朋友選授此缺、執意邀兄弟同來、誼不容辭、所以就一同來了。我們這位老父台、是由甚麼出身。他是由舉人國史館議叙。是、我現在要告辭回去、改日再來領教。豈敢、老兄囘府、先替我給和老伯母大人請安、兄弟改日親身到府請安去。不敢當、兄台留步、別莫送。請了請了

第十六章

前次我是聽見孔竹庵兄、提老兄大名、不敢造次晋謁、託孔兄代爲先容、致意今日特意到府上來請安。豈敢、勞兄台的駕、我是久仰大名、只因家事煩雜、還沒得先過去拜訪、今日一見、深慰下懷。我這是初到貴處、人地生疎、諸事仰仗台指教。豈敢、有甚麼事、兄弟是必當效勞的、請問老兄是幾時到的敝處。敝處的我到此不過兩個月。我聽見孔兄說、老兄現在是辦理本處釐捐局的事務。是、我到省裏稟見撫

台之後奉委幫辦本處釐捐金事務。老兄在省裏住了有多少日子。住了不過一個月。老兄可以幾時補缺呢。補缺大概還得要過三年罷。貴班次的還有幾位候補的。連我還有五個人。老兄名次在第幾呢。我的名次是在第四。是了。兄台是幾時起服呢。後年正月起服。現在老兄是在崇正書院主講麽。是、因爲是敝處紳衿公舉兄弟在書院主講、其實自愧無才、徒負虛名而已。那兒裏的話呢。前次兄弟曾託孔兄來面求老兄一件事、今日我斗膽特來奉懇。不是爲令弟那件事情啊。不錯。就是那件事。我是因爲才疎學淺。恐怕耽悞令弟的科名、不敢率允。老兄太謙了。若是舍弟拜在老兄門下、得親大教、學業日新、何幸如之。老兄既然願意、令弟問道於盲、那麽我就勉强從從命了。兄台既然允許了、我就感激非淺了、等着擇吉我帶舍弟來拜師就是了。不敢當、不敢當。令弟是幾時進的學。他是前年進的學、我怕是是怕他在家裏荒疎學業、所以我把他帶出來投一位名師肄業、以圖上進、如今得蒙老兄陶鎔、將來舍弟成名、舉家感戴沒齒不忘也。豈敢豈敢。那麽等老兄定妥日子、我和令弟會面就是了。等我擇定日期、先託孔兄過來知會老兄罷。就是就是。

第十七章

兄台這一向少見、是有甚麽貴幹去了麽。是、同着幾位朋友到西山遊玩去了。去了有多少日子呢。在山上住了有十天。住了十天、可往玩足了罷。遊玩的地方倒不多、在那兒裏竟住了幾天。在那兒裏住着、幹做甚甚麽麽來來着的。我們這幾個人是在西山上一個關帝廟裏、立了個詩會。這雅的得很、哪都是每月逢幾開會呢。每月初一至初五、十一至十五、二十一至二十五、這都是做作會的日子。這麽說、一會是五天、一個月共是十五天。 不錯、每月是十五天。 這每月做作會的日子很多呀、總共有幾位朋友呢。 偺我們京裏的連我是五個人、還有那本地的兩位朋友、共總七個人。 那麼你們這五位作會的日子、得要在那兒裏下榻罷。 是、我們每逢做作會的日子、頭一天去、提等過了做作會就回來。 在山裏頭是住在那兒裏呢。 就住在那本廟裏。 那麼飯食是怎麼辦呢。 我們是由京裏帶一個廚子去、吃的東西、也是由京裏買了帶了去、酒和肉彼處有一個小鎮市店、還可以買。 既是如此、我也願意入這個詩會。 若是得兄台去、與這個會更增光了。 承過獎了、我是不長於做詩、不過去給替衆位研磨墨就是了。 兄台太謙了。 還有飯食這一層、我也是一律均攤、我纔肯去哪。 那一層兄台倒無須介意、都在兄弟身上就是了。 若是不說明白了、那我決不敢從命的。 既然如此、偺我們就同席吃飯、各自會錢就是了。 如此我便可以去。可是誰却那個是會首呢。我們這麼量的、大家輪流着當會首。這麼辦倒是很好。那麼二十一早我就來約上定兄台、我偺們一齊動身就是了。是、就這麼辦罷。

第十八章

閣下是貴國那一縣。我是敝國長崎縣的人。那麼離敝國甚近哪。不錯、離貴國很近。閣下到敝國有幾年了。我到貴國有三年了。閣下在敝國三年、官話能說得這麼好、實在是聰明絕頂、佩服佩服。承閣下過獎了、我這不過粗知大概、那兒裏就能說到會呢。閣下的口音、與敝國人的口音毫無差別、不是我當面奉承、像閣下這樣聰明的人、實在是罕見的了。那兒裏的話呢。閣下在此是當甚麼差呢。我現在此當繙譯官。這好極了、偺我們這兩下裏時常有會辦的事件、若是有我不知道曉得的、還要求閣下多指教。豈敢豈敢、我這是初次當差、一切未諳、諸事還要請教閣下哪。不敢當、偺我們倒是常常的互相討論、彼此都可以有進益。不錯、閣下所論甚是、請問閣下是由甚麼出身。我是由舉人揀發到此。閣下揀發到此有幾年了。我到此不過一年多。閣下貴處是甚麼地方。敝處是湖北江夏縣。寶眷也在此麼。我沒攜眷來、因爲家母年邁、不耐舟車之苦、故不能同來、就是我隻身在此。是我到此聽見我們領事官說閣下在此、與各國官員同來交際均甚水乳相合、實在令人欽佩佩服。那兒裏的話呢、我本不甚熟諳識洋情洋務、蒙上憲委派到此。幫辦交涉事件、不過以實心行實事、總望兩無猜疑、推誠想信、彼此自可融洽、這就是我的本意。閣下常存此意、自然辦理妥當、我今還要到別處去拜客、拜客去等底下我再到貴寓來面領大教、倘閣下得暇空的時、請到敝館談一談去。是既蒙閣下不棄嫌、過一天、必要到貴館望看去。豈敢那麼我在敝館恭候大駕就是了。不敢當閣下乘上走罷。閣下留步罷。磕頭磕頭。再見再見。

第十九章

今日我到府上來、是有一件事奉懇老弟替我為力。兄台是有何吩咐。是因為我們舍親顧子恆、去年春天借用令友秦寶臣一項銀子、新近近來秦寶臣索取此欵、兩人兩個言語不合、就吵鬧起來了、現在我聽見說、秦寶臣要和舍親構訟。我因為知道曉得老弟和秦寶臣是莫逆之交、所以特來求老弟出頭、給替他們說合說合。兄台知道曉得當初令親借銀子的時候、有中人沒有。我知道曉得有一個中人、名字叫高五、去年冬天己今去世了。令親借用秦寶臣是多少兩銀子、有利錢沒有呢。舍親借的是二伯兩銀子、言明是分半利錢、立了一張借字兒、寫的是二年歸還、到現在纔一年半、前兩月秦寶臣告訴舍親、說他要置房子、等這項銀子用、他也不接利錢、要停利歸本我們舍親說一時不能歸本，秦寶臣叫我們盡力湊辦就是了，然後也就散了，新近〔近日〕秦寶臣又到舍親家裏去，要立刻歸本，舍親說一時實難湊辦，總得〔要〕再緩幾個月，纔能如數歸還啊，現在還是照舊按月給〔把〕利錢就是了，秦寶臣不依，定要歸本，不要利錢，因此兩人〔兩個〕言語不合，就吵鬧起來了，現在我聽見說，秦寶臣要打官司。在舍親因爲沒到約期，不能歸本，况且又不拖欠利錢，就是打了官司，也不算沒理的事，不過是他有官差在身，若是一打官司，便要悞差的，所以我打算奉求老弟，給〔和〕他們出來說合說合，叫他們兩下裏平安沒事，那不好麽。　您打算叫他出頭，怎麽說合呢。　求老弟見秦寶臣和他說一說，過兩個月一準給〔和〕他歸本就是了，現在還是按月給〔把〕他利錢，倘屆〔到〕期舍親不能歸本，都有我一面承管了。　既是如此，我明日見寶臣和他說去就是了。　勞老弟的駕，等事完之後，我再帶舍親給〔和〕老弟道乏〔謝勞〕來。　豈敢豈敢。

第二十章

今日我們（兩人／兩個）是專誠來拜望閣下。勞二位的駕、請坐請坐。閣下請坐。你們二位怎麼稱呼。我姓島、他姓井。是幾時到的此處。我們是昨日到的。住在那（兒了／裏的）。住在這東關德元店裏頭了。閣下在敝國有幾年了。我在貴國有四年了。這位在敝國有幾年了。他來了不過纔半年。通曉敝國的言語麼。他不通曉、還沒學話哪。你二位是到此處游歷來的了、還是有公事呢。沒有公事、不過到此來游歷。閣下是貴國甚麼地方的人。我是敝國大坂府的人。此公和閣下是同鄉麼。他和我不是同鄉、他是橫濱人。請問閣下貴同鄉有一位姓福的、他原先在上海當繙譯官、閣下認識不認識。是、認識他、和我們還是老世交了。現在福公在貴國、是當甚麼差使呢。他現（時／在）沒在敝國、他自從由貴國回去之後、就奉命到英國去了。　那就是了。　閣下和福繙譯相好麽。　是、我們兩人兩個至好。
閣下和他是在那兒裏認識的呢。　原先我在上海當委員的時候、我們倆兩個認識的、
結爲文字之交、最相契厚、趕等後來福繙譯回國去了、他到了長崎的時候、還給和我來
過一封信的了、後來因爲我奉委到直隷來了、從此就踪跡渺茫了、如今聽閣下說、纔
知道曉得他奉命到英國去了、我這兩天修一封信交給把閣下、遇便求您給他和我帶到英國
去。　可以的、我們還得要在此住幾天的了、閣下可以隨便寫得好了、遣人送到店裏、交給把
我帶去就是了。　我這兩天還要到貴寓回拜、你們二位去哪。　那我們實在不敢
當。　閣下公事甚忙、況且閣下既然是和福繙譯相好、偺我們這更親近一層了、似不必
拘此形跡。　那是該當的、我們現在要告辭回去了。　勞二位的駕。　那兒裏的話呢。
閣下留步別莫送。　那麽我就從命不遠送了。　豈敢、改日再會。

官話指南終